华东政法大学
课程和教材建设委员会

主　任　何勤华
副主任　杜志淳　顾功耘　刘晓红　林燕萍　唐　波
委　员　刘宪权　吴　弘　刘宁元　罗培新　杨正鸣
　　　　沈贵明　余素青　范玉吉　张明军　高富平
　　　　何明升　杨忠孝　丁绍宽　闵　辉　焦雅君
　　　　陈代波　金其荣　贺小勇　徐永康
秘书长　唐　波（兼）

人文素质教育教材系列

逻辑思考

主 编 王 莘

副主编 （按姓氏笔画为序）
　　　　孔庆荣　张晓光　缪四平

撰稿人 （按撰写章节为序）
　　　　张晓光　缪四平　孔庆荣　王 莘

北京大学出版社
PEKING UNIVERSITY PRESS

图书在版编目(CIP)数据

逻辑思考/王莘主编. —北京:北京大学出版社,2009.8
(人文素质教育教材系列)
ISBN 978-7-301-15634-6

Ⅰ.逻… Ⅱ.王… Ⅲ.逻辑-高等学校-教材 Ⅳ.B81

中国版本图书馆 CIP 数据核字(2009)第 139141 号

书　　　名:	逻辑思考
著作责任者:	王　莘　主编
责 任 编 辑:	朱梅全　丁传斌　王业龙
标 准 书 号:	ISBN 978-7-301-15634-6/B·0812
出 版 发 行:	北京大学出版社
地　　　址:	北京市海淀区成府路 205 号　100871
网　　　址:	http://www.pup.cn
电　　　话:	邮购部 62752015　发行部 62750672　编辑部 62752027
	出版部 62754962
电 子 邮 箱:	zpup@pup.cn
印　刷　者:	河北滦县鑫华书刊印刷厂
经　销　者:	新华书店
	730 毫米×980 毫米　16 开本　17 印张　321 千字
	2009 年 8 月第 1 版　2025 年 1 月第 16 次印刷
定　　　价:	28.00 元

未经许可,不得以任何方式复制或抄袭本书之部分或全部内容。
版权所有,侵权必究
举报电话:010-62752024　电子邮箱:fd@pup.cn

人文素质教育教材系列

编　　委

主　任　范玉吉

委　员　黄淑华　吴　桥　巢立明

　　　　钱　伟　张晓光

目　录

第一部分　各章练习题

第一章　引论 ··· 1
第二章　逻辑基本规律 ·· 3
第三章　定义 ·· 18
第四章　论证 ·· 21
第五章　复合命题及其推理 ··· 33
第六章　简单命题及其推理 ··· 77
第七章　模态推理 ·· 95
第八章　归纳推理 ··· 100
第九章　类比推理 ··· 109
第十章　假说 ··· 116

第二部分　各章练习题参考答案

第一章　引论 ··· 123
第二章　逻辑基本规律 ·· 124
第三章　定义 ··· 132
第四章　论证 ··· 133
第五章　复合命题及其推理 ·· 139
第六章　简单命题及其推理 ·· 181
第七章　模态推理 ··· 196
第八章　归纳推理 ··· 199
第九章　类比推理 ··· 204
第十章　假说 ··· 206

第三部分　MBA 入学考试、GCT 和 AAT 试题及答案选编

试题 ··· 211
参考答案 ··· 217

第四部分　案例的逻辑分析

一、杜培武"杀人"案的逻辑分析························· 219
二、辛普森杀妻案的逻辑分析································· 239

第五部分　模 拟 试 卷

模拟试卷一··· 250
模拟试卷二··· 254
模拟试卷三··· 259

后记··· 264

第一部分 各章练习题

第一章 引 论

一、判断题

1. 逻辑形式之所以不同主要取决于逻辑变项。（　　）
2. 逻辑学是有阶级性的。（　　）
3. 任何一种逻辑形式都是由逻辑常项和逻辑变项两个部分构成的。（　　）
4. 逻辑形式之所以不同主要取决于逻辑常项。（　　）
5. "只有 p,才 q"这一判断形式的逻辑常项是 p、q,变项是只有……才。（　　）
6. "所有的金属都是导电体"这一判断的逻辑形式是"所有 s 都是 p"。（　　）
7. "并非所有 s 都是 p"与"所有 s 都不是 p"是等值的。（　　）

二、填空题

1. 任何一种逻辑形式都是由_____和_____两个部分构成的。
2. 判定属于何种逻辑形式的根据是_____。
3. "所有的金属都是导电体"这一命题的逻辑形式是_____,其中逻辑常项是_____,变项是_____。
4. "有的 s 是 p"这一命题形式的逻辑常项是_____,变项是_____。
5. "所有的事物都不是不发展的"和"无论什么困难都不是不可克服的"这两个命题所共有的逻辑形式是_____,其中逻辑常项是_____,变项是_____。
6. "如果物体受到摩擦,那么它就会发热"这一命题的逻辑形式是_____,其中逻辑常项是_____,变项是_____。
7. "只有 p,才 q"这一命题形式的逻辑常项是_____,变项是_____。
8. "并非 p 并且 q"这一命题形式的逻辑常项是_____,变项是_____。
9. "或者 p,或者非 p"这一命题形式的逻辑常项是_____,变项是_____。
10. "并非如果年满十八周岁,那么就有选举权"这一命题形式的逻辑常项

1

是_____。

三、单项选择题

1. 各种逻辑形式之间的区别,取决于( )
   ① 逻辑常项　　　② 逻辑变项　　　③ 语言表达形式　　④ 思维内容

2. "p 并且 q"与"p 或者 q"这两个命题形式,它们含有( )
   ① 相同的逻辑常项,相同的逻辑变项
   ② 不同的逻辑常项,相同的逻辑变项
   ③ 相同的逻辑常项,不同的逻辑变项
   ④ 不同的逻辑常项,不同的逻辑变项

3. 在直言命题中,主项和谓项的周延情况取决于( )
   ① 逻辑常项　　　② 逻辑变项　　　③ 语言表达形式　　④ 思维内容

4. 如果 A 与 B 两个命题具有矛盾关系,则它们必具有( )
   ① 相同的逻辑常项,相同的逻辑变项
   ② 不同的逻辑常项,相同的逻辑变项
   ③ 相同的逻辑常项,不同的逻辑变项
   ④ 不同的逻辑常项,不同的逻辑变项

5. 如果 A 与 B 两个命题具有等值关系,则它们必具有( )
   ① 相同的逻辑常项,相同的逻辑变项
   ② 不同的逻辑常项,相同的逻辑变项
   ③ 相同的逻辑常项,不同的逻辑变项
   ④ 不同的逻辑常项,不同的逻辑变项

6. 下列具有共同逻辑形式的是( )
   ① ¬p∨p 与 p∨q　　　　　　② p∧¬q 与 r∧¬s
   ③ SAP 与 SEP　　　　　　　④ Lp 与 ¬M¬p

7. A 与 B 是两个逻辑形式不同的直言命题,因此,它们的( )
   ① 主项和谓项都不同　　　　② 主项相同,谓项不同
   ③ 量项和联项都不同　　　　④ 主项不同,谓项相同

第二章 逻辑基本规律

一、判断题

1. 同一律、矛盾律和排中律是客观世界本身的规律。（　　）
2. 同一律要求概念保持同一意味着否认概念本身会发展变化。（　　）
3. 矛盾律要求排除的是思维中的矛盾或语言表达中的矛盾,而非否认客观事物本身存在的客观矛盾。（　　）
4. 从逻辑上讲,"混淆概念"与"偷换概念"的错误其逻辑性质是相同的。（　　）
5. 违反矛盾律要求的逻辑错误表现为对互相矛盾的思想同时加以否定。（　　）
6. 违反排中律要求的逻辑错误表现为对互相矛盾的思想同时加以肯定。（　　）
7. 根据矛盾律可以由真推假,因而矛盾律是间接反驳的根据。（　　）
8. 根据排中律可以由假推真,因而排中律是间接证明的根据。（　　）
9. 违反矛盾律要求的错误通常以"两否定"的形式出现。（　　）
10. 违反排中律要求的错误通常以"两肯定"的形式出现。（　　）

二、填空题

1. 同一律的内容是_____。
   同一律的要求是_____。
2. 矛盾律的内容是_____。
   矛盾律的要求是_____。
3. 排中律的内容是_____。
   排中律的要求是_____。
4. 违反同一律的逻辑错误是_____。
5. 违反矛盾律的逻辑错误是_____。
6. 违反排中律的逻辑错误是_____。
7. 根据_____律,若"p→q"为真,则联言命题_____为假;根据_____律,若"¬p∧¬q"为假,则相容选言命题_____为真。
8. 根据_____律,若"p←q"为假,则联言命题_____为真;根据_____律,若"p∧q"为真,则相容选言命题_____为假。
9. 根据_____律,若"要么罚款要么扣证"为真,则相容选言命题（用自然语言表示)_____为假;根据_____律,若"要么鱼死要么网破"为假,则联言命题(用自然语言表示)_____为真。

10. 根据_____律,若"小张、小李至少有一人是上海人"为假,则联言命题(用自然语言表示)_____为真;根据_____律,若"小韩和小魏都要参加补考"为真,则充分条件假言命题(用自然语言表示)_____为假。

三、单项选择题

1. 下列违反逻辑基本规律要求的公式是(　　)
   ① p∨¬p   ② p∧¬q   ③ ¬q∧q   ④ ¬p→p
2. 下列违反逻辑基本规律要求的公式是(　　)
   ① SOP∧SIP ② SOP∧SEP ③ SIP∧SAP ④ SAP∧SEP
3. 下列违反逻辑基本规律要求的公式是(　　)
   ① ¬SOP∧¬SIP
   ② ¬SOP∧¬SEP
   ③ ¬SIP∧¬SAP
   ④ ¬SAP∧¬SEP
4. 下列违反逻辑基本规律要求的公式是(　　)
   ① SOP∧¬SIP
   ② SOP∧SEP
   ③ ¬SIP∧¬SAP
   ④ ¬SAP∧SEP
5. 下列违反逻辑基本规律要求的公式是(　　)
   ① ¬SOP∧SIP
   ② ¬SOP∧¬SEP
   ③ SIP∧SAP
   ④ SAP∧PES
6. 下列违反逻辑基本规律要求的公式是(　　)
   ① ¬SAP∧SIP
   ② SIP∧¬SEP
   ③ ¬SIP∧SAP
   ④ ¬SAP∧¬SEP
7. 下列违反逻辑基本规律要求的公式是(　　)
   ① ¬SEP∧¬SIP
   ② ¬SIP∧¬SAP
   ③ ¬SOP∧¬SEP
   ④ ¬(SAP∧SEP)
8. 下列违反逻辑基本规律要求的公式是(　　)
   ① SAP∧¬SEP
   ② ¬(SOP∧SEP)
   ③ ¬(SIP∧¬SAP)
   ④ ¬(SOP∨SIP)
9. 下列违反逻辑基本规律要求的公式是(　　)
   ① ¬(SOP∧SIP)
   ② ¬(¬SOP∧¬SIP)
   ③ ¬(SIP∨¬SAP)
   ④ SAP∧¬SEP
10. 下列违反逻辑基本规律要求的公式是(　　)
    ① SEP∧¬SIP
    ② SOP∧¬SEP
    ③ ¬(SIP∧SAP)
    ④ ¬(¬SAP∨¬SEP)
11. 下列不违反逻辑基本规律要求的公式是(　　)

① (p→q)∧¬(q←p)　　　　　② (p∨¬q)∧¬(q→p)
③ (q∨p)∧(p→q)　　　　　④ (p←q)∧¬(p∨¬q)

12. 下列不违反逻辑基本规律要求的公式是（　　）
① (p↔q)∧((q∨p)∧(¬p∨¬q))　② (p⩖¬q)∧(q↔¬p)
③ (p∨q)∧¬(¬p→q)　　　　　④ (q⩖p)∧(p→¬q)

13. 下列不违反逻辑基本规律要求的公式是（　　）
① (p→¬q)∧¬(¬q∨¬p)　　　② (q↔p)∧(p∨q)
③ (p⩖¬q)∧(p↔¬q)　　　　④ (p←¬q)∧¬(q∨p)

14. 下列不违反逻辑基本规律要求的公式是（　　）
① (p⩖q)∧((q∨¬p)∧(p∨q))　② ¬(p∨q)∧(q←¬p)
③ (p→¬q)∧¬(¬p→¬q)　　　④ (q⩖p)∧((p→q)∧(q→p))

15. 下列不违反逻辑基本规律要求的公式是（　　）
① (¬q↔¬p)∧(p⩖¬q)　　　② (¬p⩖¬q)∧(q↔p)
③ ¬(p∨¬q)∧(p←q)　　　　④ (p←¬q)∧¬(q∨p)

16. 下列不违反逻辑基本规律要求的公式是（　　）
① (p⩖q)∧((q→p)∧(p→q))　② ¬SIP∧¬SAP
③ (p←¬q)∧¬(p∨q)　　　　④ ¬(SOP∨SIP)

17. 下列不违反逻辑基本规律要求的公式是（　　）
① (p↔q)∧((¬q∧p)∨(¬p∧q))
② ¬(SEP→SOP)
③ (p←¬q)∧(p∨q)
④ ¬(¬SAP∨¬SEP)

18. 下列不违反逻辑基本规律要求的公式是（　　）
① ¬Mp∧Lp　　　　　　　　② ¬(¬SIP→SOP)
③ M¬p∨¬Lp　　　　　　　④ (p→¬q)∧¬(¬p∨¬q)

19. 下列不违反逻辑基本规律要求的公式是（　　）
① ¬M¬p∧¬(¬L→p)　　　　② ¬SIP∧¬SOP
③ ¬M¬p∧¬p　　　　　　　④ (¬p→q)∧(¬p∨¬q)

20. 下列不违反逻辑基本规律要求的公式是（　　）
① ¬(M¬p←L¬p)
② SIP←SAP
③ ¬(p∨M¬p)
④ (p↔¬q)∧((¬p∧¬q)∨(p∧q))

四、双项选择题

1. 如命题 A 与命题 B 矛盾，则下列断定违反逻辑基本规律的公式是

( )( )
① A∧¬B　　　　② ¬A∧B　　　　③ ¬(¬B∧¬A)
④ A∧B　　　　　⑤ ¬A∧¬B

2. 如命题 A 与命题 B 反对,则下列断定违反逻辑基本规律的公式是( )( )
① ¬A∧B　　　　② A∧B　　　　　③ A∧¬B
④ ¬(B→¬A)　　⑤ ¬(¬A∧¬B)

3. 如命题 A 蕴涵 B,则下列断定违反逻辑基本规律的公式是( )( )
① A∧¬B　　　　② ¬(A←B)　　　③ ¬(¬B→¬A)
④ A∧B　　　　　⑤ ¬A∧¬B

4. 如命题 A 逆蕴涵 B,则下列断定违反逻辑基本规律的公式是( )( )
① A∧¬B　　　　② ¬A∧B　　　　③ ¬(¬B∨¬A)
④ A∧B　　　　　⑤ ¬(A∨¬B)

5. 下列违反逻辑基本规律要求的断定是( )和( )
① 关系 R 或者是传递关系或者是非传递关系
② 关系 R 既是非传递关系又是传递关系
③ 若关系 R 是反传递关系,则它又非传递关系
④ 关系 R 既不是传递关系又不是反传递关系
⑤ 关系 R 既是传递关系又不是传递关系

6. 下列违反逻辑基本规律要求的断定是( )和( )
① 关系 R 或者是对称关系或者是非传递关系
② 关系 R 既是非传递关系又是对称关系
③ 只有关系 R 不是反传递关系,则它才是传递关系
④ 关系 R 既不是传递关系,也不是非传递关系,又不是反传递关系
⑤ 关系 R 是对称关系又是非对称关系

7. 下列违反逻辑基本规律要求的断定是( )和( )
① 概念 A 和 B 的外延关系既不是全同关系,又不是全异关系
② 概念 A 和 B 的外延关系既是真包含于关系,又是真包含关系
③ 概念 A 和 B 的外延关系既不是相容关系,又不是不相容关系
④ 概念 A 和 B 的外延关系既不是矛盾关系,又不是反对关系
⑤ 概念 A 和 B 的外延关系既是相容关系,又是交叉关系

8. 下列违反逻辑基本规律要求的断定是( )和( )
① 若概念 A 和 B 的外延关系是全同关系,则不是全异关系
② 只有概念 A 和 B 的外延关系是真包含于关系,才不是真包含关系
③ 概念 A 和 B 的外延关系既不是相容关系,也不是不相容关系

④ 概念 A 和 B 的外延关系既是矛盾关系,又是不相容关系
⑤ 概念 A 和 B 的外延关系既是不相容关系,又是交叉关系

9. 若同时肯定下列(　　)和(　　),则违反了矛盾律的要求
① 关系 R 是传递关系
② 关系 R 是对称关系
③ 关系 R 是传递关系,或者是非对称关系
④ 关系 R 不是传递关系,或者不是非对称关系
⑤ 关系 R 是非传递关系

10. 若同时肯定下列(　　)和(　　),则违反了矛盾律的要求
① 或者关系 R 是传递关系,或者是对称关系
② 或者关系 R 是对称关系,或者是非对称关系
③ 关系 R 既是传递关系,又是对称关系
④ 关系 R 既不是对称关系,又不是传递关系
⑤ 关系 R 既不是非传递关系,又不是传递关系

11. 下列违反逻辑基本规律的断定是(　　)和(　　)
① 概念 A 与 B 或者是全同关系,或者是全异关系
② 概念 A 与 B 既不是全同关系,也不是全异关系
③ 概念 A 与 B 或者是全同关系,或者不是全异关系
④ 概念 A 与 B 既是全同关系,又是全异关系
⑤ 全异关系的两概念 A 与 B 既不是矛盾关系,又不是反对关系

12. 若同时肯定下列(　　)和(　　),则违反了矛盾律的要求
① 概念 A 与 B 如果是全同关系,那么也是相容关系
② 概念 A 与 B 既不是全同关系,也不是相容关系
③ 概念 A 与 B 或者不是全同关系,或者不是相容关系
④ 概念 A 与 B 既不是全同关系,又是相容关系
⑤ 概念 A 与 B 虽然是全同关系,但不是相容关系

13. 下列违反逻辑基本规律要求的断定是(　　)和(　　)
① 概念 A 与 B 或者不是相容关系,或者是反对关系
② 概念 A 与 B 既不是相容关系,也不是反对关系
③ 概念 A 与 B 或者不是相容关系,或者不是反对关系
④ 概念 A 与 B 虽然是相容关系,但也不是反对关系
⑤ 概念 A 与 B 不是相容关系,而是反对关系

14. 若同时肯定下列(　　)和(　　),则违反了矛盾律的要求
① 只有概念 A 与 B 是交叉关系,它们才是相容关系
② 概念 A 与 B 既是交叉关系,也是相容关系

③ 概念 A 与 B 或者不是交叉关系,或者不是相容关系
④ 如果概念 A 与 B 是交叉关系,则是相容关系
⑤ 概念 A 与 B 或者不是交叉关系,或者是相容关系

五、分析题

1. 下列公式中,哪一个正确、全面地表达了 E 与 I 的真假关系?为什么?
   ① E→¬I　　　　② ¬E→I　　　　③ E∨I　　　　④ E ⩔ I

2. 下列公式中,哪一个正确、全面地表达了 A 与 I 的真假关系?为什么?
   ① A→I　　　　② A∨I　　　　③ A←I　　　　④ A ⩔ I

3. 下列公式中,哪一个正确、全面地表达了 O 与 I 的真假关系?为什么?
   ① O→I　　　　② ¬O→¬I　　　③ O∨I　　　　④ O ⩔ I

4. 下列公式中,哪一个正确、全面地表达了 E 与 A 的真假关系?为什么?
   ① ¬A→E　　　② ¬E→A　　　③ ¬E∨¬A　　④ E ⩔ A

5. 下列公式中,哪一个正确、全面地表达了 Mp 与 Lp 的真假关系?为什么?
   ① Mp→Lp　　② Mp←Lp　　③ Mp∨Lp　　④ Mp ⩔ Lp

6. 下列公式中,哪一个正确、全面地表达了 ¬p 与 Lp 的真假关系?为什么?
   ① ¬p→Lp　　② ¬p→¬Lp　　③ ¬p∨¬Lp　　④ ¬p ⩔ Lp

7. 下列公式中,哪一个正确、全面地表达了 M¬p 与 Lp 的真假关系?为什么?

① ¬M ⫤p→Lp   ② M ⫤p→¬Lp
③ M ⫤p←Lp   ④ M ⫤p ∨ Lp

8. 下列公式中,哪一个正确、全面地表达了 M ⫤p 与 Mp 的真假关系？为什么？
① ¬M ⫤p←Mp   ② M ⫤p→¬Mp
③ M ⫤p ∨ Mp   ④ M ⫤p ∨̇ Mp

9. 下列判断能否同真？能否同假？是否具有等值关系？
① 小王既要学英语,又要学德语
② 如果小王要学英语,那么他不学德语

10. 下列判断能否同真？能否同假？是否具有等值关系？
① 小王或者学英语,或者学德语
② 如果小王不学英语,那么他学德语

11. 对下列判断甲都赞成,乙都反对,是否违反逻辑基本规律的要求？为什么？
① 既有小李独唱,又有大家合唱
② 如果小李独唱,那么大家就不要合唱

12. 如果断定下列①和②为真,又断定③为假,是否违反矛盾律的要求？为什么？
① 有的小学生学打拳
② 有的小学生不学打拳
③ 所有的小学生都学打拳

13. 如果断定下列①为真,又断定②为假,是否违反矛盾律的要求？为什么？
    ① 甲是三好学生而乙不是
    ② 只有甲不是三好学生,乙才不是三好学生

14. 如果断定下列①和②为假,又断定③为真,是否违反矛盾律的要求？为什么？
    ① 乙没有考上大学
    ② 甲考上大学
    ③ 只有甲考上大学,乙才考上大学

15. 如果断定下列①为真,又断定②和③为真,是否违反逻辑基本规律的要求？为什么？
    ① 这个图形或者是圆形,或者是三角形
    ② 这个图形不是三角形
    ③ 这个图形不是圆形

16. 如果断定下列①为真,又断定②和③为假,是否违反逻辑基本规律的要求？为什么？
    ① 甲是罪犯当且仅当乙不是罪犯
    ② 乙是罪犯
    ③ 甲不是罪犯

17. 如果同时肯定下列①、②、③,是否违反逻辑基本规律的要求？为什么？
    ① 老李去北京
    ② 老王去广州
    ③ 如果老王去广州,则老李不去北京

18. 如果同时肯定下列①、②、③,是否违反逻辑基本规律的要求? 为什么?
    ① 小张是班长
    ② 小赵是团支书
    ③ 只有小赵不是团支书,小张才是班长

19. 试分析下列丙与丁的说法是否违反逻辑基本规律的要求? 为什么?
    甲:关系 R 是对称的。
    乙:关系 R 是非对称的。
    丙:甲与乙的说法都对。
    丁:甲与乙的说法都错。

20. 下列丙和丁的说法是否违反逻辑基本规律的要求? 为什么?
    甲:我建议如果胡来任前锋,那么张芒任后卫。
    乙:我建议只有胡来任前锋,张芒才任后卫。
    丙:甲乙两人的建议都对。
    丁:甲乙两人的建议都不对。

21. 分析下列甲、乙、丙、丁的话,指出谁违反了逻辑基本规律,并简述理由。
    甲:只有我班所有的同学都学数学,有些同学才不学英语。
    乙:或者我班所有的同学都学数学,或者所有的同学都学英语。
    丙:甲和乙说的都对。
    丁:甲和乙说的都不对。

22. 设 A 为"某小组没有一个学生是上海人",B 为"并非某小组学生都是上海人"。试分析:下列甲、乙、丙、丁的断定,是否违反逻辑基本规律要求? 为什么?
    甲:肯定 A 又肯定 B。   乙:否定 A 且肯定 B。

丙:肯定 A 但否定 B。　　　　　　丁:肯定 A 而未断定 B。

23. 分析下面各题所表达的思想是否违反逻辑基本规律的要求?为什么?
    ① 他是一位有成就的历史学家,但据我所知,他对甲骨文所知甚少。
    ② 我是不赞成死记硬背的,但也不赞成不死记硬背,学习中适当死记硬背是需要的。
    ③ 南极海岸地带,鸟的数量多得惊人,但鸟的种类却很少。
    ④《悼郭老》一文写道:"1979 年 6 月 12 日 16 时 50 分,一颗中国当代科学文化的巨星,拖着万丈光芒从我们头上飞逝了,陨落了!他没有陨落,他永远不会陨落。他永远在广漠的宇宙中飞驰。"

24. 有人给农业种子公司寄了封信,要求公司寄一些无籽西瓜的种子。为此,甲、乙、丙三人议论起来:
    甲:"简直是无稽之谈,无籽西瓜怎么会有种子,这不是自相矛盾吗?"
    乙:"凡是植物都有种子,西瓜是植物,西瓜也肯定有种子;无籽西瓜是西瓜,所以无籽西瓜也有种子。这是逻辑推理的结论。但又如甲所说的,认为无籽西瓜有种子是不合逻辑的,因为无籽西瓜一颗籽也没有,事实上也是没有种子的。所以,逻辑和事实是两回事。"
    丙:"无籽西瓜当然有种子,这是不存在什么逻辑矛盾的。如果从无籽西瓜中直接取种当然不可能,但是可以通过别的途径取得无籽西瓜的种子。认为无籽西瓜没有种子,在逻辑上才是混乱的。"
    试问:甲、乙、丙三人谁说得对?谁说得不对?简述理由。

25. 某工厂召集各车间主任汇报产品质量,在会上有个主任发言说:"我认为我厂的产品质量问题是由于领导思想上不重视。我老家村里有个打铁的老人,手艺很高明,但思想保守,不愿把技术传给别人,唯独只教给他第三个儿子。后来,他和老三都死了,手艺也就绝了,这很可惜。因此,质量问题是由于领导思想保守引起的。"这个主任的发言有无逻辑错误?

26. 有个青年想到爱迪生的实验室工作,他满怀信心地向爱迪生说出自己的心愿:"我想发明一种万能的溶液,它能溶解一切物品。"
    爱迪生听完后,反问道:"那么你想用什么器皿盛放这种液体呢?"
    青年被问得哑口无言。
    请问:对爱迪生的问题,青年何以哑口无言?

27. 请指出下列对话中有无逻辑错误?简述理由。
    ① 甲:"你这个人是怎么搞的,医生给你写的病假证明是休息1天,你却改为3天,为什么要弄虚作假呢?"
    乙:"谁弄虚作假?你去医院问问医生,我患感冒是真的还是假的。"
    ② 甲:"依你说来,就没有什么信念之类的东西了?"
    乙:"没有,根本没有!"
    甲:"你就这样确信不疑吗?"
    乙:"当然,多年来我一直这样确信。"

28. 根据逻辑基本规律的知识,分析下述对问题的回答犯有什么逻辑错误?为什么?
    在一片荒野上没有一个人,一颗大树突然倒在了野地上。
    问:在大树倒下时,有没有响声?
    答:没有。因为没有一个人在那儿,当然听不到什么响声。

六、证明题

1. 试证明:如同时肯定下列(1)与(2)而否定(3),则违反矛盾律的要求。
   (1) $\neg p \to \neg r$ (2) $\neg(\neg q \land p)$ (3) $q \leftarrow r$

2. 试证明:如同时肯定下列(1)、(2)、(3),则违反矛盾律的要求。
   (1) PES   (2) MOP→SIP   (3) SIM

3. 试证明:如同时肯定下列(1)、(2)、(3),则违反矛盾律的要求。
   (1) ¬(PIS)　　　　　　　　(2) MOP→(SIP∧POS)
   (3) MŌS

七、应用题

1. 张先生买了一块新手表。他把新手表与家中的挂钟对照,发现手表比挂钟一天慢了三分钟;后来他又把家中的挂钟与电台的标准时对照,发现挂钟比电台标准时一天快了三分钟。赵先生因此判断:他新买的表走时是准确的。
   以下哪项是对张先生推断的正确评价?
   A. 张先生的推断是正确的。因为手表比挂钟慢了三分钟,挂钟比标准时快了三分钟,这说明手表是准时的。
   B. 张先生的推断是错误的。因为他不应该把手表与挂钟对比,而应该直接与标准时对比。
   C. 张先生的推断是错误的。因为挂钟比标准时快了三分钟,是标准的三分钟;手表比挂钟慢了三分钟,是不标准的三分钟。
   D. 张先生的推理既无法断定为正确,也无法断定为错误。

2. 警察:"你为什么骑车带人,懂不懂交通规则?"
   骑车人:"我以前从来没有骑车带人,这是第一次。"
   下述哪段对话中出现的逻辑错误与题干的最类似?
   A. 审判员:"你作案后去了什么地方?"
      被告:"我没有作案。"
   B. 母亲:"我已告诉过你准时回来,你怎么又晚回来一个小时?"
      女儿:"你总喜欢挑我的毛病。"
   C. 老师:"王林,你怎么没有完成作业?"
      王林:"我爸爸昨天从法国回来了。"
   D. 居委会张大妈:"你还打老婆吗?"
      李四:"我从来都不打老婆。"
   E. 小丁:"昨晚的晚会真过瘾,特别是那位歌星唱得太好了。"
      小米:"他长得太帅了。"

3. 一条鳄鱼抢走了一位母亲的孩子。鳄鱼说:"你说我会不会吃掉你的孩子?你若答对了,我就把孩子还你;若答错了,我就把孩子吃掉。"这位母亲回答说:"你会把我的孩子吃掉。"鳄鱼听了母亲的回答后陷入了困境。
   以下哪个选项所描述的与鳄鱼陷入的困境最相似?

A. 晏婴出使楚国,楚人因他身材矮小请他从小门入,以羞辱他。晏婴说:"如果我出使狗国就从狗门入,如今我到楚国来,不当从此门入。"楚人听了无所适从。

B. 明代的解缙小时候名气很大,当时的曹尚书不服气,见到解缙身穿粗布绿袄,便对曰:"出水蛤蟆穿绿袄"。解缙看着曹尚书身上的大红袍答道:"落汤螃蟹着红袍"。曹尚书瞠目结舌,无以言对。

C. 《唐·吉诃德》描写一个国家有条法规,凡来本国的人都要回答一个问题:"你来这里做什么?"如果说实话,就放行;如果说假话,就会被绞死。某日,一个旅行者说:"我来此是上绞刑架的。"执法卫士不知如何决断。

D. 一位经验论者认为,所有的一般命题都是依据所感知到的事例得出的,不能保证其普遍的有效性,所以,所有概括都不可能不受可能出现例外的限制。一位唯理论者反驳道:难道"所有概括都不可能不受可能出现例外的限制"不是一个普遍的概括吗?

E. 旅行途中,儿子对妈妈说:"您看那辆车像座山那么大!"妈妈说:"孩子,我不止一万次告诉你,说话不要夸张得太厉害!"爸爸听了妈妈的话才明白儿子喜欢夸张的原因。

4. 《韩非子·难一》中写道:"楚人有鬻盾与矛者,誉之曰:'吾盾之坚,物莫能陷也。'又誉其矛曰:'吾矛之利,于物无不陷也。'或曰:'以子之矛,陷子之盾,何如?'其人弗能应也。夫不可陷之盾与无不陷之矛,不可同世而立。"

以下议论与那位楚人犯有同样的逻辑错误,除了:

A. 电站外高挂一警示牌:"严禁触摸电线!500伏高压一触即死。违者法办!"

B. 一位小伙子对女友说:"我爱你,我愿意为你做任何事情,哪怕赴汤蹈火!如果星期六下雨,我就不过来看你了。"

C. 这是一条狗,它是一个父亲。而它是你的,所以它是你的父亲。你打它,就是在打自己的父亲。

D. 他的意见基本正确,一点错误也没有。

E. 今年研究生考试,我有信心考上,但却没有把握。

5. 法官甲和法官乙在讨论某一案件:

法官甲:"公诉机关的材料还不充分、确凿,所以不能证明被告人构成犯罪。"

法官乙:"那么说,只能判决被告人不构成犯罪了。"

法官甲:"也不能说被告人不构成犯罪,他有很大的嫌疑。"

下面哪项与上述议论的情形是类似的?

A. 那个岛上鸟很多,但种类却不多。

B. 关于我们厂能否在今年扭亏为盈的问题,我听到了很多意见,有的人认为很有希望,今年扭亏是肯定的,有的人则认为本厂产品缺乏竞争力,今年扭亏不可能。我认为这两种意见都不对。

C. 虽然不敢说她长得美,但也不能说她长得不美。

D. "你对被害人是否早就怀恨在心?"审判长问。
"我从来没有想到过是否怀恨在心。"被告人回答。

E. 关于在校学生是否可以参加商业选美活动,我的态度是既不提倡,也不禁止。

八、综合题

1. 甲、乙、丙三人因某案件而被传讯,当办案人员问谁是作案人时,他们分别说道:

   甲:"我没有作案。"

   乙也否认自己作案。

   丙:"甲才是作案人。"

   现知甲、乙、丙中只有一人说了真话,请问谁是作案人?谁说了真话?写出推导过程。

2. 甲、乙、丙、丁对某届足球比赛的结果预测如下:

   甲:如果A队不是冠军,则B队是冠军。

   乙:B队不会是冠军。

   丙:A、B两队都不会是冠军。

   丁:C队是冠军。

   比赛结果表明,只有一人的预测与结果相符,请问哪一个队获得冠军?谁的预测正确?简述理由。

3. 有一天,某珠宝店被盗走一块贵重的钻石。经过数日侦查,已查明作案人是赵、钱、孙、李四人中的某一个。在调查中,这四个人都否认作案。但各人的说法不同。他们的说法是:

   赵:不是我作的案。

   钱:李是作案人。

   孙:钱是作案人。

   李:不是我作的案。

现在我们假定这四人中只有一人说真话,问:盗窃钻石的作案人是谁?为什么?

假定这四人中只有一人说假话,问:盗窃钻石的作案人是谁?为什么?

4. 五名嫌疑人的供词如下:

A:我们五人都没有作案。

B:D 是作案人。

C:如果 A 作案,则 D 未作案或者 B 未作案。

D:案发时我在家睡觉。

E:我们五人中有人作案。

后来证实,五人中只有两人说真话。请问:谁说真话?谁是作案人?写出推导过程。

第三章 定 义

一、判断题

1. 属加种差定义属于传统定义中的内涵定义。(   )
2. 属加种差定义既可用于普遍概念的定义也可用于单独概念的定义。(   )
3. 二分法是将一个概念划分为两个具有矛盾关系概念的划分方法。(   )
4. 划分是将属概念分为若干种概念的明确概念的逻辑方法。(   )
5. 定义项和被定义项不具有全同关系的错误叫做"定义过宽"或"定义过窄"。(   )
6. 划分的母项与子项之间必须具有属种关系。(   )
7. 性质定义与关系定义不是传统的属加种差定义。(   )
8. 在同一次划分中可以同时出现"标准不一"和"子项相容"的错误。(   )
9. 传统的内涵定义通常采用比喻的方法下定义。(   )
10. 划分后所得的子项都具有矛盾关系。(   )

二、填空题

1. 定义是_____的逻辑方法。
2. 划分是_____的逻辑方法。
3. 定义由_____、_____和_____三部分组成。
4. 划分由_____、_____和_____三部分组成。
5. 概念是反映_____的思维形态。
6. 概念具有两个显著的逻辑特征:一是概念的_____,二是概念的_____。
7. 定义的三大类型是指_____定义、_____定义和_____定义。
8. 内涵定义常用的定义方法是_____。这种定义方法通常用如下的公式来表示,即_____。
9. 常用的划分方法有_____、_____和_____。
10. 如果被定义项的外延小于定义项的外延,则犯了_____错误。如果被定义项的外延真包含定义项的外延,则犯了_____错误。
11. 正确的内涵定义其被定义项与定义项应当具有_____关系。
12. 正确划分所得的诸子项之间的外延关系是_____关系。
13. 如果划分后的诸子项的外延关系是交叉关系,则犯了_____错误。如果母项的外延真包含诸子项的外延之和,则犯了_____错误。
14. 在一个正确的划分中,"母项"与"子项"之间的外延关系应当是_____。

三、分析题
1. 下列语句作为定义是否正确？为什么？
   （1）期刊就是每周或每月定期出版的出版物。

   （2）复合命题就是包含两个或两个以上简单命题的命题。

   （3）侵犯财产罪就是侵占公共财产的犯罪。

   （4）新闻就是东西南北所发生的事件的报道。（因为 news 即 north、east、west、south 四个单词的第一个字母的缩写。）

   （5）新闻就是对离奇的、非同一般的事件的报道。（狗咬人不是新闻，人咬狗才是新闻。）

   （6）新闻不是对过去所发生事件的报道。

   （7）建筑是凝固的音乐。

   （8）诈骗罪就是侵犯财产的犯罪。

   （9）亲属就是具有亲属关系的人。

   （10）教师是人类灵魂的工程师。

2. 下列语句作为划分是否正确？为什么？
   （1）期刊分为周刊、半月刊和月刊。

   （2）法可分为实体法、程序法、国内法和国际法。

   （3）复合命题分为联言命题、选言命题和假言命题。

   （4）直系血亲包括父母、子女、祖父母和孙子女。

   （5）这个劳教所管教的对象有男犯、女犯和少年犯。

   （6）死亡分为正常死亡和非正常死亡。

   （7）犯罪集团包括主犯和从犯。

   （8）犯罪分为共同犯罪、过失犯罪和故意犯罪。

第四章 论 证

一、判断题
1. 证明就是用若干已知为真或可能为真的命题以确定另一命题也为真的思维过程。（ ）
2. 反驳就是用若干已知为真的命题以确定某个命题为假或某个论证不成立的思维过程。（ ）
3. 论证由前提、结论和论证方法三部分组成。（ ）
4. 论证方法可以分为证明的方法与反驳的方法。（ ）
5. 直接证明是通过先确定反论题为假，然后根据排中律确定原论题为真的论证方法。（ ）
6. 间接反驳是通过先论证反论题为真，然后根据矛盾律确定被反驳论题为假的论证方法。（ ）
7. 间接反驳的反论题与被反驳论题间可以具有矛盾关系或反对关系。（ ）
8. 反证法和选言证法是两种常用的间接证明的方法。（ ）
9. 推理的前提相当于论证的论题，推理的结论相当于论证的论据。（ ）
10. "论证过多"的错误其实是违反同一律要求所犯的"偷换论题"错误。（ ）

二、填空题
1. 论证包括立论和驳论，立论又叫做_____，驳论又叫做_____。
2. 论证是由_____、_____和_____三部分组成。
3. 论证和推理有密切的联系，论题相当于推理的_____，论据相当于推理的_____，论证方式相当于推理的_____。
4. 间接证明是通过论证与原论题相矛盾的命题为假，从而确定该论题为真的论证。间接证明可分为_____和_____。
5. 反证法是先证明_____，然后根据_____律确定原论题为真的论证方法。
6. 选言证法是证明与原论题_____，然后确定原论题真的论证方法，主要运用的推理形式是_____。
7. 反驳是由_____、_____和_____三部分组成。
8. 反驳可分为反驳_____、反驳_____和反驳_____。
9. 间接证明是先论证与原论题具有_____关系的反论题为_____，然后根据_____律确定原论题为真的论证方法。
10. 归谬法主要运用的推理形式是_____。

三、单项选择题

1. 在论证中先论证与原论题相矛盾的论断为假,然后根据排中律确定原论题为真的论证方法叫做(　　)
   ① 直接证明　　② 间接反驳　　③ 反证法　　④ 归谬法

2. 反证法中所设的反论题非 p 与原论题 p 之间具有(　　)
   ① 等值关系　　② 矛盾关系　　③ 反对关系　　④ 差等关系

3. "论题应当保持同一",这条论证规则的逻辑根据是(　　)
   ① 同一律
   ② 矛盾律
   ③ 排中律
   ④ 充足理由律

4. 反证法所运用的推理形式是(　　)
   ① 肯定前件式
   ② 否定前件式
   ③ 肯定后件式
   ④ 否定后件式

5. "有人说天下乌鸦一般黑,其实这是不对的,人们已经发现了白乌鸦。所以,并非所有乌鸦都是黑的。"
   请问这段议论所运用的反驳方法是(　　)
   ① 直接反驳　　② 间接反驳　　③ 归谬法　　④ 反证法

6. 14 世纪中叶,欧洲各式各样的作家都显示了他们对游戏的兴趣,但是,这一时期的作家没有一个提到过玩扑克。14 世纪的成文法也没有提及对玩扑克的禁止或限制,尽管提到了骰子、棋类和其他的游戏。
   如果以上论述为真,以下哪项是最可能被接受的结论?(　　)
   ① 玩扑克与玩骰子、棋类等游戏可能有同样长的历史
   ② 玩骰子的历史可能比玩其他游戏的历史更悠久
   ③ 那一时期玩扑克在欧洲可能还未普及
   ④ 文字记载没有提到的游戏不一定没有人玩

7. "凡金属都导电,因为,根据我们以往的经验,铁是导电体、铜是导电体、铝是导电体,而铁、铜、铝都是金属。"这个论证是(　　)
   ① 演绎论证　　② 归纳论证　　③ 间接论证　　④ 选言论证

8. 语言不能生产物质财富。如果语言能够生产物质财富,那么夸夸其谈的人就会成为世界上最富有的人。
   以下哪项论证在论证方式上与上述论证最为类似?(　　)
   ① 人在自己的生活中不能不尊重规律,如果违背规律,就会受到规律的无情惩罚
   ② 加强税法宣传十分重要,这样做可以普及税法知识,增强人们的纳税意

识,增加国家财政收入
③ 有些近体诗是要求对仗的,因为有些近体诗是律诗,而所有律诗都要求对仗
④ 风水先生惯说空,指南指北指西东,倘若真有龙虎地,何不当年葬乃翁

9. 这几年参加注册会计师考试的人越来越多了,可以这样讲,所有想从事会计工作的人都想获得注册会计师证书。小王也想获得注册会计师证书,所以,小王一定是想从事会计工作的人了。
以下哪项如果为真,最能加强上述论证?（　　）
① 目前越来越多的从事会计工作的人具有了注册会计师证书
② 不想获得注册会计师证书,就不是一个好的会计工作者
③ 只有想获得注册会计师证书的人,才有资格从事会计工作
④ 只有想从事会计工作的人,才想获得注册会计师证书

10. 有人说:"哺乳动物都是胎生的。"
以下哪项最能驳斥上述命题?（　　）
① 鸭嘴兽是哺乳动物,但不是胎生的
② 没有见到过非胎生的哺乳动物
③ 可能有的哺乳动物不是胎生的
④ 也许有的非哺乳动物是胎生的

11. 血液中脂肪蛋白含量的增多,会增加人体阻止吸收过多的胆固醇的能力,从而降低血液中的胆固醇。有些人通过有规律的体育锻炼和减肥,能明显地增加血液中高浓度脂肪蛋白的含量。
以下哪项,作为结论从上述题干中推出最为恰当?（　　）
① 有些人通过有规律的体育锻炼降低了血液中的胆固醇,则这些人一定是胖子
② 体育锻炼和减肥是降低血液中高胆固醇的最有效的方法
③ 有些人通过有规律的体育锻炼和减肥来降低血液中的胆固醇
④ 不经常进行体育锻炼的人,特别是胖子,随着年龄的增大,血液中出现胆固醇的风险越来越大

12. 地球和月球有许多共同属性,如它们都属太阳系星体,都是球形的,都有自转和公转等。既然地球上有生物存在,因此,月球上也很可能有生物存在。
以下哪项如果为真,最能削弱上述推论的可靠性?（　　）
① 地球和月球大小不同
② 月球上同一地点温度变化极大,白天可上升到100℃,晚上又降至零下160℃
③ 月球距地球很远,不可能有生物存在

④ 地球和月球生成时间不同

13. 在司法审判中,所谓肯定性误判是指把无罪者判为有罪,否定性误判是指把有罪判为无罪。肯定性误判就是所谓的错判,否定性误判就是所谓的错放。而司法公正的根本原则是"不放过一个坏人,不冤枉一个好人"。某法学家认为,目前衡量一个法院在办案中对司法公正的原则贯彻得是否足够好,就看它的肯定性误判率是否足够低。

    以下哪项如果为真,能最有力地支持上述法学家的观点?(　　)
    ① 错放,只是放过了坏人;错判,则是既放过了坏人,又冤枉了好人
    ② 宁可错判,不可错放,是"左"的思想在司法界的反映
    ③ 错放造成的损失,大多是可弥补的;错判对被害人造成的伤害,是不可弥补的
    ④ 各个法院的否定性误判率基本相同

14. 以下是一个西方经济学家陈述的观点:
    "一个国家如果能有效地运作经济,就一定能创造财富而变得富有;而这样的一个国家想保持政治稳定,它所创造的财富必须得到公正的分配;而财富的公正分配将结束经济风险;但是经济风险的存在正是经济有效率运作的不可或缺的先决条件。"

    这个经济学家的上述观点,可以得出以下哪项结论?
    ① 一个国家政治上的稳定和经济上的富有不可能并存
    ② 一个国家政治上的稳定和经济上的有效率运作不可能并存
    ③ 一个富有国家的经济运作一定是有效率的
    ④ 在一个经济运作无效率的国家中,财富一定得到了公正的分配

15. 王红的这段话不会错,因为他是听他爸爸说的,而他爸爸是一个治学严谨、受人尊敬、造诣很深、世界著名的数学家。

    以下哪项如果为真,将最能反驳上述结论?(　　)
    ① 王红谈的不是关于数学的问题
    ② 王红平时曾说错话
    ③ 王红的爸爸并不认为他的每句话都是对的
    ④ 王红的爸爸老了

16. 目前的大学生普遍缺乏中国传统文化的学习和积累。国家教育部有关部门及部分高等院校最近做的一次调查表明,大学生中喜欢和比较喜欢京剧艺术的只占到被调查人数的14%。

    以下陈述中的哪一项最能削弱上述观点?(　　)
    ① 大学生缺乏对京剧欣赏方面的指导,不懂得怎样去欣赏
    ② 喜欢京剧艺术与学习中国传统文化不是一回事,不要以偏概全

③ 14%的比例正说明培养大学生对传统文化的学习大有潜力可挖

④ 有一些大学生既喜欢京剧,又对中国传统文化的其他方面有兴趣

四、双项选择题

1. "对人民内部的民主方面和对反动派的专政方面,互相结合起来,就是人民民主专政。有什么理由要这样做?大家很清楚。不这样,革命就要失败,人民就要遭殃,国家就要灭亡。"在这个论证中,论证方法是(　　)(　　)
   ① 直接论证　　　　　　　　　② 间接论证
   ③ 归纳论证　　　　　　　　　④ 运用三段论的演绎论证
   ⑤ 反证法

2. 在论证过程中,如果违反了论据方面的规则,就会犯(　　)(　　)
   ① "循环论证"的错误　　　　　② "预期理由"的错误
   ③ "论旨不清"的错误　　　　　④ "转移论题"的错误
   ⑤ "推不出"的错误

3. 如果驳倒了对方的论证方式,则说明(　　)(　　)
   ① 对方的论题不成立
   ② 对方的论据虚假
   ③ 对方论题的真实性还有待证明
   ④ 对方的论证方式虚假
   ⑤ 对方论证方式犯了"推不出"的逻辑错误

4. 古希腊学者克拉底鲁曾说:"一切命题都是假的。"亚里士多德反驳说:"如果一切命题都是假的,那么这个'一切命题都是假的'也是假的。"亚里士多德的反驳用的是(　　)(　　)
   ① 直接反驳　　② 间接反驳　　③ 归谬法　　④ 类比反驳
   ⑤ 归纳反驳

5. 可以在论证中充当论据的主要有(　　)(　　)
   ① 权威人士或领导的言论
   ② 科学定理或定律
   ③ 有待证实的经验总结
   ④ 学者提出的富有创意的假说
   ⑤ 反映客观实际的事实陈述

6. 反证法与归谬法的主要区别是(　　)(　　)
   ① 前者用于论证,后者用于反驳
   ② 前者不需设反论题,后者需设反论题
   ③ 前者须用排中律,后者不用排中律
   ④ 两者都运用了充分条件假言推理的否定后件式

⑤ 两者都运用了充分必要条件假言推理的否定后件式
7. 独立证明反驳法与反证法的主要区别是(　　)(　　)
   ① 前者是证明方法,后者是反驳方法
   ② 前者需设反论题,后者不需设反论题
   ③ 前者依据矛盾律,后者依据排中律
   ④ 前者确定被反驳的论题为假或不能成立,后者确定论题为真
   ⑤ 前者依据排中律,后者依据矛盾律

五、分析题

1. 分析下列论证的结构,指出论题、论据和论证方式:用"_____"标出论题,用"〰〰〰"标出论据,并写出论证所运用的推理形式。

   (1) 文学艺术也要实行民主。如果没有不同意见的争论,没有自由的批评,任何科学既不能发展,也不能进步,文学艺术也不例外。

   (2) 绿色植物通过光合作用都能放出氧气,我们可以通过许多实验来证明。例如,水藻通过光合作用可以放出氧气,玉米苗可以通过光合作用放出氧气……这是因为,绿色植物在光合作用过程中,水和二氧化碳变成糖类而放出氧气。

   (3) 并不是所有的社会现象都是有阶级性的。在社会现象中,有的是有阶级性的,有的是没有阶级性的。这一点,我们可以从语言现象没有阶级性得到证实,既然语言现象是没有阶级性的,而语言现象是社会现象,这就充分说明,并非所有社会现象都是有阶级性的。

   (4) 对待历史文化遗产应采取批判继承的态度。对待历史文化遗产的态度,要么是全盘继承,要么是虚无主义,要么是批判继承。全盘继承,不分精华和糟粕,不能推陈出新,不利于文化的发展,这种态度是不可取的。虚无主义,割断了历史,违背了文化发展的规律,同样不利于文化的发展。只有批判继承,去其糟粕,取其精华,才能促进文化的繁荣。

（5）党政干部必须提高科学文化水平。因为党政干部不提高科学文化水平，他们所负责的各个部门的组织领导工作就不能适应新形势的需要，我国社会主义事业就难以顺利地向前发展。

（6）古希腊的无神论者论证说，世界上有灾难和丑恶的存在就证明神是不存在的。伊壁鸠鲁说："我们应当承认，神或是愿意但又不能除掉世间的丑恶，或是能够但又不愿意除掉世间的丑恶，或是能够但又愿意除掉世间的丑恶。如果神愿意而不能够除掉世间的丑恶，那么他就不是万能的，而这种无能为力是与神的本性相矛盾的。如果神能够但不愿意除掉世间的丑恶，那么就证明了神的恶意，而这种恶意也同样是与神的本性相矛盾的。如果神愿意而又能够除掉世间的丑恶是唯一适合于神的本性的假定，那么何以在这种情况下世间还有丑恶？"

（7）科学技术是生产力。因为蒸汽机的诞生，带来了第一次工业革命，使人类社会的生产方式，由手工操作进入了机械化生产的时代，使社会生产力大大提高。电动机的制造成功，带来了第二次工业革命，使社会的大生产由机械化进入到电气化阶段，社会生产力又前进了一大步。这说明科学技术的进步，促进了社会生产结构的普遍变革，影响到生产部门的深刻变化，最终促进生产力的普遍提高。

（8）基本初等函数都是连续的。因为我们已经证明，角函数和反函数是连续的，幂函数是连续的，对数函数是连续的，而角函数、反函数、幂函数、指数函数和对数函数是所有的基本初等函数。

（9）从前，有许多人坐在一间房子里，议论某甲的品行。其中一人说："某甲其他方面都不坏，只有两样不好。第一，喜欢发怒。第二，做事鲁莽。"不料此人正好经过门外，听到这话，勃然大怒，一脚踢进门去，挥拳打那说话的人,嘴里叫道:"我到底什么时候曾经喜欢发怒?!什么时候做事鲁莽?!"别人都说道:"过去的且不说了,现在的事实不就证明了吗?"

(10) 1939年2月,毛泽东在一次干部会议上,谈到解决当时抗日根据地经济困难的办法时说:"饿死呢,解散呢,还是自己动手?饿死是没有一个人赞成的,解散也是没有一个人赞成的,还是自己动手吧——这就是我们的回答。"

2. 分析下列反驳的结构,指出被反驳的论题、反驳方式和反驳方法。
   (1) 某被告的辩护人说:"被告在犯罪前工作积极,曾荣立三等功,希望法庭在量刑时考虑这一点,对被告人从轻处罚或免于处罚。"公诉人答辩说:"赏罚分明,是我们党的一贯政策,功归功,过归过,一个人立功只能说明他的过去,不能说明他的现在,更不能拿过去立功抵消现在之过……如果过去立过功,今天就可以胡作非为,且可以从轻或免于处罚,怎么能够体现社会主义国家法律的严肃性呢?"

   (2) 燃素说是17世纪由德国化学家施塔尔提出的。他认为一切可燃烧物中有一种特殊的物质——燃素,燃烧过程就是可燃物放出燃素的过程。但是后来对燃烧现象进行精确的定量分析表明,金属燃烧后,重量不是减少,而是增加。这样,燃素说只好宣称燃素有负重量。这当然是极其荒谬的。

   (3) 有人说形式逻辑也有阶级性,这种观点是不对的,如果形式逻辑有阶级性,那么历史上和现实中就应当有农民阶级的形式逻辑与资产阶级的形式逻辑之别,然而事实并非如此,形式逻辑对任何阶级都是一视同仁的。

(4) 有人说:"吃鱼可以聪明。"真是这样吗?鲁迅先生因刺多费时,素不喜欢吃鱼,他那目光如炬的洞察力,所向披靡的批判锋芒,足以显示了他的聪明。"举家食粥"的曹雪芹,此时恐早已与鱼无缘,却写下了巨著《红楼梦》。就是喜食鱼头的聂卫平,如果只是一日三餐大吃鱼头,也绝无棋盘上的聪明的。那些花天酒地,终生绝无食鱼之虞的末代昏君与纨绔子弟,有一个聪明的吗?海底那些唯以鱼为食的生物,虽比人类出现的还早,至今也仅仅聪明到为人类的盘中餐而已!天才无疑是最聪明的,然而"天才,就是百分之一的灵感加上百分之九十九的汗水"(爱迪生语)。这是吃鱼就能吃出来的吗?历史上杰出的人物,反倒多是从困境中走出来的,是从"食无鱼"的境况中奋斗出来的。

(5) 若言琴上有琴声,放在匣中何不鸣?若言声在指头上,何不于君指上听?(苏轼:《琴诗》)

(6) 亚里士多德有一个论点:"物体越重下落速度越快。"(p)意大利科学家伽利略指出,根据这一论点,一块轻石 A 加在一块重石 B 上下落,则有以下矛盾结果:1) A+B 比 B 重,下落速度比 B 大(q)。2) 速度小的 A 加在速度大的 B 上,会减低 B 的下落速度,因而 A+B 的下落速度,比 B 小(非 q)。伽利略说:"这两个结果的互不相容,证明亚里士多德错了。"从论点 p 引出"q 并且非 q"的矛盾结果,证明 p 假。

(7) 有人想把从发热器中取出的热量全部变为有用功,制造出第二类永动机,这是异想天开。因为根据热力学第二定律,一切可以实现的热机,从发热器(高温热源)取得的热量,一部分变成有用功,一部分须传给冷却器(低温热源),第二类永动机不可能制造成功。

(8) 短文章就没有分量?那不见得,文章不在长短,要看内容如何。内容有分量,尽管文章短小也是有分量的;如果内容没有分量,尽管文章写得像万里长城那样长,还是没有分量。所以,不能用量压人,要讲求质。黄金只有一点点,但还是有分量的;牛粪虽然一大堆,分量却不见得有多重。说短文章没有分量是不切实际的。中国古代就有许多短文章,如《论语》、《道德经》等。《论语》中有不少好的东西,就是《道德经》在那个时代也有它突出的地方。"三个臭皮匠,抵个诸葛亮"这样的话就很好。它十个字抵得上一大篇文章。类似的例子有的是。

(9) 加拿大前外交官切·朗宁竞选省议员,由于朗宁父亲是传教士,朗宁本人生于中国,由中国奶妈养大,因此政敌攻击说:"朗宁是亲华派,因为喝的是中国人的奶,有中国血统"。朗宁反驳这些政敌说:"你们是亲牛派,因为喝牛奶,有牛的血统"。

(10) 有些资产阶级经济学家认为,原始社会中的石斧也是资本。这是一种荒谬的见解。如果原始社会的石斧是资本,那么原始社会就该有资本家和剥削了。而事实上,原始社会是不存在剥削和资本家的。

六、指出下列论证有什么逻辑错误

1. 对于有效三段论而言,如果一个项在结论中不周延,那么该项在前提中也不周延。因为,在有效三段论中,如果一个项在前提中不周延,那么该项在结论中不得周延。

2. 古代有一思想家曾论证"宇宙是有限的"观点,他说:"如果宇宙是没有界限的,那么他就没有一定的中心;但是一切物体都以地球为中心,地球有一定的空间位置并且是宇宙的中心。因此,宇宙有中心,宇宙就是有边的。"

3. 17世纪法国哲学家笛卡儿曾经这样证明神的存在。他说,我的神的观念是非常清晰的。神是尽善尽美的,无所不包的,因此也包含了"存在"的性质;如果尽善尽美的神缺乏这一重要性质,即说它"不存在"是自相矛盾的。因此,神是存在的。

4. 人体的特异功能肯定不存在,因为科学院某权威人士说,承认特异功能的存在是迷信。

5. 求证:菱形的内角之和等于360°。证明:正方形ABCD是一个菱形,因它的四内角都是直角,其和等于360°,所以,菱形的四内角之和等于360°。

6. 我们应当尊敬老师,因为不尊敬老师是不对的。为什么不尊敬老师不对呢?因为学生应当尊敬老师。

7. 甲乙两人有这样一段对话,甲说:"历史剧作为文艺作品,应该有艺术虚构。"乙说:"我不同意你的看法,我们怎能像你那样把历史剧当成主要是艺术虚构呢?"

七、下面的反驳是否正确?为什么?

1. 你说这个三段论不正确,这不对。因为,如果一个三段论是正确的,那么它的中项在前提中至少周延一次,而这个三段论的两个中项都周延,这个三段论怎么不正确?

2. 《红楼梦》第一百一十七回有这样一段:众上夜的齐声道:"这不是贼,是强盗。"营官(官府查案者)道:"并非明火执仗,怎么算是强盗?"上夜的道:"我们赶贼,他们(贼)在房上撒瓦,我们不能到他跟前,幸亏我们家姓包的上房打退,赶到园里,还有好几个贼和姓包的打起仗来,打不过姓包的才跑了。"营官则道:"可又来了,若是强盗,难道打不过你们的人么?"

八、综合(求证)题

1. 用反证法证明三段论第二格的规则:"前提中必须有一个否定命题。"

2. 证明三段论以ＩＥ排列为大、小前提不能得结论。

3. 运用归谬法反驳"一切命题都是假的"这个判断。

第五章　复合命题及其推理

一、判断题

1. "命题的逻辑特性是有真值"中的"真值"是指为真的值。（　　）
2. 命题就是语句中的陈述句。（　　）
3. 命题可分为模态命题、简单命题和复合命题。（　　）
4. 复合命题包含着若干个肢命题。（　　）
5. 肢命题是简单命题。（　　）
6. 复合命题中的联结词就是逻辑常项。（　　）
7. 复合命题中的肢命题就是逻辑变项。（　　）
8. 逻辑常项和变项组成命题形式。（　　）
9. 多重复合命题是指肢命题都是复合命题的命题。（　　）
10. 推理就是从若干个命题推出另一个命题的思维形式。（　　）
11. 推出关系是指前提与结论之间的逻辑联系。（　　）
12. 推理是由若干个命题组成的序列。（　　）
13. 必然性推理是指结论为真的推理。（　　）
14. 推理的有效性是推理形式的性质。（　　）
15. 或然性推理的结论是错误的。（　　）
16. 负命题的肢命题可以有若干个，如肢命题是复合命题。（　　）
17. 矛盾命题是指不可同真、不可同假的两个命题。（　　）
18. 等值命题是指形式不同、内容相同的两个命题。（　　）
19. 真值为假的联言命题的肢命题为假。（　　）
20. 假的选言命题也是选言命题。（　　）
21. 相容选言命题的肢命题中至少有一个为真。（　　）
22. 不相容选言命题的肢命题中只能有一个为真。（　　）
23. 区分"∨"和"∨̇"就看其肢命题是否可以同真。（　　）
24. 假言命题的肢命题只有两个。（　　）
25. 蕴涵的前后件可以同真同假，也可前假后真，不可前真后假。（　　）
26. 前件逆蕴涵后件也就是后件蕴涵前件。（　　）
27. 假言易位推理和假言连锁推理都是互推式。（　　）
28. 二难推理又名假言联言推理。（　　）
29. 归谬推理是反证法的理论基础。（　　）

33

30．有效式就是永真式。（　　　）

二、填空题

1．命题的逻辑特性是_____。

2．复合命题的逻辑特性是_____。

3．命题形式由_____项和_____项两部分构成。

4．复合命题形式由_____词和_____命题两部分构成。

5．非模态命题可分为_____命题和_____命题。

6．推理是由前提、_____和_____三部分构成。

7．推出关系分为_____推出关系和_____推出关系。

8．根据思维进程方向的不同，推理可分为_____推理、_____推理和_____推理。

9．根据前提数量的不同，推理可分为_____推理和_____推理。

10．根据推出关系的不同，推理可分为_____推理和_____推理。

11．若结论真，推理形式有效，则前提_____。若结论真，推理形式无效，则前提_____。

12．若结论假，推理形式有效，则前提_____。若结论假，推理形式无效，则前提_____。

13．保证结论必真的两个必要条件是：_____和_____。

14．必然性推理是前提真，结论_____的推理，或然性推理是前提真，结论_____的推理。

15．若"¬p"取值为真，则 p 取值为_____；若"¬p"取值为假，则 p 取值为_____。

16．若"¬¬p"取值为真，则¬p 取值为_____；若"¬¬p"取值为假，则¬p 取值为_____。

17．矛盾命题是指两个具有_____关系的命题；等值命题是指两个具有_____关系的命题。

18．"今天下雨"与"今天不下雨"是_____关系。

19．"该被告有罪"与"并非该被告无罪"是_____关系。

20．若命题 A 与命题 B 矛盾，B 与命题 C 矛盾，则 A 与 C 必然是_____关系。

21．若命题 A 与命题 B 等值，B 与命题 C 等值，则 A 与 C 必然是_____关系。

22．若"p∧¬q"取值为真，则 p 取值为_____，q 取值为_____。

23．若 p 取值为假，q 取值为真，则"p∧q"取值为_____，"¬p∧q"取值为_____。

24．若 p 取值为假，q 取值为真，则"p∨q"取值为_____，"p∨¬q"取值为_____。

25. 若"p∨¬q"取值为假,则 p 取值为_____,q 取值为_____。

26. 若"p∧q"与"p∨q"只有一真时,"p∧q"取值为_____,"p∨q"取值为_____。

27. 与命题"一个青年失足,或有家庭原因,或有社会原因,或有自身原因"矛盾的合取命题是_____,与之等值的负命题是_____。

28. 与命题"贪污和盗窃都是犯罪"矛盾的析取命题是_____,与之等值的负命题是_____。

29. 若 p 取值为真,q 取值为假,则"p∨̇q"取值为_____,"¬p∨̇q"取值为_____。(本习题中的符号"∨̇"是不相容选言命题的真值联结词)

30. 当"¬p∨̇q"取值为真时,若 p 取值为真,则 q 取值为_____;若 q 取值为假,则 p 取值为_____。

31. 若"p∨̇q"与"p∨q"只有一假时,"p∨̇q"取值为_____,"p∨q"取值为_____。

32. 与命题"要么东风压倒西风,要么西风压倒东风"矛盾的析取命题是_____,与之等值的析取命题是_____,与之等值的合取命题是_____。

33. 若 p 取值为假,q 取值为真,则"p→q"取值为_____,"¬p→¬q"取值为_____。

34. 若"p→q"取值为假,则 p 取值为_____,q 取值为_____。

35. 若"p→q∨¬r"取值为假,则 p 取值为_____,q 取值为_____,r 取值为_____。

36. 若"p∨̇q"与"p→q"都真时,p 取值为_____,q 取值为_____。

37. 若"p∨q"与"p→q"只有一假时,p 取值为_____,q 取值为_____;或者 p 取值为_____,q 取值为_____。

38. 与命题"如果人没有自知之明,就要犯错误"矛盾的合取命题是_____,与之等值的析取命题是_____。

39. 若 p 取值为假,q 取值为真,则"p←q"取值为_____,"¬p←q"取值为_____。

40. 若"p←q"取值为假,则 p 取值为_____,q 取值为_____。

41. 若"p∨¬r←¬q"取值为假,则 p 取值为_____,q 取值为_____,r 取值为_____。

42. 若"p∨̇q"与"p←q"都真时,p 取值为_____,q 取值为_____。

43. 若"p∨q"与"p←q"只有一假时,p 取值为_____,q 取值为_____;或者 p 取值为_____,q 取值为_____。

44. 与命题"只有什么事也不干的人,才不会犯错误"矛盾的合取命题是

_____,与之等值的析取命题是_____,与之等值的蕴涵命题是_____。

45. 若 p 取值为假,q 取值为真,则"p↔q"取值为_____,"﹁p↔q"取值为_____。

46. 当"﹁p↔q"取值为真时,若 p 取值为真,则 q 取值为_____;若 p 取值为假,则 q 取值为_____。

47. 与命题"当且仅当二人以上共同故意犯罪,则构成共同犯罪"矛盾的严格析取命题是_____,与之矛盾的析取命题是_____,与之等值的析取命题是_____,与之等值的合取命题是_____。

48. 若命题 A 蕴涵命题 B,B 蕴涵命题 C,则 A 与 C 必然是_____关系;若命题 A 逆蕴涵命题 B,B 逆蕴涵命题 C,则 A 与 C 必然是_____关系。

49. 在命题形式"﹁p∨q"与"﹁p←q"中,逻辑常项是_____,逻辑变项是_____。

50. 真值形式可分为永真式、_____和_____。

三、指出下列复合命题的种类,并写出其真值形式

1. 并非说谎都是罪恶。

2. 说逻辑学是有阶级性的,这完全错误。

3. 并不是所有的人都自私。

4. 甲和乙都是律师。

5. 虽然我们的道路是曲折的,但前途是光明的。

6. 我很丑,但我很温柔。

7. 红色既表示热情,又表示刚烈。

8. 鲁迅是伟大的革命家、思想家、文学家,但不是军事家,也不是外交家。

9. 并非他不但犯了贪污罪,而且还犯了挪用公款罪。

10. 谁说他是嘴上这么说,行动上也这么做?并非如此。

11. 或者我们被困难吓倒,或者我们把困难战胜。

12. 人寿之长短,或受遗传因素的影响,或受后天因素的影响。

13. 这个球或是红玻璃球而不是蓝玻璃球,或是蓝玻璃球而不是红玻璃球。

14. 上海、南京和广州之中至少有一个是国际性大城市。

15. 或者甲不去乙去,或者乙不去甲去。

16. 甲、乙、丙三人中至少有一个人到过案发现场。

17. 是你去出面,还是我去出面,二者必居其一。

18. 要么星期三郊游,要么星期四郊游。

19. 每一个表决者,或者支持甲提案,或者支持乙提案,绝不允许含糊其辞,模棱两可。

20. 有人说这是东风压倒西风,有人说这是西风压倒东风,我说都不是。

21. 你我至少要有一个人出庭,但不能都出庭。

22. 假如语言能够生产物质,那么夸夸其谈的人就会成为世界上最大的富翁。

23. 要是人人都献出一份爱,世界就会变得更美好。

24. 如果某推理的结论是错误的,那么或是该推理的前提是虚假的,或是该推理的形式是无效的。

25. 绝不是一个人记忆力强并且延长学习时间,他就能够获得奖学金。

26. 买了股票就会发财,那是妄想。

27. 绝不是倘若出了大价钱,买来的衣服一定质量好并且款式新。

28. 如果马克思主义害怕批评,如果马克思主义会被批评倒,那么马克思主义就不是真理。

29. 不到西湖,不知西湖之美。

30. 只有到了春天,满山遍野才会盛开鲜花。

31. 不破不立,不塞不流,不止不行。

32. 并非只有犯罪才是犯法。

33. 并不是除非智商高并且机遇好的人,才会中头彩。

34. 人不犯我,我不犯人;人若犯我,我必犯人。

35. 如果而且只有社会分裂为阶级的时候,国家才会出现。

36. 某公民是守法的,当且仅当他没有非法行为。

37. 当且仅当三角形的三个角相等,三条边才相等。

38. 如果你去我就去,除非你去我才去。

39. 或者甲和乙都触犯刑律,或者甲和乙都没触犯刑律。

40. 并非当且仅当某人是故意犯罪,他才是过失犯罪。

四、下列复合命题的联结词是否正确？为什么？

1. 该罪犯很贪婪,他不但贪污公款,而且还挪用公款。

2. 这次会议研究了把生产搞上去的措施,领会学习了中央有关文件的精神,安排落实了生产计划。

3. 教师工作虽然很有意义,但很辛苦。

4. 他肯定触犯了刑律,或者是故意犯罪,或者是过失犯罪。

5. 学习态度不端正和学习方法不对头是导致人们学习不好的原因。

6. 高等院校的任务或是出科研成果或是出人才。

7. 他学习成绩不好,要么是因为不刻苦用功,要么是因为学习方法不对头。

8. 我有个同学没考上大学,他今后的出路无非三条:要么自学,要么待业,要么接替他父亲的工作。

9. 如果没有主观主义,我们在工作中就不会犯错误。

10. 熟悉人民的语言,就能做一个人民的作家。

11. 倘若有了革命的理论,就会有革命的行动。

12. 除非是金属,该物体不导电。

13. 只有吸烟,才危害健康。

14. 如果勇于实践,就会获得真知。

15. 只有家庭条件困难的人,才可以成才。

16. 如果年满18岁,就有选举权。

17. 假使认识了错误,就能改正错误。

18. 除非是贪污,才是犯罪。

19. 如果强调按经济规律办事,就会放松思想教育。

20. 当且仅当将水加热到100℃,它才会沸腾。

五、写出下列命题的负命题及与负命题等值的命题

1. 并非所有的防卫行为都是合法的。

2. 这个方法不但省工,而且省钱。

3. 我国既要保持政治上的独立性,又要保持经济上的开放性。

4. 老王既是作家,又是评论家,还是书法家。

5. 这封信或者是快件,或者是慢件。

6. 小李或者是班长,或者是团支部书记。

7. 这份材料或者原始资料有错,或者计算有错,或者抄写有错。

8. 该罪犯的籍贯要么是江苏,要么是海南。

9. 中华人民共和国不承认中国公民具有双重国籍,定居外国的中国公民,要么保留中国国籍,要么取得外国国籍。

10. 这盘棋的结果不外乎赢、输、和,三者必居其一。

11. 只要知道了方法,试验就不会走弯路。

12. 没有统一的认识,就没有统一的行动。

13. 只要坚持锻炼,并且方法得当,很快就会康复。

14. 如果你去晚了,就买不到坐票,也买不到站票。

15. 只有外国人做经理,才能挽救这个企业。

16. 除非是细菌引起的疾病,才能使用抗生素。

17. 只有不畏艰险、勇于攀登的人,才能到达光辉的顶点。

18. 必须承认错误,才能认识错误、改正错误。

19. 当且仅当风调雨顺,才能获得大丰收。

20. 当且仅当一个推理的若前提真则结论必真,该推理才有效。

六、用真值表方法判定下列各组命题是等值关系还是矛盾关系

1. 他或者买电视机,或者买收录机;
   他既不买收录机,也不买电视机。

2. 既要马儿跑,又要马儿不吃草,这是做不到的;
   或者马儿不跑,或者马儿吃草。

3. 要么吃鱼,要么吃熊掌;
   或者吃鱼,或者吃熊掌,但不能都吃。

4. 虽然你不发言,但我发言;
   如果你不发言,那么我也不发言。

5. 此案并不是或者内盗,或者外盗;
   此案既不是内盗,又不是外盗。

6. 如果犯罪就要受到惩罚;
   如果不受到惩罚,那么就没犯罪。

7. 只有年满十八,才有选举权;
   如果有选举权,那么年满十八。

8. 要么按照你的思路去办,要么按照我的思路去办;
   "按照你的思路去办"等同于"按照我的思路去办"。

9. 除非生病或者有急事,他才不来上课;
   他既没有生病也没急事,但还是不来上课。

10. 甲和乙中只有一个罪犯;
    或者甲是罪犯而乙不是,或者甲不是罪犯而乙是。

七、单项选择题

1. "命题的逻辑特性是有真值"是指(　　)
   ① 命题为真　　　　　　　　　② 命题为假
   ③ 命题或真或假　　　　　　　④ 命题没有真假

2. 矛盾关系的命题具有(　　)关系
   ① 可以同真,可以同假　　　　② 不可同真,不可同假
   ③ 可以同真,不可同假　　　　④ 不可同真,可以同假

3. 等值关系的命题具有(　　)关系
   ① 可以同真,可以同假　　　　② 不可同真,不可同假
   ③ 可以同真,不可同假　　　　④ 不可同真,可以同假

4. 等值关系的命题是两个(　　)的命题
   ① 变项相同、形式不同　　　　② 变项不同、形式相同
   ③ 形式不同、内容相同　　　　④ 形式相同、内容不同

5. 下列表示负命题推理的是(　　)
   ① 该被告是故意犯罪,所以,他不是过失犯罪
   ② 该被告是故意犯罪,所以,他要被加重处罚
   ③ 该被告不是过失犯罪,所以,并非他是过失犯罪
   ④ 该被告是过失犯罪,所以,他不是故意犯罪

6. "并非该犯罪团伙的成员都是北方人并且都是惯犯"这个负命题等值于(　　)
   ① 该犯罪团伙的成员不是北方人,并且不是惯犯
   ② 该犯罪团伙的成员是北方人,或者不是惯犯
   ③ 该犯罪团伙的成员不是北方人,或者是惯犯
   ④ 该犯罪团伙的成员不是北方人,或者不是惯犯

7. 若"$p \wedge \neg q \wedge \neg r$"为真,则(　　)
   ① p真r真q真　　　　　　　　② p真r假q真

③ p假 r真 q真   ④ p真 r假 q假

8. 下列表示联言推理的是( )
   ① 我国是社会主义国家,所以,我国爱好和平
   ② 我国是社会主义国家,我国是发展中国家,所以,我国是发展中的社会主义国家
   ③ 我国是发展中国家,所以,我国爱好和平
   ④ 发展中的国家都爱好和平,所以,我国爱好和平

9. 若"p∨¬q∨¬r"为假,则( )
   ① p真 r真 q真   ② p真 r假 q真
   ③ p假 r真 q真   ④ p真 r假 q假

10. 与"这个被告既不是贪污犯,也不是盗窃犯"矛盾的命题是( )
    ① 这个被告不是贪污犯,或者不是盗窃犯
    ② 这个被告既是贪污犯,也是盗窃犯
    ③ 这个被告是贪污犯,但不是盗窃犯
    ④ 这个被告或是贪污犯,或是盗窃犯

11. 与"并非本案作案人是张某与刘某中的一个"等值的命题是( )
    ① 本案作案人或者是张某,或者是刘某
    ② 本案作案人既不是张某,也不是刘某
    ③ 本案作案人是张某,而不是刘某
    ④ 本案作案人或者不是张某,或者不是刘某

12. 与"p∨¬q"等值的是( )
    ① ¬p∧q   ② ¬p∨q
    ③ ¬(¬p∧q)   ④ ¬(¬p∨q)

13. 与"科学技术不是上层建筑,而是生产力"等值的命题是( )
    ① 科学技术是上层建筑,而不是生产力
    ② 科学技术是上层建筑,或者不是生产力
    ③ 并非科学技术是上层建筑,或者不是生产力
    ④ 并非科学技术不是上层建筑,而是生产力

14. 若"p∨̇q∨̇r"为真,则( )
    ① p真 r真 q真   ② p真 r假 q真
    ③ p假 r真 q真   ④ p真 r假 q假

15. 若"¬(¬p∨̇q)"为真,则( )为真
    ① p∧q   ② (¬p∧q)∨(p∧¬q)
    ③ ¬p∧¬q   ④ p∨¬q

16. 与"这个被告要么有罪,要么无罪"矛盾的命题是( )

① 这个被告或者有罪,或者无罪

② 这个被告有罪,不是无罪

③ 或者这个被告有罪且无罪,或者这个被告既无罪又有罪

④ 这个被告无罪,不是有罪

17. 与"p ∨ ¬q"等值的是(　　)

　　① p∧q　　　　　　　　　② (¬p∧q)∨(p∧¬q)

　　③ p∨q　　　　　　　　　④ (p∧q)∨(¬p∧¬q)

18. 与"要么是自杀,要么是他杀"等值的命题是(　　)

　　① 是自杀,而不是他杀

　　② 或者是自杀,或者是他杀

　　③ 或者是自杀不是他杀,或者不是自杀是他杀

　　④ 不是自杀,而是他杀

19. 若"p→¬q"为假,则(　　)

　　① p真q真　　② p真q假　　③ p假q真　　④ p假q假

20. 若"¬(¬p→q)"为真,则(　　)为真

　　① p真q真　　② p真q假　　③ p假q真　　④ p假q假

21. 当"(p→q)→r"为假时,可知(　　)

　　① p一定为真　　② q一定为假　　③ r一定为假　　④ r一定为真

22. 与"如果窒息时间过长,那么人就要死亡"矛盾的命题是(　　)

　　① 或者窒息时间不长,或者人要死亡

　　② 窒息时间过长但人不死亡

　　③ 要么窒息时间过长,要么人不死亡

　　④ 窒息时间过长且人要死亡

23. 与"¬p→q"等值的是(　　)

　　① p∨¬q　　② ¬p∧q　　③ p∨q　　④ p∧¬q

24. 某人涉嫌某案件而受到指控。法庭辩论中,检察官与辩护律师有如下辩论:

指控:如果被告人作案,则他必有同伙。

辩护:这不可能。

辩护律师的本意是想说明他的当事人不是作案人,但当事人自己则认为辩护律师的辩护是愚蠢的。这是因为(　　)

　　① 辩护律师没有正面反击检察官的指控

　　② 辩护律师承认他的当事人既是作案人又有同伙

　　③ 辩护律师不承认他的当事人作案,却承认他有同伙

　　④ 辩护律师承认他的当事人作案,但不承认他有同伙

25. 如果"鱼和熊掌不可兼得"是事实,则以下哪一项也一定是事实(　　)

① 如果鱼不可得,则熊掌可得
② 如果熊掌不可得,则鱼可得
③ 如果鱼可得,则熊掌不可得
④ 鱼和熊掌皆不可得

26. 与"如果怕艰苦或者没有信心,就不能攻克科学尖端"等值的命题是(　　)
① 不怕艰苦,也有信心,就能攻克科学尖端
② 或者怕艰苦且没有信心,或者能攻克科学尖端
③ 或者不怕艰苦且有信心,或者不能攻克科学尖端
④ 或者不怕艰苦,或者有信心,或者能攻克科学尖端

27. 与"如果王某是该案作案人,那么王某就有作案时间"等值的命题是(　　)
① 如果王某有作案时间,那么王某就是该案作案人
② 如果王某不是该案作案人,那么王某就没有作案时间
③ 或者王某不是该案作案人,或者王某有作案时间
④ 或者王某是该案作案人,或者王某没有作案时间

28. 若"p←¬q"为假,则(　　)
① p真q真　　② p真q假　　③ p假q真　　④ p假q假

29. 若"¬(¬p←q)"为真,则(　　)为真
① p真q真　　② p真q假　　③ p假q真　　④ p假q假

30. 与"只有具有社会危害性的行为,才是犯罪行为"矛盾的命题是(　　)
① 或者具有社会危害性的行为,或者不是犯罪行为
② 虽然不具有社会危害性的行为,也是犯罪行为
③ 如果具有社会危害性的行为,就是犯罪行为
④ 要么具有社会危害性的行为,要么是犯罪行为

31. 若"不入虎穴,焉得虎子"这一个断定为真,则以下断定Ⅰ、Ⅱ、Ⅲ中为真的有(　　)
Ⅰ. 除非入虎穴,否则不能得虎子
Ⅱ. 若已得虎子,则必定已入虎穴
Ⅲ. 若未得虎子,则必定未入虎穴
① 仅Ⅰ　　② 仅Ⅰ和Ⅱ　　③ 仅Ⅰ和Ⅲ　　④ Ⅰ、Ⅱ和Ⅲ

32. 若"并非只有陈某是北京人,他才会说北京话"这个命题为真,则(　　)
① "陈某是北京人"必然为真
② "陈某不是北京人"必然为真
③ "陈某会说北京话"必然为假
④ "陈某不会说北京话"必然为真

33. 某医生对病人说:"除非手术,否则你的病好不了",据此可知(　　)

① 医生准备给病人做手术
② 医生没有给病人治好病
③ 医生认为只要做了手术,甲的病就会治好
④ 医生认为如果病人想治好自己的病,就必须做手术

34. "只有认识错误,才能改正错误。某人认识了错误,所以某人改正了错误。"这个推理是假言推理的是(　　)
① 肯定否定式　　　　　　　　② 否定肯定式
③ 肯定前件式　　　　　　　　④ 否定前件式

35. 与"除非努力学习,才能取得好成绩"等值的命题是(　　)
① 虽然努力学习,但不能取得好成绩
② 或者不努力学习,或者取得好成绩
③ 或者努力学习,或者不取得好成绩
④ 如果努力学习,就能取得好成绩

36. 若"并非无风不起浪"为真,则下列命题中为真的是(　　)
① 凡起浪皆因有风
② 有时起浪并非有风
③ 并非有时起浪不因有风
④ 并非有风必有浪

37. 若"$p \leftrightarrow q$"为假,则(　　)为真
① $p \vee \neg q$　　　　　　　　② $\neg p \wedge q$
③ $\neg p \vee q$　　　　　　　　④ $(\neg p \wedge q) \vee (p \wedge \neg q)$

38. 若"$\neg p \leftrightarrow q$"为真,则(　　)必然为真
① $p \vee \neg q$　　　　　　　　② $\neg p \wedge \neg q$
③ $p \vee q$　　　　　　　　　④ $p \underline{\vee} \neg q$

39. 与"当且仅当你有这种资格,你才能从事这种职业"矛盾的命题是(　　)
① 虽然你有这种资格,但你也不能从事这种职业
② 虽然你没有这种资格,但你也能从事这种职业
③ 如果你有这种资格,你就能从事这种职业。并且只有你有这种资格,你才能从事这种职业
④ 要么你有这种资格,要么你能从事这种职业

40. 与"一个数当且仅当它能被2整除,这个数才是偶数"等值的命题是(　　)
① 要么一个数能被2整除,要么这个数不是偶数
② 或者一个数能被2整除,或者这个数是偶数
③ 只有一个数能被2整除,这个数才是偶数
④ 如果一个数能被2整除,那么这个数是偶数

八、双项选择题

1. 与"本案或者是图财害命,或者是奸情杀害"等值的命题有(　　)
   ① 本案是图财害命而不是奸情杀害
   ② 本案如果不是图财害命,那么就是奸情杀害
   ③ 本案不可能既不是图财害命,也不是奸情杀害
   ④ 只有本案是图财害命,才不是奸情杀害
   ⑤ 虽然本案不是图财害命,但本案是奸情杀害

2. 当 $p \vee q$ 为假时,则(　　)
   ① "$p \rightarrow q$"为真　　② "$p \wedge q$"为真　　③ "$p \leftarrow q$"为真
   ④ "$\neg p \rightarrow q$"为真　　⑤ "$p \overline{\vee} q$"为真

3. 若"张某已年满18岁"这个命题为真,则下述命题中不可能为假的有(　　)
   ① 张某已年满18岁,并且他是现役军人
   ② 或者张某已年满18岁,或者张某不是现役军人
   ③ 如果张某已年满18岁,则张某就是现役军人
   ④ 只有张某已年满18岁,张某才是现役军人
   ⑤ 如果张某年满18岁,则张某不是现役军人

4. 若"如果郑某有作案时间,那么他就是作案人"这个命题为假,则下列命题中必然为真的命题有(　　)
   ① 只有郑某有作案时间,他才是作案人
   ② 只有郑某没有作案时间,他才不是作案人
   ③ 尽管郑某没有作案时间,但他是作案人
   ④ 或者郑某没有作案时间,或者郑某是作案人
   ⑤ 虽然郑某有作案时间,但他不是作案人

5. 设"黄××是会使用注射器的"这一命题为假,"黄××是本案同案犯"这一命题为真,则下述命题中为真的有(　　)
   ① 黄××不仅是会使用注射器的人,而且他是本案的同案犯
   ② 如果黄××是会使用注射器的人,那么他就是本案的同案犯
   ③ 如果黄××不是会使用注射器的人,那么他就不是本案的同案犯
   ④ 黄××或者不是会使用注射器的人,或者不是本案的同案犯
   ⑤ 并非黄××既不是会使用注射器的人,也是本案的同案犯

6. 中国足球走向世界的关键在于大幅度提高中国足球队员的体能。如果不能大幅度提高中国足球队员的体能,就不能使中国足球队在强手如林的世界足坛上取得实质性的突破。
   以下各项关于中国足球的断定中,表达了上述议论原意的有(　　)
   ① 中国足球队只要大幅度提高体能,就能在世界足坛上取得实质性的突破

② 除非大幅度提高中国足球队员的体能,否则不可能在世界足坛上取得实质性的突破
③ 或者不能大幅度提高体能,或者能在世界足坛上取得实质性的突破
④ 不能设想在世界足坛上取得了实质性的突破,但中国足球队员的体能没有得到大幅度的提高
⑤ 如果中国足球队员没能在世界足坛上取得实质性的突破,那一定是他们的体能没得到了大幅度的提高

7. "他不能跳过这道沟,除非他是运动员。"
以下哪些项,准确地表达上述断定的含义（　　）
① 或者他不是运动员,或者他能跳过这道沟
② 只要他是运动员,他就能跳过这道沟
③ 如果他不是运动员,那么他就不能跳过这道沟
④ 如果他能跳过这道沟,那么他就是运动员
⑤ 只有他能跳过这道沟,他才是运动员

8. 与"并非本案作案人既是张某,又是刘某"等值的命题有（　　）
① 本案作案人或者是张某,或者不是刘某
② 本案作案人如果是张某,那么就不是刘某
③ 本案作案人如果不是张某,那么就是刘某
④ 本案作案人既不是张某,也不是刘某
⑤ 只有本案作案人不是刘某,才是张某

9. 与命题"如果贾××是被他人杀害的,则贾××身上必有致死创伤"等值的命题有（　　）
① 除非贾××身上没有致死创伤,贾××才不是被他人杀害的
② 如果贾××身上有致死创伤,贾××就是被他人杀害的
③ 或者贾××身上没有致死创伤,或者贾××是被他人杀害的
④ 或者贾××身上有致死创伤,或者贾××不是被他人杀害的
⑤ 只有贾××不是被他人杀害的,贾××身上才没有致死创伤

10. 在某项提案付诸表决时,主持人强调说:"每一个表决者,或者支持甲提案,或者支持乙提案,绝不允许含糊其辞,模棱两可。"由此,则可以推出（　　）
① 支持甲提案,不支持乙提案
② 支持乙提案,不支持甲提案
③ 或者都支持,或者都不支持
④ 支持甲提案,就要反对乙提案,或者反对甲提案,就要支持乙提案
⑤ 在甲、乙两提案中,不能都反对,至少要支持一个

11. 以下诸项中,没有准确表达"只有坚持反腐败,才能端正党风"原意的

有( )
① 除非坚持反腐败,否则不能端正党风
② 如果不坚持反腐败,那么就不能端正党风
③ 只要坚持反腐败,就一定能端正党风
④ 如果端正了党风,则一定坚持了反腐败
⑤ 或者没能坚持反腐败,或者端正了党风

12. 下列推理无效的是( )
    ① $p\rightarrow r\wedge q, \neg q \vdash \neg p$ ② $p\vee q\leftarrow r, r\vdash q$
    ③ $\neg p\leftrightarrow \neg q, p\vdash q\vee p$ ④ $r\wedge s\rightarrow q\vee p, \neg p\vdash \neg s$
    ⑤ $p\wedge s\leftrightarrow q\vee r, \neg p\vdash \neg q\vee r$
    (注:上述推理形式中的"⊢"的语义是"推出",其左边的真值形式是前提,右边的是结论;推理形式中的","(逗号),表示前提与前提之间的间隔。如相容选言推理否肯式为"$p\vee q, \neg p\vdash q$",它与"$(p\vee q)\wedge \neg p\rightarrow q$"等价。严格地说,后者是真值形式中的永真蕴涵式,它可以表达一个有效推理式。其中,"⊢"相当于永真蕴涵式的"→",","(逗号)相当于"∧"。余同)

13. 下列推理无效的是( )
    ① $r\rightarrow s\rightarrow q\wedge p, \neg p\vdash \neg s$ ② $p\leftarrow s\leftrightarrow q\wedge r, p\vdash q\vee r$
    ③ $q\vee r\leftarrow p, \neg p\vdash \neg q$ ④ $\neg p\leftarrow q, r\rightarrow s, \neg s\wedge p\vdash q\vee \neg r$
    ⑤ $p\vee \neg r, q\rightarrow s, q\vee r\vdash s\wedge p$

14. 已知前提 $p\wedge q\rightarrow s\wedge \neg r$,若再加上( ),可必然推出 $\neg p$
    ① $q\vee \neg s$ ② $\neg(q\rightarrow \neg r)$ ③ $q\vee r$ ④ $\neg q\wedge r$
    ⑤ $q\wedge \neg s$

15. 已知前提 $p\veebar q\vee r\veebar s$,若再加上( ),可必然推出 $\neg p\wedge \neg s$
    ① $q\wedge r$ ② $\neg q\wedge \neg r$ ③ $\neg q\wedge r$ ④ $\neg q\vee \neg r$
    ⑤ $q\wedge \neg r$

16. 下列推理有效的是( )
    ① $p\wedge q\rightarrow r, q\vdash r$ ② $\neg\neg q\wedge p\leftarrow r, r\vdash q$
    ③ $\neg p\rightarrow q\vee r, \neg p\vdash q$ ④ $q\leftarrow p, q\leftarrow \neg p\vdash q$
    ⑤ $\neg p\rightarrow q, \neg q\vee r, s\leftarrow r\vdash s\rightarrow \neg p$

17. 下列推理有效的是( )
    ① $p\wedge q\rightarrow r, \neg(\neg q\vee r)\vdash \neg p$ ② $p\leftarrow q, p\rightarrow \neg s\vdash q\rightarrow s$
    ③ $\neg p\rightarrow q\vee r, \neg q\vdash p$ ④ $q\leftarrow p, r\leftarrow q\vdash p\vee r$
    ⑤ $\neg p\leftarrow q\wedge \neg r, r\vdash \neg p$

18. 将推理划分为必然性推理和或然性推理的依据是( )
    ① 结论是否真实   ② 前提是否蕴涵结论

③ 前提真时结论是否必真 ④ 前提与结论是否真实
⑤ 前提与结论是否等值

19. 若"p∨q"为真,且"p∧q"为假时,下列公式必然为真的是( )
    ① p→q∨r ② q↔p∧q ③ p∨(q∧r)
    ④ p∧(q∨r) ⑤ ￢p↔(p→q)

20. 下列各组命题形式中,具有相同逻辑常项的组是( )
    ① q∨r 与 p∨r ② q↔p∧q 与 p∨(q∧r)
    ③ ￢p↔q 与 q↔r ④ p→q 与 r→s
    ⑤ p→q 与 ￢p∨q

九、真值表解题

1. 设命题 A 为:甲、乙二人中至少有一人不是南方人。
   命题 B 为:甲是南方人而乙不是南方人。
   命题 C 为:要么甲是南方人,要么乙是南方人。
   请用真值表方法解题:当 A、B、C 同时为真时,甲、乙是否为南方人?

2. 设命题 A 为:甲、乙都不是南方人。
   命题 B 为:甲是南方人而乙不是南方人。
   命题 C 为:甲、乙都是南方人。
   请用真值表方法解题:当 A、B、C 同时为假时,甲、乙是否为南方人?

3. 已知:A. 如果甲不是木工,则乙是泥工。
   B. 只有乙是泥工,甲才是木工。
   C. 是与 A 相矛盾的联言命题。
   请用真值表方法解题:当 B、C 同时为真时,甲是否为木工?乙是否为泥工?

4. 列出下列 A、B、C 三命题的真值表:
   A. 甲、乙、丙只有一人在现场。
   B. 当且仅当甲、丙都在现场,乙才不在现场。

C. 只有甲不在现场或者乙在现场,丙才在现场。

据表回答:当 A、B、C 都为真时,谁在现场? 谁不在现场?

5. 对甲、乙棋手的下棋步骤,有如下的猜测:

   A. 如果甲跳马,那么乙出车。
   B. 要么甲不跳马,要么乙不出车。
   C. 只有乙出车,甲才不跳马。
   D. 甲不跳马,但乙出车。

   事实证实上述四种猜测只有两种正确,且这两种之间具有蕴涵关系。

   请据表回答:

   (1) _____ 与 _____ 的猜测正确。
   (2) 二种正确的猜测中,_____ 蕴涵 _____。
   (3) 甲是否跳马?
   (4) 乙是否出车?

6. 列出下列 A、B、C、D 四命题的真值表:

   A. "甲、乙两人中至少有一人不是运动员"这说法不对。
   B. 要么甲不是运动员,要么乙是运动员。
   C. 如果甲是运动员,则乙不是运动员。
   D. 只有乙不是运动员,甲才是运动员。

   请据表回答:

   (1) A 与 B 具有什么关系?
   (2) C 与 D 具有什么关系?
   (3) A 与 C 具有什么关系?
   (4) A 与 D 具有什么关系?

7. 列出下列 A、B、C 三命题的真值表:

   A. 小金不当选人民代表或者小李当选人民代表。
   B. 小李当选人民代表。

C. 小金当选人民代表或者小李当选人民代表。
据表回答:当 A、B、C 不同真时,小李和小金是否必然当选人民代表?
当 A、B、C 同真时,小李和小金是否必然当选人民代表?

8. 用真值表方法回答,在什么情况下,丁的话能成立:
   甲:小陈是木工并且小李不是电工。
   乙:小陈不是木工或者小李不是电工。
   丙:如果小陈是木工,那么小李不是电工。
   丁:你们三人说的都不对。

9. 用真值表方法回答,在甲和乙不同时上场的条件下,下列 A、B 二命题的真假情况是否相同:
   A. 如果甲不上场比赛,那么乙上场比赛。
   B. 要么甲不上场比赛,要么乙不上场比赛。

10. 四人对一盘对弈评判如下:
    甲:如果出车,那么失马。
    乙:失马也不出车。
    丙:只有出车,才不失马。
    丁:或者失马,或者出车。
    赛后证明四人中,只有一人评判正确。
    请用真值表方法回答:_____ 评判正确,如果不出车,(是否)_____ 失马。

11. 请用简化真值表方法,判定下列推理是否有效:
    1) $p \rightarrow q, \neg r \vee s, q \rightarrow \neg s \vdash p \rightarrow \neg r$
    2) $p \rightarrow q, r \leftarrow s, \neg r \vee t \vdash \neg t \rightarrow \neg p$

3) p∧q→r ⊢ ¬p←¬r∧q
4) p→q ∨̇ r, q∨r→¬p∨q ⊢ ¬q∨¬r
5) ¬(p∧¬q), ¬s∨r, r→¬q ⊢ ¬s∧¬p
6) p→(q→r), q→(p→r) ⊢ r←(p∨q)
7) ¬p∨q∨r, ¬r ⊢ ¬p∧q
8) ¬q→¬p, s←r, (s∨q)→t, ¬t ⊢ ¬(p∨r)
9) r→s, p←q, p→¬s ⊢ ¬(¬q→¬r)
10) p∧q→(r→s), ¬s←t, q∧t ⊢ ¬p∨¬r

十、分析题

（一）写出下列各题推理的形式，分析是否有效，并简述理由

1. 肯定一切的观点是错误的，否定一切的观点是错误的，所以，肯定一切和否定一切的观点都是错误的。

2. 中国是位于亚洲的发展中社会主义国家，所以，中国是发展中国家。

3. 能源、材料和信息是现代文明的支柱，所以，能源和信息是现代文明的支柱。

4. 今天下雨，所以今天不但下雨，而且不会出太阳。

5. 甲、乙二人中至少有一人不是作案人，事实上甲不是作案人，因此，乙当然是作案人。

6. 或是甲来,或是乙来,或是丙来。乙、丙已来了,所以,甲不来了。

7. 一篇文章写得不好或因内容空洞,或因不合逻辑,或因观点错误。经查这篇文章在逻辑上没有错误,所以,这篇文章写得不好是由于观点错误。

8. 罪犯或许是张某,或许是李某,或许是成某。已知罪犯既不是李某也不是成某,因此,罪犯是张某。

9. 或者他正确,或者你正确,所以,我、你、他之中至少有人正确。

10. 电视机没有图像,或是电视机坏了,或是电视台出了差错,或是天线断了。现知道是电视台出了差错,所以,电视机没坏,天线也没断。

11. 要么走社会主义道路,要么走资本主义道路。我们要走社会主义道路,所以,我们不走资本主义道路。

12. 比赛要么在星期五,要么在星期六,要么在星期日。现在确定不在星期六,所以要么在星期五,要么在星期日。

13. 如果麻痹大意,就要犯错误。他犯了错误,所以,他麻痹大意了。

14. 并非张某和李某都是作案人,因此等于说,张某和李某至少有一人不是作案人。

15. 并非甲、乙二人中有运动员,因此等于说,甲、乙都不是运动员。

16. 除非想得清楚,才能讲得明白。他讲得明白,所以,他想得清楚。

17. 只要被告方收货时没有对多收到的货物表示异议,就应当对多收到的货物按合同约定的价格付款。可是,事实上被告方收货时当即对多收到的货物提出异议,所以,被告方对多收到的货物不应按合同约定的价格付款。

18. 只有借助于信息,才能获取知识。不借助于信息,所以,不能获取知识。

19. 除非认真学习,才能取得好成绩。因此等于说,若能取得好成绩,则认真学习。

20. 如果张山是杀人凶手,那么他有作案时间。经查,张山有作案时间,所以,他是杀人凶手。

21. 如果这次春游去苏州,那么小李和小王都去。小李和小王至少有一人没有去,因此这次春游不去苏州。

22. 如果张某是自杀致死的,那么,他或是有自杀原因,或者身上不应有搏斗伤痕。经查,他身上没有搏斗伤痕,但有自杀原因,所以,张某是自杀致死的。

23. 并非买了股票就会发大财,因此等于说,虽然买了股票,但也不会发大财。

24. 如果粗心大意,就容易犯错误,因此等于说,或者不粗心大意,或者容易犯错误。

25. 在本案中,只有超过了合同中约定的交货时间或者改变了约定的交货地点,被告方才应当赔偿损失。因为被告没有改变约定的交货地点,所以,被告方不应赔偿损失。

26. 年龄未满25岁,并且具有大专以上文化程度的人,才能被录用为本公司的职员。既然张××没有被本公司录用,可见张××已年满25岁,或者张××不具有大专以上文化程度。

27. 只有电线断了,电灯才不亮。现检查电线断了,所以,电灯不亮。

28. 并非只有上大学才能成材,因此等于说,不上大学也能成材。

29. 除非有必要,不能动那笔救命钱。因此等于说,或者有必要,或者不能动那笔救命钱。

30. 只有懂得经济立法,才能搞好经济管理。因此等于说,如果能搞好经济管理,那么懂得经济立法。

31. 如果不注意体育锻炼,就容易得病。如果不注意饮食卫生,也容易得病。他容易得病,因此,他不注意体育锻炼,也不注意饮食卫生。

32. 只有去北京和天津参观学习,才会使招商会推迟。招商会如期举行,可见,既不去北京,也不去天津参观学习。

33. 不深入社会生活,不能熟悉社会生活。所以,要想熟悉社会生活就必须深入社会生活。

34. 若不仔细调查,就弄不清案情。若弄不清案情,就不能作出正确判决。因此,若要作出正确判决,就要仔细调查。

35. 如果不去赴宴,那么有人会不高兴而背地里指责我。如果我去赴宴,那么也会有人不高兴而背地里指责我。总之,有人会背地里指责我。

36. 并非当且仅当甲是律师,乙才是律师。因此等于说,要么甲不是律师,要么乙不是律师。

37. 如果我努力用功了,那么只要考试不超出大纲范围,我就能过关。因此等于说,如果我努力用功了并且考试不超出大纲范围,那么我就能过关。

38. 如果我自首并且检举有功,那么我就能被从轻发落。所以,如果我能从轻发落,那么是我自首了并且我检举有功。

39. 如果本次列车是快车,那么它不会在本站停车。本次列车在本站停车,所以,它不是快车。

40. 当且仅当一个数能被2整除,这个数才是偶数。这个数是偶数,所以,这个数能被2整除。

41. 当且仅当一个数能被2和3整除,这个数才能被6整除。这个数不能被6整除,所以,这个数不能被2整除,也不能被3整除。

42. 并非这个分币要么是一分,要么是二分,因此等于说,这个分币或者既是一分又是二分,或者既不是一分又不是二分。

43. 若张某是罪犯,则李某既是同案犯又不是同案犯。因此,张某不是罪犯。

44. 如果甲厂和乙厂共同投资，那么丙厂也投资。因此等于说，如果甲厂投资并且丙厂没有投资，那么乙厂没有投资。

45. 如果甲厂和乙厂共同投资，那么丙厂就不投资。甲、丙厂都投资，所以，乙厂没有投资。

46. 只有或是甲方或是乙方违约，丙方才受到损失。现查明丙方受到损失且甲方没有违约，所以，乙方违约。

47. 如果或是甲方或是乙方违约，那么丙方也会违约。因此等于说，如果丙方没有违约，那么甲方和乙方都没有违约。

48. 工作没有做好，或是缺乏经验，或是骄傲自满，或是困难太多。小张工作没有做好是由于骄傲自满，所以，工作没有做好不是缺乏经验，也不是困难太多。

49. 如果"怀疑一切"的观点成立，那么应当肯定"怀疑一切"这一观点。如果"怀疑一切"的观点成立，那么包括"怀疑一切"在内的所有观点都不能肯定，所以，"怀疑一切"的观点不能成立。

50. 如果上帝是万能的，那么上帝能创造出一块连他自己也举不起来的石头。如果上帝是万能的，那么上帝不能创造出一块连他自己也举不起来的石头。所以，上帝不是万能的。

51. 只有树立坚定的信心,才能不懈地努力;只有不懈地努力,才能取得优异的成绩。所以,如果连信心都没有,她就很难取得优异成绩。

52. 戒烟毫无意义。因为或者你将死于因吸烟引起的癌症,或者你将不死于因吸烟引起的癌症。如果你将死于因吸烟引起的癌症,那么,戒烟就毫无意义;如果你将不是死于因吸烟引起的癌症,那么,戒烟也毫无意义。

53. 如果你热爱学习,学习会给你无穷的乐趣;如果你厌恶学习,学习会给你无尽的烦恼。你或者热爱学习,或者厌恶学习,因此,学习或者会给你带来无穷的乐趣,或者会给你带来无尽的烦恼。

54. 一个人如果常练习短跑,他就会有速度;一个人如果常练习长跑,他就会有耐力。这个人经常练短跑,又常练长跑,所以,他跑起来既有速度又有耐力。

55. 对于一个国家干部来说,如果你真心实意为社会主义四化建设服务,你就应该坚持不断学习;如果你真心实意为社会主义四化建设服务,你就应该积极工作。你或者不坚持学习,或者不积极工作,所以,你没有真心实意为社会主义四化建设服务。

56. 如果而且只有是一个唯物主义者,才会承认物质第一性;只有承认物质第一性,才会自觉按客观规律办事。所以,如果自觉按客观规律办事,他就是一个唯物主义者。

57. 假使某同志既坚持辩证法,又坚持唯物论,那么他是坚持辩证唯物论的。所以,倘其坚持辩证法而不坚持辩证唯物论,那么也一定不坚持唯物论。

58. 祖国是我们的母亲。如果她富强,我们应该热爱她;如果她贫穷,我们也应该热爱她。不论她富强或是贫穷,我们都应该热爱她。

59. 如果一个罪犯态度老实,他就会彻底交代罪行;如果一个罪犯态度老实,他就会检举揭发同伙。这个罪犯既不彻底交代罪行,又不检举揭发同伙,所以,他态度不老实。

60. 如果你选修了逻辑学,那么,如果你学习努力,你就能通过考试;如果你选修了逻辑学但学习不努力,你就不能通过考试。你选修了逻辑学,所以,当且仅当你学习努力,你才能通过考试。

(二) 回答下列问题,并写出推导过程

1. 由前提"写得不好的论文,或者观点不正确,或者材料贫乏,内容空洞,或者结构有毛病,或者语言运用还有错误,或者逻辑上有问题"分别加上下列前提,是否能必然推出结论?若不能推出,请说明理由;若能推出,可得什么结论?请用符号写出推理的逻辑形式。
   (1) 这篇写得不好的论文,逻辑上有问题。
   (2) 这篇写得不好的论文,逻辑上没问题。
   (3) 这篇写得不好的论文并非观点或材料内容或结构或逻辑上有问题。
   (4) 这篇写得不好的论文既有观点错误,也比较贫乏、空洞。

2. 元朝姚燧在《寄征衣》"欲寄君衣君不还,不寄君衣君又寒;寄与不寄间,妾身千万难"中描写了少妇思恋征夫的矛盾心理,该词运用了什么推理形式?

3. 在美国芝加哥的一条繁华大街上,有一家大百货商店在一天晚上被人盗走了一批财物。事情发生后,芝加哥警方经过侦察拘捕了三个重大嫌疑犯。他们是山姆、汤姆与吉宁士。后来,经过调查和审问,查明了以下事实:
   (1) 罪犯是带着赃物乘汽车逃走的;
   (2) 不伙同山姆,吉宁士绝不会作案;
   (3) 汤姆不会开汽车;
   (4) 罪犯就是这三个人中的一个或一伙。
   请问:在这个案子里,山姆有罪吗?为什么?

4. 《资治通鉴》记载了唐太宗关于"人君之患"的议论。他对侍臣们说:"夫欲盛则费广,费广则赋重,赋重则民愁,民愁则国危,国危则君丧矣。朕常以此思之,故不敢纵欲也。"这段议论能推出什么结论?写出其形式。

5. 已知:(1) 只有张明和李东至少一人没得奖,王洪和高亮才得奖;
   (2) "王洪没得奖或高亮没得奖"是不对的;
   (3) 李东得奖了。
   问:张明、王洪、高亮谁得奖了?谁没得奖?

6. 请构造一个相反的二难推理,来破斥下列二难推理:
   如果有朋友来访,那么会由于交谈而耽误时间,从而写不出文章来;如果没有朋友来,那么会由于孤独而思想僵化,从而也写不出文章来。或者有朋友来访,或者没有朋友来访,总之,都写不出文章来。

7. 有一个工业公司,组织它下属的甲、乙、丙三个工厂联合试制一项新产品。关于新产品生产出来后的鉴定办法,在合同中作了如下规定:① 如果乙工厂不参加鉴定,那么甲工厂也不参加;② 如果乙工厂参加鉴定,那么甲工厂和丙工厂也要参加。问:当甲工厂参加鉴定时,丙工厂是否参加?为什么?

8. 《大唐新话》里记载了一个故事:唐代的裴玄本好开玩笑,他在户部做郎中时,左仆射房玄龄病得很厉害,部里的一些官员要去探望他,玄本开玩笑说:"仆射病能好,就去看望他;若好不了,就不要去看望他了。"这话传到了房玄龄的耳朵里。后来裴玄本随大家去看望房玄龄时,房玄龄也开了一个玩笑,笑着说:"裴郎中来了,我一定死不了啦。"
问:房玄龄的推理是否正确?为什么?

9. 汉乐府民歌里的《上邪》表达的是女子对爱人热烈而坚贞的爱情,原文是:"上邪!我欲与君相知,长命无绝衰。山无陵,江水为竭,冬雷震震,夏雨雪,天地合,乃敢与君绝。"
问:该诗蕴含着一个什么推理?表达作者的什么决心?

10. 从下述议论中能得出什么结论?请用符号写出推理过程。
"对待外国的科学文化,或是一概排斥,或是一概照搬,或是有分析地批判吸收。如果一概排斥,就会缓慢爬行,远远落在后面,而我们一定要迎头赶上。如果一概照搬,则我们就会变成帝国主义的附庸,而我们的目标是建立独立自主的社会主义国家。"

十一、综合题

1. 甲说乙讲假话,乙说丙讲假话,丙说甲、乙都讲假话。请问甲、乙、丙三人中谁说假话,谁说真话,为什么?

2. 甲、乙、丙三人同时参加高考,结果只有一人考上。老师让他们三人猜谁考上了。甲猜:乙考上了。乙猜:丙考上了。丙猜:我没考上。老师听后说,只有一人没猜对,两人猜对了。请问谁考上了?

3. 侦察员甲、乙、丙、丁通过调查了解,对某案件的嫌疑犯作了如下的断定:
甲:我认为赵某不是凶犯。
乙:或者李某是凶犯,或者赵某是凶犯。
丙:如果李某是凶犯,则赵某不是凶犯。
丁:我看李某和赵某都是凶犯。
破案后证实上述断定中只有一句是假的,请问:谁是嫌疑犯?谁的断定错误?

4. A、B、C三人从政法大学毕业后,一人当上了律师,一人当上了法官,另一人当上了检察官。但究竟谁担任什么司法工作,人们开始不清楚,于是猜测如下:
甲:A当上了律师,B当上了法官。
乙:A当上了法官,C当上了律师。
丙:A当上了检察官,B当上了律师。
后来证实:甲、乙、丙三人的猜测都是只对了一半,请问:A、B、C三个担任什么司法工作?写出推导过程。

5. 某届"百花奖"评选结果,甲电影制片厂拍摄的《黄河,中华民族的摇篮》获得最佳故事片奖,乙电影制片厂拍摄的《孙悟空和小猴子》获得最佳美术片奖,丙电影制片厂拍摄的《白娘子》获得最佳戏曲片奖。授奖大会后,某电影制片厂邀请这几部片子的导演去介绍经验。在火车上,甲厂的导演说:"真是有趣得很,我们三个的姓分别是片名的第一个字。"丙说:"我们每个人的姓同自己所拍的片子的片名的第一个字不一样。"一个姓孙的导演笑一笑说:"真是这样!"
请问:这三部片子的导演各姓什么?写出推理过程。

6. 在某校的一次春节联欢会上,老师让两个学生做了一个游戏。他对两个学生说:"我手里有三块糖,两块软糖,一块硬糖。现在,我暗中分别给你们一人一块,我自己留一块。请你们根据自己手上的糖,来推测对方手里是什么糖。"当这两个学生拿到糖时,起先都呆了一下,好像推测不出来。就在这时,其中一个学生兴奋地喊了起来:"我猜着了!"

请问:这个学生推出对方手里拿的是什么糖?他是怎样推论的?

7. 一天早晨,王老头被害死在他的卧室里。公安人员调查现场时,听邻居反映,王老头的两个儿子都想独吞其家产。于是,公安人员询问这两个儿子:"案前你们是否去过死者的卧室,如果你们不是罪犯的话,那么就应该说实话。"大儿子说:"我进去过,是想跟父亲要点钱用,可他睡得很沉,我只好出来了。当时的准确时间我已记不清了。"小儿子说:"我进去过,是给房里的老式挂钟上紧发条的,当时挂钟显示的时间是8点20分。"

"你拨没拨动指针?"公安人员问。

"没有必要,因为它走得很准确。"小儿子不慌不忙地回答。

公安人员立刻拘留了小儿子。

请问:公安人员在认定小儿子可能是罪犯的过程中运用了什么推理?请将这个推理写出来。

8. A、B、C、D、E、F、G、H八个嫌疑犯的供词如下:

A:C是主犯。

B:D是主犯。

C:我是主犯。

D:我不是主犯。

E:C不是主犯。

F:D是主犯。

G:我和C都不是主犯。

H:D和A之中有主犯。

事后证实,八人中只有三人说真话,其中包括H。

请回答:说真话的是谁?谁是主犯?写出推导过程。

9. A、B、C、D、E猜测一场自行车比赛结果：

   A：小王第二，小李第三
   B：小李第一，小丁第四
   C：小张第三，小赵第五
   D：小王第二，小丁第四
   E：小赵第一，小张第二

   赛后得知，五人的猜测中，每人各有一句正确，一句错误。请排列出正确的比赛名次，并写出推导过程。

10. 口袋里有红、黄、黑、白四个球，某人暗中取出两个攥在手心，让 A、B、C 三人猜他手中球的颜色。三人作了如下猜测：

    A：如果一个不是红球，那么另一个也不是黑球；要么不是黄球，要么不是黑球；白球和黑球至少有一个不是。
    B：并非不是红球或者不是黑球；或者是白球，或者是黄球；如果一个是白球，那么另一个不是黑球。
    C：如果一个是红球，那么另一个是黑球；除非一个是黄球，另一个才是白球；只要有黄球，就有白球。

    某人摊开手掌后发现，三人的猜测中，各有正确的或错误的，且各人的三句中正确与错误的排列是"对—错—对"或者"错—对—错"。
    请问：两个球是什么颜色？写出推导过程。

11. 甲、乙、丙、丁四人分得三张足球票，其中一人无票。为此四人讨论如下：

    甲：如果乙不去，则我也不去。
    乙：只有丁不能不去，我和甲才去。
    丙：我和丁至少有一人去。
    丁：如果我和乙去，则丙去。

    为满足上述四人的要求，球票分给哪三人？写出推导过程。

12. 刑侦队在分析一起盗窃案时，五人作了如下发言：

A：或者甲不是主犯，或者丙是主犯；如果甲不是主犯，那么乙是主犯。
B：除非丁不是主犯，丙才是主犯；要么甲是主犯，要么丁不是主犯。
C：甲和丙都是主犯；丁和乙中至少有一人是主犯。
D：只要乙是主犯，丁就是主犯；只有甲不是主犯，丙才是主犯。
E：要么乙不是主犯，要么丙是主犯；若丁是主犯，则甲不是主犯。
结案后发现，五人的分析中，各有一句是正确的，各有一句是错误的。
请回答：谁是主犯，谁不是主犯？写出推导过程。

13. 有十个人，每人讲了一句话，请问其中是否有人讲真话？谁讲真话？写出推导过程。
    赵：我们十个人中只有一人讲假话。
    钱：我们十个人中只有二人讲假话。
    孙：我们十个人中只有三人讲假话。
    李：我们十个人中只有四人讲假话。
    周：我们十个人中只有五人讲假话。
    吴：我们十个人中只有六人讲假话。
    郑：我们十个人中只有七人讲假话。
    王：我们十个人中只有八人讲假话。
    冯：我们十个人中只有九人讲假话。
    陈：我们十个人都讲假话。

14. 某年，某国的一个大臣在该国首都被刺身亡。案发后，警方逮捕了一个名叫丹丹尼的青年，并一口咬定他就是凶手。警方是这样推理的：第一，大臣是乘坐敞车驶进市银行大厦时遇刺的。据当时在现场的人证明，子弹是从银行大厦三楼射出的。这就是说，只有大臣被刺时刻在银行大厦三楼逗留过的人，才能作案。而有人证明丹丹尼当时正在银行大厦的三楼，所以，丹丹尼是凶手。第二，据法医报告，凶器是一支六五毫米的意大利卡宾枪。据调查，前不久丹丹尼曾化名"希南"购买过这种枪。这就是说，如果丹丹尼是凶手，那么他肯定有一支六五毫米口径的意大利卡宾枪，现已查明丹丹尼购买过这种枪，可见他是凶手。第三，据当时在现场的人说，射击时间发生在下午一时三十分至三十一分之间，其间只有十秒钟，凶手一共开了五枪。这就是说,如果不是一个卓越的枪手,那么在使用非自动的卡宾枪时,不可能在十秒钟内连发五枪,而丹丹尼恰恰是个卓越的枪手,所以,可以肯定他是凶手。请问:警方的推论是否正确?为什么?

十二、形式证明题
(一) 把下列推导序列中缺少的部分填上

1. (1)   （¬q→r）∧（r→s）   前提
   (2)   ¬s   前提
   (3)   r→s
   (4)   ¬r
   (5)   ¬q→r
   (6)   ¬¬q
   (7)   ¬r∧¬¬q
   (8)   ¬s∧（¬r∧¬¬q）
   (9)   ¬s∧（¬r∧q）
   (10)   （¬s∧¬r）∧q

2. (1)   p∨q   前提
   (2)   p→¬r   前提
   (3)   t∧s   前提
   (4)   u→r   前提
   (5)   ¬¬s→¬¬u   前提
   (6)   s→u
   (7)   s→r
   (8)   s
   (9)   r
   (10)   ¬p
   (11)   q

3. (1)   p→t   前提
   (2)   ¬t   前提
   (3)   p∨（q→r）   前提
   (4)   ¬t→（r→s）   前提
   (5)   ¬p
   (6)   q→r

	(7)	r→s	
	(8)	q→s	
4.	(1)	s→¬(¬p∧¬r)	前提
	(2)	¬q→¬p	前提
	(3)	¬r∨q	前提
	(4)	¬s→¬t	前提
	(5)	t	前提
	(6)	s	
	(7)	¬(¬p∧¬r)	
	(8)	p∨r	
	(9)	p→q	
	(10)	r→q	
	(11)	q	
5.	(1)	(p→q)→q	前提
	(2)	¬(p∧¬q)→q	
	(3)	(p∧¬q)∨q	
	(4)	(p∨q)∧(¬q∨q)	
	(5)	p∨q	
6.	(1)	q←s	前提
	(2)	q∨r→p	前提
	(3)	p∨̇s	前提
	(4)	s∨r	前提
	(5)		(1)蕴涵逆蕴涵交换律
	(6)		(4)蕴涵定义
	(7)		(5)(6)假言连锁
	(8)		(7)蕴涵定义
	(9)		(2)(8)肯前式
	(10)		(3)(9)肯否式
7.	(1)	p→q	前提
	(2)	¬(r∧s)	前提
	(3)	s←p	前提
	(4)	¬(q∧¬r)	前提
	(5)		(2)德摩根律
	(6)		(5)蕴涵定义
	(7)		(4)德摩根律

	(8)		(7)蕴涵定义
	(9)		(1)(6)(8)假言连锁
	(10)		(3)蕴涵逆蕴涵交换律
	(11)	¬p	(9)(10)归谬推理
8.	(1)	p→q	前提
	(2)	¬(r∧s)	前提
	(3)	s←p	前提
	(4)	¬(q∧¬r)	前提
	(5)		假设前提
	(6)		(1)(5)肯前式
	(7)		(4)德摩根律
	(8)		(6)(7)否肯式
	(9)		(2)德摩根律
	(10)		(8)(9)否肯式
	(11)		(3)(10)否前式
	(12)		(5)(11)合成式
	(13)	¬p	(5)—(12)间接证明
9.	(1)	(q∨r)→p	前提
	(2)	¬(¬q∧¬s)	前提
	(3)	r∨t	前提
	(4)	¬u←p	前提
	(5)		(1)假言易位
	(6)		(5)德摩根律
	(7)		(4)蕴涵逆蕴涵交换律
	(8)		(6)(7)假言连锁
	(9)		(8)蕴涵定义律
	(10)		(9)分配律
	(11)		(10)分解式
	(12)		(11)蕴涵定义律
	(13)		(10)分解式
	(14)		(13)蕴涵定义律
	(15)		(2)德摩根律
	(16)		(15)蕴涵定义律
	(18)		(12)(15)假言连锁
	(19)		(3)蕴涵定义律

(20)		(14)(19)假言连锁
(21)		(18)(20)合成式
(22)		(21)蕴涵定义律
(23)		(22)分配律
(24)		(23)蕴涵定义律
(25)	(s∧t)←u	(24)蕴涵逆蕴涵交换律
10. (1)	(q∨r)→p	前提
(2)	¬(¬q∧¬s)	前提
(3)	r∨t	前提
(4)	¬u←p	前提
(5)		假设前提
(6)		(4)(5)否前式
(7)		(1)(6)否后式
(8)		(7)德摩根律
(9)		(8)分解式
(10)		(2)德摩根律
(11)		(9)(10)否肯式
(12)		(8)分解式
(13)		(3)(12)否肯式
(14)		(11)(13)合成式
(15)		(5)—(14)条件证明
(16)	(s∧t)←u	(15)蕴涵逆蕴涵交换律

【例示】

(1)	(s→(r∨t))→(u∧v)	前提
(2)	q→(s→(r∨t))	前提
(3)	¬(u∧v)	前提
(4)	p→q	前提
(5)	¬(s→(r∨t))	(1)(3)否后式
(6)	p→(s→(r∨t))	(2)(4)假言连锁
(7)	¬p	(5)(6)否后式

(二) 请用形式证明的方法，证明下列推理的有效

1. (¬p→q)∨¬r, p∨q→s∧¬q, r ⊢ p∧r
2. ¬p→¬q, p→¬r, r∨s, u∧(t→¬s) ⊢ ¬t∨¬q
3. p→q, p∨r, ¬q ⊢ r∧¬p
4. r→s, t∨s, ¬r∧t→¬r∧u, ¬s ⊢ u

5. $p \vee q, s \leftarrow r, \neg(q \vee s), r \leftarrow p \leftarrow u \vdash u \rightarrow p$

6. $p \rightarrow q, p \vee r, r \rightarrow q, \neg q \vee s \vdash s \wedge q$

7. 或者逻辑学难学(p),或者没有多少学生喜欢它(q)。如果数学容易学(r),那么逻辑学不难学。因此,如果许多学生喜欢逻辑学,那么数学并不太容易学。

8. 如果我买了这本参考书(p),那么我就没有钱了(q)。除非我有钱,我才能买一本小说(r)。或者我向同学借本参考书(s),或者我买一本小说。可是如果我不买这本参考书,那么我不会做练习(t)。如果我不会做练习,那么我不能买一本小说。我或买这本参考书,或者不买这本参考书,因此,我向同学借本参考书。

9. 如果张某是律师(p),那么他通过了律师考试(q)。如果他通过了律师考试,那么他就会加薪(r)。如果他加薪,那么他就要筹划结婚(s)。因此,张某或者要筹划结婚,或者他不是律师。

10. 或者作案现场未保护好(p),或者如果是惯犯作案(q),那么现场找不到指纹(r)。如果作案现场未遭到破坏(s),则如果现场找不到指纹,那么是案犯带着手套(t)。如果作案现场未保护好,则现场遭到破坏。但作案现场并未遭到破坏,所以,如果是惯犯作案,那么案犯带着手套。

11. 某地发生了一起凶杀案,公安人员进行侦查后,了解到以下情况:
    (1) 凶手是甲(p)或乙(q)或丙(r),不可能是其他人;
    (2) 只有是谋财杀人案(s),甲才是凶手;
    (3) 如果是谋财杀人案,则被害人必然要丢失财物(t);
    (4) 如果乙是凶手,则案件发生在晚九时以后(u);
    (5) 案件发生在晚九时以前,并且被害人未丢失财物。
    请回答:谁是凶手?写出推导过程。

12. w市女子排球队有2号、4号、6号、8号、10号和12号六名主力队员。在长期训练和实际比赛中,教练对主力队员之间的最佳配合总结出以下几条规律:
    (1) 要是6号上场(p),则8号(q)也要上;
    (2) 只有2号不上($\neg r$),4号才不上($\neg s$);
    (3) 4号和8号只有一人上场;
    (4) 如果10号(t)和12号(u)同时上,则6号也要上场。
    现在需要2号和10号同时上场,请问:为了保持球场上的最佳阵容,其余几名主力队员谁上场?谁不上场?写出推导过程。

13. 某市刑侦队长要在A、B、C、D、E、F六个队员中挑选若干人去侦破一件案件,由于工作需要和人员配备的要求,他必须考虑以下原则:

(1) A、B 两人之中至少去一人;
(2) A、D 不能一起去;
(3) A、E、F 三人中要派两人去;
(4) B、C 两人都去或者都不去;
(5) C、D 两个人中去一人;
(6) 如果 D 不去,那么 E 也不去;

请问:谁去?谁不去?写出推导过程。

14. 某保密机关发生泄密案件,侦察机关掌握了如下事实:
    (1) 或者 p 是泄密者,或者 q 是泄密者;
    (2) 如果 p 是泄密者,则泄密时间不会在晚 10 点前;
    (3) 如果 q 的证词真实,则失密时间在晚 10 点前;
    (4) 只有晚 10 点前保密室的灯未灭,q 的证词才不真实;
    (5) 晚 10 点时保密室灯灭了,但 p 此时未回家。

请问:谁是泄密者?为什么?

15. 在案情分析会上,刑警队长提出所掌握的情况:
    (1) 甲(p)或者乙(q)杀害了丙;
    (2) 如果甲杀害了丙,那么办公室不是作案现场(r);
    (3) 如果秘书证词真实(s),则办公室里有枪声(t);
    (4) 仅当办公室是作案现场,秘书证词才不真实;
    (5) 甲会使用手枪。

根据上述情况,刑警队长作出推断:如果办公室里无枪声,那么凶手是乙而不是甲。

请问:刑警队长的推理是否正确?为什么?

第六章 简单命题及其推理

一、判断题
1. "简单命题"和"复合命题"是具有矛盾关系的概念。（   ）
2. "引擎"和"发动机"是具有全同关系的概念。（   ）
3. 概念间的矛盾关系一定存在于正负概念之间。（   ）
4. 限制概念与被限制概念之间具有属种关系。（   ）
5. 命题间的反对关系是指不可同假，可以同真。（   ）
6. 命题间的下反对关系是指可以同假，不可同真。（   ）
7. SAP 与 SEP 可以同假，因此，若 SAP 假，则 SEP 假。（   ）
8. 主项不周延的命题一定是特称命题。（   ）
9. 谓项不周延的命题一定是肯定命题。（   ）
10. SAP 不能换位为 PAS，因为 S 在前提中周延而在结论中不周延。（   ）
11. 根据三段论规则，前提中有一否定，则结论为否定，因此结论否定，则前提必有一否定。（   ）
12. 根据三段论规则，前提中有一特称，则结论为特称，因此结论特称，则前提必有一特称。（   ）
13. 根据三段论规则，前提中不周延的项到结论中不得周延，因此某一个项在结论中不周延，则在前提中必不周延。（   ）
14. 遵守了各格规则的三段论一定是有效的三段论。（   ）
15. 第二格三段论的结论必为否定命题。（   ）
16. 第一格和第二格三段论的大前提必为全称命题。（   ）
17. 概念间的全同关系既是对称的，又是非传递的。（   ）
18. 概念间的交叉关系既是对称的，又是非传递的。（   ）
19. 概念间的全异关系既是对称的，又是非传递的。（   ）
20. 命题间的蕴涵关系既是对称的，又是传递的。（   ）

二、填空题
1. 概念的_____和_____是概念的两个重要的逻辑特征。
2. 根据"概念所反映的对象是否具有某属性"来考虑概念所属的种类，"正义战争"这一概念属于_____概念。
3. 根据"概念所反映的对象是否具有某属性"来考虑概念所属的种类，"未成年人"这一概念属于_____概念。

4. 根据"概念所反映的对象数量"来考虑概念所属的种类，"清朝的最后一个皇帝"这一概念属于_____概念。
5. 根据"概念所反映的对象数量"来考虑概念所属的种类，"珠穆朗玛峰"这一概念属于_____概念。
6. 根据"概念所反映的对象数量"来考虑概念所属的种类，"故意犯罪"这一概念属于_____概念。
7. 就概念的外延关系而言，"青年教师"与"中年律师"具有_____关系。
8. 就概念的外延关系而言，"必然性推理"与"或然性推理"具有_____关系。
9. 就概念的外延关系而言，"必然性推理"与"三段论推理"具有_____关系。
10. 就概念的外延关系而言，"树"与"树叶"具有_____关系。
11. 就概念的外延关系而言，"法院"与"刑事审判庭"具有_____关系。
12. 就概念的外延关系而言，"工人阶级"与"工人"具有_____关系。
13. 就概念的外延关系而言，"犯罪集团"与"主犯"具有_____关系。
14. 如果有 a 是 b，有 b 不是 a，而且_____，那么 a 与 b 之间在外延上的关系是交叉关系。
15. 如果所有 a 是 b，且_____，那么 a 与 b 之间在外延上的关系是全同关系。
16. 如果概念 A _____ 概念 B，则概念 A 为属概念，概念 B 为种概念。
17. 属概念与种概念的内涵与外延之间的反变关系，是对概念进行_____和_____的逻辑根据。
18. 直言命题按质划分，可以分为_____命题和_____命题。
19. 直言命题按量划分，可以分为_____命题、_____命题和_____命题。
20. 当 S 与 P 的外延间具有交叉关系时，SIP 的取值为_____，SOP 的取值为_____。
21. 当 S 与 P 的外延间具有全异关系时，SAP 的取值为_____，SEP 的取值为_____。
22. 若 SAP 与 SIP 一真一假，则 S 与 P 之间可能具有的外延关系是_____或_____。
23. 若 SAP 与 SEP 均假，则 S 与 P 之间可能具有的外延关系是_____或_____。
24. 若 SIP 与 SOP 均真，则 S 与 P 之间可能具有的外延关系是_____或_____。
25. 若 SIP、SOP 与 POS 均真，则 S 与 P 之间可能具有的外延关系是_____。
26. 一直言命题的主项不周延，则这一命题是_____命题；一直言命题的谓项周延，则这一命题是_____命题。

27. 若 SEP 取值为真，则 SOP 取值为_____，SAP 取值为_____。
28. 在对当关系中，SIP 与 SOP 是_____关系，其性质是_____。
29. 若 SAP 取值为真，则 SOP 取值为_____。
30. 若所有非 S 不是 P 为真，则有 P 是 S 的取值为_____，有 P 是非 S 的取值为_____。
31. 在"氧化铁不是有机物，因为氧化铁不含碳，而凡有机物都是含碳的"这一三段论中，表示中项的语词是_____。
32. 以"在工人中有共青团员，共青团员绝不是老年人"为前提进行三段论推理，可推出结论"有些_____不是_____"。
33. 如果一有效三段论的大前提是特称否定命题，那么这一三段论是第_____格的_____式。
34. 如果一有效三段论的小前提是特称否定命题，那么这一三段论是第_____格的_____式。
35. 如果一有效三段论的小前提是否定命题，那么这一三段论的大前提是_____命题。
36. 如果一有效三段论的小前提是否定命题，那么这一三段论属于第_____格或第_____格。
37. 如果一有效三段论的大前提是特称肯定命题，那么这一三段论的小前提是_____命题。
38. 如果一有效三段论的大前提是特称肯定命题，那么这一三段论的式是_____式。
39. 如果一有效第四格三段论的结论是全称否定命题，那么这一三段论的式是_____式。
40. 如果一有效第一格三段论的结论是否定命题，那么这一三段论的大前提是_____命题。
41. 如果一有效三段论的结论是全称肯定命题，那么这一三段论是第_____格的_____式。
42. 在关系概念"全同关系"、"真包含于关系"、"交叉关系"中，属于反对称关系的是_____，属于非传递关系的是_____。
43. 在关系概念"全异关系"、"蕴涵关系"、"等值关系"中，属于非对称关系的是_____，属于非传递关系的是_____。
44. 在关系概念"信任"、"控告"、"父子"中，属于对称关系的是_____，属于反传递关系的是_____。

三、指出下列各句标有横线的概念是单独概念还是普遍概念、是正概念还是负概念

1. 老舍是《四世同堂》的作者。

2. 概念有单独概念和普遍概念之分。

3. 有些函授学员是律师。

4. 对于未遂犯,可以比照既遂犯从轻或减轻处罚。

5. 联想是国际知名商标。

6. 这起案件是自诉案件。

四、指出下列各句标有横线的概念是集合概念还是非集合概念

1. 法律面前人人平等。

2. 教师是辛勤的园丁,是人类灵魂的工程师。

3. 教师是知识分子。

4. 中国青年是勤奋好学的。

5. 青年是祖国的未来和希望。

6. 青年应当遵纪守法。

五、指出下列直言命题的种类,并写出其命题形式

1. 甲班大多数学生是北方人。

2. 没有共青团员不是青年。

3. 十三亿中国人是不怕困难的。

4. 伤害行为不都是故意的。

5. 没有共同犯罪是过失犯罪。

6. 犯罪的不都是成年人。

7. 任何困难都是可以克服的。

8. 不少人有心理疾病。

9. 社会上有丑陋现象存在。

10. 有些事件是突发的。

六、指出下列各组命题之间的真假关系
1. 爱美之心，人皆有之。
   人不都有爱美之心。

2. 甲班有人懂外语。
   甲班有人不懂外语。

3. 导电的不都是金属。
   导电的都不是金属。

4. 没有犯罪不违法。
   有犯罪违法。

5. 乙班没有同学是南方人。
   乙班没有同学不是南方人。

七、指出下列直言命题的主、谓项周延情况
1. 有些花是粉色的。

2. 所有盗窃都不是过失行为。

3. 包公是清官。

4. 所有金属都是导电体。

5. 鲁迅不是军事家。

6. 有些动物不是胎生的。

八、单项选择题

1. 在"知识分子是国家的宝贵财富"和"知识分子应担负社会责任"这两个命题中,"知识分子"(　　)
   ① 都是集合概念　　　　　　　　　② 都是非集合概念
   ③ 前者是集合概念,后者是非集合概念
   ④ 前者是非集合概念,后者是集合概念

2. 在"大学生应当遵纪守法"和"大学生是国家的希望和未来"这两个命题中,"大学生"(　　)
   ① 都是集合概念　　　　　　　　　② 都是非集合概念
   ③ 前者是集合概念,后者是非集合概念
   ④ 前者是非集合概念,后者是集合概念

3. 设 a、b 为两概念,若所有 a 是 b 并且所有 b 是 a,则 a、b 两概念具有(　　)关系
   ① 交叉　　　② 全同　　　③ a 真包含 b　　　④ a 真包含于 b

4. 设 a、b 为两概念,若所有 a 是 b 并且有 b 不是 a,则 a、b 两概念具有(　　)关系
   ① 交叉　　　② 全同　　　③ a 真包含 b　　　④ a 真包含于 b

5. 设 a、b 为两概念,若有 a 是 b、有 a 不是 b 并且有 b 不是 a,则 a、b 两概念具有(　　)关系
   ① 交叉　　　② 全同　　　③ a 真包含 b　　　④ a 真包含于 b

6. 如果 A 是一个正概念,B 是一个负概念,则 A 与 B 的外延关系(　　)
   ① 必定是矛盾关系　　　　　　　② 必定不是矛盾关系
   ③ 可能不是矛盾关系　　　　　　④ 不可能是矛盾关系

7. 如 A 是属加种差定义中的被定义项,则 A 通常不能是(　　)
   ① 普遍概念　　　② 单独概念　　　③ 正概念　　　④ 负概念

8. B 与 C 是 A 中具有矛盾关系的种概念,如果 B 是正概念,那么 C(　　)
   ① 一定是负概念　　　　　　　② 一定不是负概念
   ③ 可能是负概念　　　　　　　④ 不可能是负概念

9. 若所有 S 是 P 为假而有 P 不是 S 为真时,S 与 P 的外延关系是(　　)。

① 交叉   ② 全同   ③ S 真包含 P   ④ S 真包含于 P

10. 若 SEP 与 SOP 一真一假,则 S 与 P 之间的外延关系是(　　)

　　① 全同   ② 真包含   ③ 真包含于   ④ 全异

11. 若 SOP 与 SIP 均真,则 S 与 P 之间的外延关系是(　　)关系

　　① 全同   ② S 真包含 P   ③ S 真包含于 P   ④ 全异

12. "甲班没有同学是北京人"与"甲班有同学不是北京人"这两个命题之间的真假关系是(　　)

　　① 矛盾关系   ② 反对关系

　　③ 下反对关系   ④ 差等关系

13. "青年不都是团员"与"有青年是团员"这两个命题之间的真假关系是(　　)

　　① 下反对关系   ② 反对关系

　　③ 矛盾关系   ④ 差等关系

14. "没有一座寺庙晚上敲钟"与"有寺庙晚上敲钟"这两个命题之间的真假关系是(　　)

　　① 矛盾关系   ② 反对关系

　　③ 下反对关系   ④ 差等关系

15. "羞耻之心,人皆有之"与"人不都有羞耻之心"这两个命题之间的真假关系是(　　)

　　① 可同真,可同假   ② 可同真,不可同假

　　③ 不可同真,可同假   ④ 不可同真,不可同假

16. 有人说:"哺乳动物都是胎生的。"以下(　　)足以驳斥这一命题

　　① 也许有的非哺乳动物是胎生的

　　② 没有见到过非胎生的哺乳动物

　　③ 非胎生的动物不可能是哺乳动物

　　④ 鸭嘴兽是哺乳动物,但不是胎生的

17. 四个小偷(每人各偷一种东西)接受盘问。

　　甲说:每人只偷了一块表。

　　乙说:我只偷了一颗钻石。

　　丙说:我没偷表。

　　丁说:有些人没偷表。

　　经过警察的进一步调查,发现这次审问中只有一个人说了实话。下列判断,没有错误的是(　　)

　　① 所有人都偷了表   ② 所有人都没偷表

　　③ 有些人没偷表   ④ 乙偷了一颗钻石

18. 教研室共有9名教师。已知：
    a. 有人会使用计算机
    b. 有人不会使用计算机
    c. 所长不会使用计算机
    上述三个判断中只有一个是真的。以下哪项正确表示了该教研室会使用计算机的人数(   )
    ① 9人都会使用　　　　　　　　② 9人没人会使用
    ③ 仅有一人不会使用　　　　　　④ 仅有一人会使用

19. 在下列关系中,具有对称性的关系是(   )
    ① 真包含关系　　② 信任关系　　③ 同乡关系　　④ 蕴涵关系

20. "SAP⊢$\overline{P}$ES"这一推理形式是(   )推理。
    ① 换质法　　　　　　　　　　　② 换位法
    ③ 换质位法　　　　　　　　　　④ 换位质法

21. "SEP⊢PA$\overline{S}$"这一推理形式是(   )推理。
    ① 换质法　　　　　　　　　　　② 换位法
    ③ 换质位法　　　　　　　　　　④ 换位质法

22. 以MAP与SAM为前提,不能必然推出(   )
    ① SA$\overline{P}$　　② PIS　　③ $\overline{P}$OS　　④ SAP

23. 以MAP与SAM为前提,不能必然推出(   )
    ① SAP　　② PIS　　③ POS　　④ SO$\overline{P}$

24. 若一有效三段论的结论为全称命题,则它的中项(   )
    ① 不能两次都周延　　　　　　　② 不能在大前提周延
    ③ 不能在小前提周延　　　　　　④ 不能一次周延,一次不周延

25. 遵守三段论各格的具体规则,是三段论形式有效的(   )
    ① 充分条件　　　　　　　　　　② 充分必要条件
    ③ 必要条件　　　　　　　　　　④ 既非充分又非必要

26. "在守财奴中也有穷人,皇帝绝不是穷人,所以,有些守财奴不是皇帝"这一三段论是(   )
    ① 第二格 IEO 式　　　　　　　　② 第三格 EIO 式
    ③ 第三格 IEO 式　　　　　　　　④ 第二格 EIO 式

27. 一有效三段论,如果其小前提是否定命题,则其大前提为(   )
    ① 全称肯定命题　　　　　　　　② 特称肯定命题
    ③ 全称否定命题　　　　　　　　④ 特称否定命题

28. 一有效三段论,如果其结论是特称否定命题,则下列表述正确的是(   )
    ① 它的两个前提必定是一全称否定,另一特称肯定

② 它的两个前提必定是一特称否定,另一全称肯定
③ 它的两个前提必定是一否定,另一特称
④ 它的两个前提必有一否定

29. 一有效三段论,如果其结论是否定命题,则其大前提不能为( )
① PAM ② MAP ③ MEP ④ MOP

30. "有的哺乳动物是有尾巴的,因为老虎是有尾巴的"这一三段论的省略部分是( )
① 有的哺乳动物不是老虎 ② 有些有尾巴的是哺乳动物
③ 有的哺乳动物没有尾巴 ④ 所有老虎都是哺乳动物

31. "曹操与曹植不是兄弟"这一命题是( )
① 直言命题 ② 关系命题
③ 联言命题 ④ 负命题

九、双项选择题

1. 下列各组概念中,具有矛盾关系的是( )
① 传递关系和非传递关系 ② 故意犯罪和过失犯罪
③ 模态命题和非模态命题 ④ 黑颜色和白颜色
⑤ 有期徒刑和无期徒刑

2. 下列各组概念中,具有反对关系的是( )
① 对称关系和非对称关系 ② 合法行为和不法行为
③ 演绎推理和归纳推理 ④ 红颜色和非红颜色
⑤ 成年人和未成年人

3. 若 A 和 B 都是单独概念,则 A 与 B 的外延关系是( )关系或( )关系。
① 全同 ② 真包含 ③ 真包含于 ④ 交叉
⑤ 全异

4. 若 A 是单独概念,而 B 是普遍概念,则 A 与 B 的外延关系是( )关系或( )关系。
① 全同 ② A 真包含 B ③ A 真包含于 B ④ 交叉
⑤ 全异

5. "中国青年是热爱祖国的"中的"中国青年"是( )
① 普遍概念、正概念 ② 单独概念、正概念
③ 普遍概念、集合概念 ④ 单独概念、集合概念
⑤ 非集合概念、正概念

6. "中国人是勤劳勇敢的"中的"中国人"这一语词表达的是( )概念和( )概念

① 普遍　　　　　② 单独　　　　　③ 非集合　　　　　④ 集合
⑤ 负

7. 若"A 可以分为 B、C、D"是一正确的划分,则 B 与 C 的外延是(　　)关系或
   (　　)关系
   ① 矛盾　　　　　② 属种　　　　　③ 交叉　　　　　④ 反对
   ⑤ 全异

8. 下列各组概念中,具有属种关系的是(　　)
   ① 亚洲——中国　　　　　　　② 法院——刑事审判庭
   ③ 人民军队——人民战士　　　④ 简单命题——关系命题
   ⑤ 违法行为——犯罪行为

9. 下列各组概念中,不具有属种关系的是(　　)
   ① 工人阶级——工人　　　　② 《鲁迅全集》——《药》
   ③ 逻辑常项——联结词　　　④ 逻辑变项——肢命题
   ⑤ 科学——社会科学

10. 若 SAP 与 SIP 一真一假,则 S 与 P 之间的外延关系是(　　)
    ① 全同　　　② 真包含　　　③ 真包含于　　　④ 全异
    ⑤ 交叉

11. 若两个直言命题的主项周延情况相同,而谓项周延情况不同,则这两个命题
    间真假关系是(　　)
    ① 反对关系　　　② 蕴涵关系　　　③ 差等关系
    ④ 下反对关系　　⑤ 等值关系

12. 下列推理形式中,有效的是(　　)
    ① MIP∧MES→SOP　　　　　② ¬POM∧¬MOS→SAP
    ③ SAP∧PAM→SIM　　　　　④ SOP→SIP
    ⑤ MAS∧PAM→SIP

13. 下列推理形式中,无效的是(　　)
    ① PAM∧MES→SOP　　　　② SAM→SIM
    ③ ¬PIM∧¬MOS→SOP　　　④ ¬SOM∧¬POM→SIP
    ⑤ PAM∧MAS→SAP

14. 多数厨师戴高帽子。因此,有些戴高帽子的人穿白衣服。下述(　　)为真,
    足以佐证上述论断的正确性
    ① 有些厨师不穿白衣服
    ② 有些穿白衣服的厨师不带高帽子
    ③ 所有厨师都穿白衣服
    ④ 没有厨师不穿白衣服

⑤ 所有穿白衣服的人都是厨师

15. 一有效三段论,如果其小前提是否定命题,则此三段论为(　　)
    ① 第一格　　　② 第二格　　　③ 第三格
    ④ 第四格　　　⑤ 或者第一格,或者第三格

16. 一有效三段论,如果其结论是否定命题,则其大前提是(　　)
    ① 所有 P 是 M　　　　　② 所有 M 是 P
    ③ 有 P 是 M　　　　　　④ 有 P 不是 M
    ⑤ 没有 P 不是 M

17. 推理 x:a 与 b 全异,b 与 c 全异,所以,a 与 c 全异。推理 y:a 与 b 全同,b 与 c 全同,所以,a 与 c 全同。(　　)
    ① x 与 y 都有效　　　　　② x 与 y 都无效
    ③ x 有效 y 无效　　　　　④ y 有效 x 无效
    ⑤ x 与 y 不都有效

十、图解题

1. 推理(A)有必然性推理(B)和或然性推理(C)之分;而求同法(D)属于归纳推理(E)。请将上述标有横线概念间的外延关系表示在一个欧拉图中。

2. 《西厢记》(A)是中国小说(B),又是古代小说(C),但不是武侠小说(D)。请将上述标有横线概念间的外延关系表示在一个欧拉图中。

3. 《子夜》(A)是茅盾(B)写的,巴金(C)是《家》的作者(D)。请将上述标有横线概念间的外延关系表示在一个欧拉图中。

4. 请将下列概念间的外延关系表示在一个欧拉图中。
    学校(A)　　教师(B)　　中年教师(C)　　青年教师(D)

5. 小马(A)是大学毕业生(B)、共青团员(C)、先进工作者(D)和体育爱好者

(E)。请将上述标有横线概念间的外延关系表示在一个欧拉图中。

6. 已知:概念 A 真包含于概念 B,B 与概念 C 交叉。请用欧拉图表示 A 与 C 各种可能的外延关系。

7. 已知:SIP 与 POS 均真。请用欧拉图表示 S 与 P 各种可能的外延关系。

8. 已知:(1) A 真包含于 B;
   (2) 有 C 不是 B;
   (3) 若 C 不真包含 A,则 C 真包含于 A。
   请用欧拉图表示 A、B、C 三概念在外延上可能有的各种关系。

9. 下列四个条件中仅有一个是真的,请用欧拉图表示 S 与 P 各种可能的外延关系:
   (1) 有 S 是 P;
   (2) 如有 S 不是 M,则有 S 是 M;
   (3) 有 P 是非 S;
   (4) M 都不是 P。

10. 下列图形中所填概念是否正确,如不正确,请另作图形予以改正。
    (1)

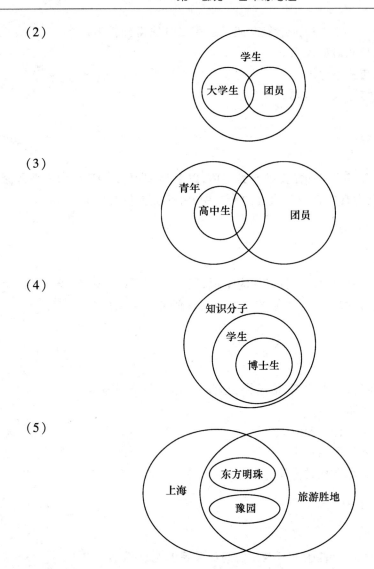

(2)

(3)

(4)

(5)

十一、分析题

1. 试分析说明"甲班学生"在下列语句中,哪些表示集合概念?哪些不表示集合概念?

   (1) 甲班学生是从华东六省一市来的。

   (2) 小刘是甲班学生。

   (3) 甲班学生都应当努力学习。

2. 试分析下列(1)、(2)、(3)三组概念能否运用二分法得到？为什么？
   (1) 对称关系与非对称关系。
   (2) 直言命题与关系命题。
   (3) 模态命题与非模态命题。

3. 若概念 S 真包含概念 P，请问：以 S 为主项，以 P 为谓项，在 AEIO 四个直言命题中，哪些取值为真？在取值为真的命题中，哪些能换位？

4. 若概念 S 真包含概念 P，请问：以 S 为主项，以 P 为谓项，在 AEIO 四个直言命题中，哪些取值为假？取值为假的命题间具有何种真假关系？

5. 根据直言命题间的对当关系，请选择相应的命题反驳下列命题：
   (1) 凡被告都是罪犯。
   (2) 有些物质是静止不变的。
   (3) 有些水果不包含维生素 C。
   (4) 所有伤害罪都不是过失罪。

6. 下列哪个表达式正确表述了 E 与 I 之间的关系？为什么？
   (1) E→￢I   (2) E∨I
   (3) ￢(E↔I)   (4) ￢(E∧I)

7. 已知：(1) p→q；(2) q∨r。
   问：p 与 r 是什么关系？

8. 由"所有 S 是 P"能推出"有 S 不是非 P",请写出其推导过程。

9. 列出下列推理的形式,并分析其是否正确:
   (1) 有人懂外语,所以,有人不懂外语。

   (2) 有些犯罪是非故意的,所以,有些犯罪是故意的。

   (3) 并非所有商品都价廉物美,所以,有的商品是价廉物美的。

   (4) 并非所有动物都是胎生的,所以,并非所有动物都不是胎生的。

   (5) 所有演绎推理都是必然性推理,所以,有些非必然性推理不是演绎推理。

   (6) 有些病毒不是不变异的,所以,有些变异的不是非病毒。

   (7) 所有盗窃罪都是非过失罪,所以,所有非盗窃罪都是过失罪。

   (8) 窒息死亡都是脸色发青的,这一死者脸色发青,所以,他是窒息死亡。

（9）大多数外语教师掌握两门外语，她是外语教师，所以，她掌握两门外语。

（10）凡律师都熟悉法律，小朱不是律师，所以，小朱不熟悉法律。

（11）语言是没有阶级性的，语言是社会现象，所以，社会现象是没有阶级性的。

（12）没有一个高等学校的教师不是知识分子，并非有的知识分子不具有专门知识，所以，凡具有专门知识的都是高等学校的教师。

（13）凡不符合规定的不能办理，这件事符合规定，所以，这件事能办理。

10. 将下列三段论的省略部分补上，并分析其是否正确：
（1）拾来的东西不是偷来的，所以，拾来的东西不要还。

（2）没有文化的军队是愚蠢的军队，而愚蠢的军队是不能战胜敌人的。

（3）有的被告表情紧张，所以，有的被告是罪犯。

（4）这个推理前提虚假，所以，这个推理是无效的。

十二、证明题

1. 已知：SAP 与 SOP 具有矛盾关系，SAP 与 SIP 具有差等关系。求证：SIP 与 SOP 具有下反对关系。

2. 已知：SEP 与 SIP 具有矛盾关系，SAP 与 SIP 具有差等关系。求证：SAP 与 SEP 具有反对关系。

3. 已知：SAP 与 SOP 具有矛盾关系，SOP 与 SIP 具有下反对关系。求证：SAP 与 SIP 具有差等关系。

4. 如果一个有效三段论的小项在结论中周延，而大项在结论中不周延，那么这个三段论是第几格的什么式？

5. 如果一个有效三段论的大前提是肯定命题，大项在结论中周延，小项在前提中不周延，那么这个三段论是第几格的什么式？

6. 如果一个有效三段论中仅大前提有一个周延的项，那么这个三段论是什么式？该式在哪些格成立？该式在哪些格不成立？

7. 如果一个有效三段论的大项在前提中周延但在结论中不周延,那么这个三段论是第几格的什么式?

8. 已知:有效三段论结论中的谓项周延且中项在前提中周延两次。请列出符合上述条件的所有三段论形式。

9. 已知:有效三段论的结论是肯定命题且小项在结论中不周延。请列出符合上述条件的所有三段论形式。

10. 同一格的两个有效三段论为一组,其结论是下反对关系的命题,小前提是同质的全称命题。请列出所有符合上述条件的三段论形式(以组为单位)。

11. 如果一个有效三段论的结论是全称命题,那么其中项在前提中不能周延两次。

12. 如果一个有效三段论的结论是否定命题,那么其大前提不能是特称肯定命题。

13. 如果一有效三段论的小前提为否定命题,那么其大前提只能为全称肯定命题。

第七章 模态推理

一、判断题

1. 狭义模态命题是包含"必然"或"可能"这类模态词的命题。（ ）
2. 基本模态命题分为两类：一类叫必然肯定命题，一类叫必然否定命题。（ ）
3. "今天可能不下雨"与"今天不可能下雨"具有相同的形式结构。（ ）
4. "张三不可能无罪"与"张三必然有罪"具有相同的形式结构。（ ）
5. 模态命题的真假取决于肢命题的真假。（ ）
6. p 在至少一个可能世界中为真，则必然 p 为真。（ ）
7. p 在至少一个可能世界中为假，则必然 p 为假。（ ）
8. p 在至少一个可能世界中为真，则可能 p 为真。（ ）
9. p 在至少一个可能世界中为假，则可能 p 为假。（ ）
10. 模态命题与非模态命题的关系是：必然命题可推出实然命题，实然命题可推出可能命题。（ ）

二、填空题

1. 模态逻辑是研究_____的逻辑科学。
2. 通常将含有_____、_____这类模态词的命题称为狭义模态命题或真值模态命题。
3. 按照模态词的不同,真值模态命题可分为两类,即_____命题和_____命题。
4. _____命题就是反映事物情况必然性的命题。根据它反映的是事物必然具有还是必然不具有某种情况,它又可以分为_____命题和_____命题。
5. _____命题就是反映事物情况可能性的命题。根据它反映的是事物可能具有还是可能不具有某种情况,它又可以分为_____命题和_____命题。
6. "命题 p 是必然的"为真,当且仅当_____。
   "命题 p 是可能的"为真,当且仅当_____。
7. 不包含模态词的命题通常叫做_____命题或_____命题。
8. 根据模态对当关系,"必然 p"与"可能非 p"具有_____关系,"p"与"可能非 p"具有_____关系。

三、单项选择题

1. "必然 p"与"不可能 p"之间具有（　　）关系
   ① 矛盾关系　　　② 差等关系　　　③ 反对关系　　　④ 下反对关系

2. "可能 p"与"不可能非 p"之间具有（　　）关系。
   ① 反对关系　　　② 矛盾关系　　　③ 下反对关系　　　④ 差等关系

3. "不必然不 p"与"可能非 p"之间具有（　　）关系
   ① 矛盾关系　　　② 差等关系　　　③ 反对关系　　　④ 下反对关系

4. "必然非 p"与"不可能 p"之间具有（　　）关系
   ① 矛盾关系　　　② 等值关系　　　③ 反对关系　　　④ 下反对关系

5. 如 A 是一个正概念，B 是一个负概念，则 A 与 B 的外延关系（　　）
   ① 必然是矛盾关系　　　　　　　② 必然不是矛盾关系
   ③ 可能不是矛盾关系　　　　　　④ 不可能是矛盾关系

6. (a)"某属概念具有的内涵，其种概念必然具有"和(b)"某种概念不具有的内涵，其属概念必然不具有"，这两个论断（　　）
   ① 都对　　　② (a)对(b)错　　　③ 都错　　　④ (a)错(b)对

四、双项选择题

1. 从"犯罪必然违法"可推出（　　）
   ① 并非犯罪必然违法　　　　　　② 可能犯罪不违法
   ③ 不可能犯罪不违法　　　　　　④ 并非犯罪可能违法
   ⑤ 并非犯罪必然不违法

2. 从"并非金属可能导电"不能推出（　　）
   ① 金属可能不导电　　　　　　　② 并非金属必然不导电
   ③ 金属必然导电　　　　　　　　④ 金属必然不导电
   ⑤ 金属不可能导电

3. 从"可能明天下雪"为假可必然推出（　　）
   ① 明天不可能不下雪　　　　　　② 并非明天可能下雪
   ③ 明天可能下雪　　　　　　　　④ 并非明天必然不下雪
   ⑤ 明天必然不下雪

4. 从"逻辑必然不难学"为假不能推出（　　）
   ① 逻辑可能不难学　　　　　　　② 逻辑不必然不难学
   ③ 逻辑可能难学　　　　　　　　④ 并非逻辑必然不难学
   ⑤ 逻辑必然不难学

5. 若 L ¬ p 为假，则 M ¬ p（　　）
   ① 必然真　　　② 不可能假　　　③ 可能真　　　④ 必然假
   ⑤ 不必然真

6. 若 Mp 为假,则 M ⇁ p ( )
   ① 必然假　　　　② 必然真　　　　③ 可能假　　　　④ 不可能真
   ⑤ 不必然假

7. 设"所有 A 是 B,所有 B 是 C"是有效三段论的两个前提,则此三段论( )
   ① 必然是第一格　　　　　　　　　② 不是第二格,也不是第三格
   ③ 必然是第四格　　　　　　　　　④ 既非第一格,又非第四格
   ⑤ 不是第一格,就是第四格

8. 如果某有效三段论的中项周延两次,则关于此三段论的错误断定是( )
   ① 不可能是第一格　　　　　　　　② 不可能是第二格
   ③ 不可能是第三格　　　　　　　　④ 不可能是第四格
   ⑤ 既不是第一格,也不是第二格

五、分析题

1. 并非海战必然发生,所以,海战必然不发生。

2. 弱者可能战胜强者,所以,并非弱者不可能战胜强者。

3. 并非领导必然不犯错误,所以,领导必然犯错误。

4. 并非明天可能下雨,所以,明天可能不下雨。

5. 好事必然多磨,所以,好事不可能不多磨。

6. 有始未必有终,所以,有始可能无终。

7. 小张是法官或者小李是法官,这是必然的,所以,小张必然是法官,或者小李必然是法官。

8. 王老师和李老师参加舞会是可能的,所以,王老师参加舞会是可能的并且李

老师参加舞会也是可能的。

9. 必然是甲足球队并且乙足球队都出线,所以,甲足球队出线是必然的并且乙足球队出线是必然的。

10. 如果摩擦,那么生热,这是必然的,因此,不可能不摩擦而生热。

11. 孙英可能是大学生并且她妹妹可能也是大学生,所以,可能孙英并且她妹妹都是大学生。

12. 不可能不深入群众而能搞好工作,所以,如果不深入群众,则搞不好工作,这是必然的。

六、应用题

1. 小王、小李、小张准备去爬山。天气预报说,今天可能下雨。围绕天气预报,三个人争论起来:
   小王:"今天可能下雨,那并不排斥今天可能不下雨,我们还是去爬山吧。"
   小李:"今天可能下雨,那就表明今天要下雨,还是别去了。"
   小张:"今天可能下雨,只是表明今天不下雨不具有必然性,去不去由你们决定。"
   对天气预报的理解,三个人中(　　)
   A. 小王和小张正确,小李不正确
   B. 小王正确,小李和小张不正确
   C. 小李正确,小王和小张不正确
   D. 小张正确,小王和小李不正确
2. "你可以随时愚弄某些人。"
   假如以上属实,以下哪些必然为真(　　)
   ① 张三和李四随时都可能被你愚弄。
   ② 你随时都想愚弄人。
   ③ 你随时都可能愚弄人。

④ 你只能在某些时候愚弄人。

⑤ 你每时每刻都在愚弄人。

A．只有③ B．只有②

C．只有①和② D．只有②、③、④

3．"不可能所有的花都结果。"

以下哪项最接近上述断定的含义（　　）

A．所有的花可能都不结果 B．有的花可能不结果

C．有的花必然不结果 D．有的花必然结果

4．美国前总统林肯说："最高明的骗子，可能在某个时刻欺骗所有的人，也可能在所有的时刻欺骗某些人，但不可能在所有时刻欺骗所有的人。"

如果林肯的上述断定是真的，那么下述哪些断定是假的（　　）

A．林肯可能在任何时候都不受骗

B．骗子也可能在某个时刻受骗

C．不存在某个时刻所有的人都必然不受骗

D．不存在某一时刻有人可能不受骗

七、综合题

某晚，一居民区发生凶杀、盗窃案。三个嫌犯的外表特征是：长发、短发、光头，大个子、小个和中等个（当然不是一一对应的）。有居民 A、B、C 分别称：

A．杀人者是光头，要不长发的就是中等个。

B．长发就是中等个或者长发就是盗窃者。

C．小个子不可能是罪犯。

同时，刑警 a、b、c 也推测：

a．如果小个子是罪犯，那么光头可能也是罪犯。

b．如果光头可能是罪犯，那么小个子是罪犯。

c．大个子不是杀人者，就是盗窃者。

事后得知：

Ⅰ．案子确是嫌犯中的两个人分别干的。

Ⅱ．刑警和居民中都分别有一人讲对了。

请问：（要求简述推断根据）

（1）两罪犯外表特征是什么？

（2）刑警中谁推测对了？

（3）居民中谁说对了？

第八章 归纳推理

一、判断题

1. 归纳推理的思维进程是由一般到个别。（   ）
2. 归纳推理的思维进程是由个别到一般。（   ）
3. 归纳推理的思维进程是由个别到个别。（   ）
4. 归纳推理的思维进程是由一般到一般。（   ）
5. 运用简单枚举归纳推理所容易犯的逻辑错误是虚假论据。（   ）
6. 运用简单枚举归纳推理所容易犯的逻辑错误是机械类比。（   ）
7. 运用简单枚举归纳推理所容易犯的逻辑错误是轻率概括。（   ）
8. 运用简单枚举归纳推理所容易犯的逻辑错误是以偏概全。（   ）
9. 运用简单枚举归纳推理所容易犯的逻辑错误是大项扩大。（   ）
10. 求同求异并用法的特点是两次求同一次求异。（   ）
11. 简单枚举归纳推理是必然性推理。（   ）
12. 思维能力人皆有之可以用完全归纳推理得出。（   ）
13. 太阳系的行星都不发光可以用完全归纳推理得出。（   ）
14. 地球上的各大洲都有丰富的矿藏。（   ）
15. 求同法的特点是同中求异。（   ）
16. 求异法的特点是异中求同。（   ）
17. 求同求异并用法的特点是两次求异一次求同。（   ）

二、填空题

1. 考察了一类事物的部分对象，而得出了一般性结论，这是应用_____推理。
2. 从思维进程的方向上看，演绎推理是从_____到_____的推理，归纳推理是从_____到_____的推理，类比推理则是从_____到_____或从_____到_____的推理。
3. 完全归纳推理考察的是一类事物的_____对象。不完全归纳推理的结论所断定的范围_____了前提所断定的范围，因而具有_____性；而完全归纳推理的结论所断定的范围_____前提所断定的范围，因而具有_____性。
4. "司马迁受宫刑作《史记》，屈原被放逐而作《离骚》，曹雪芹食粥而作《红楼梦》"，有人据此推论司马迁、屈原、曹雪芹都是在逆境中做出了成就，所以，人在逆境中有成就。这是运用了_____推理。

5. 简单枚举归纳推理是根据经验的多次重复而未遇到_____才得出结论的,运用时,应注意避免出现"_____"或"_____"的逻辑错误。科学归纳推理则考察了对象与属性间的_____联系,因此,其结论比简单枚举归纳推理的要_____。

6. 探求因果联系的五法是_____、_____、_____、_____和_____。

7. "不同的钟摆是由不同的物质做成的,而且形状不同,重量也不同,但当钟摆的长度相同时,它们的摆动频率也相同。于是得出结论:钟摆的长度与摆动频率之间有因果联系。"这个结论的得出,运用了探求因果联系方法中的_____,也叫_____,它的特点是_____。

8. 求异法又称_____,它的特点是_____。

9. 求同求异并用法又称_____,它的特点是_____。

10. "地磁场发生磁暴的周期性经常与太阳黑子的周期一致。随着太阳黑子数目的增加,磁暴的强烈程度也增高;当太阳黑子数目减少时,磁暴的强烈程度也随之降低,所以,太阳黑子的出现可能是磁暴发生的原因。"这个推理使用了探求因果联系逻辑方法中的_____,它的特点是_____。

11. 若一不完全归纳推理的前提均真,则其结论的真假情况为_____。

12. "把电铃放在玻璃罩内,通电使锤敲铃,则可听到铃声;如果把罩内的空气抽净,再通电敲铃,则听不到铃声。在这两个场合中,玻璃罩、铃、通电、锤敲铃等情况都相同,唯有一个情况不同,即在正面场合中有空气,在反面场合中没有空气。有空气就能听到铃声,没有空气就听不到铃声,于是得出结论:空气是传播声音的原因。"这里采用的探求因果联系的逻辑方法是_____。

13. "小李不仅能歌善舞,而且还能绘画和写书法,所以,大家都说小李是个多面手。"这是一个_____推理。

14. "13 不能被 7 整除,15 不能被 7 整除,17 不能被 7 整除,所以,12 和 18 之间的奇数都不能被 7 整除。"这个推理是_____。

15. 一位法医解剖了 8 具溺水死亡者的尸体,他在这 8 具尸体的内脏中均检出了硅藻。据此,他得出了_____的结论。这一结论运用了_____推理。

16. 若一类比推理的前提均真,则其结论的真假情况是_____。运用类比推理时,常犯的逻辑错误是"_____"。

17. 回溯推理又称_____,其结论是_____的。它的特点是,在已知两个事物或现象间具有因果联系的基础上,由_____推测_____。

18. 在运用模拟方法时,模型与原型必须_____。人们根据模型具有的属性来推断被研究的原型所具有的属性,运用的是_____推理。

19. 不完全归纳推理、类比推理和回溯推理都是前提_____结论的推理,它们都是_____性推理。

三、单项选择题

1. 达尔文观察到不同类的生物生活在相同环境里,常常具有相同的形态和构造。鲨鱼属于鱼类,鱼龙属于爬行类,海豚属于哺乳类,它们是完全不同的动物,但是由于长期生活在水中,环境相同,所以它们的外貌相似,身体都是梭形,都有胸鳍、背鳍和尾鳍。他又观察到同类生物生活在不同环境中,常常呈现出不同的形态和构造。鼹鼠、狼、鲸和蝙蝠同属于哺乳类动物,但由于生活条件不同,使得它们的形态和构造也不同,鼹鼠的形态构造适于地下生活,狼适于奔跑,鲸适于游水,蝙蝠适于飞翔。他把前两类观察的结果进行比较,指出生物的形态和构造与其生活的环境有因果联系,即生活环境的相同或不同,是生物的形态和构造相同或不同的原因。这个推理运用的是(　　)
   ① 求异法　　　　　　　　　② 求同法
   ③ 共变法　　　　　　　　　④ 求同求异并用法

2. "蚂蚁搬家,蛇过道,必有大雨到",这是由_____得出的结论
   ① 完全归纳推理　　　　　　② 简单枚举归纳推理
   ③ 类比推理　　　　　　　　④ 求同法

3. "锯木时锯发热,挫物时挫发热,磨刀时刀发热,射击时枪膛也发热。这些都是摩擦,未见矛盾情况,可见,摩擦会发热。"这个推理是(　　)
   ① 演绎推理　　　　　　　　② 简单枚举归纳推理
   ③ 完全归纳推理　　　　　　④ 科学归纳推理

4. 科学家发现,太阳黑子大量出现的年份,长江流域的雨量就大;太阳黑子出现不多的年份,长江流域的雨量就不大;太阳黑子很少出现的年份,长江流域的雨量就很小。据此科学家认为,太阳黑子出现的多少同长江流域雨量的大小之间有因果联系。这一结论的得出运用的是探求因果联系方法中的(　　)
   ① 求同法　　　② 求异法　　　③ 共变法　　　④ 剩余法

5. 一个推理形式有效的完全归纳推理,其前提真实与结论真实之间的关系是(　　)
   ① 前者是后者的充分条件
   ② 前者是后者的必要条件
   ③ 前者是后者的充分必要条件
   ④ 前者既不是后者的充分条件,也不是必要条件

6. 夏天,人们经常可以发现,过夜的馒头发霉变质了,过夜的米饭发霉变质了,过夜的剩菜发霉变质了,过夜的肉汤也发霉变质了,这些主食和副食虽然质地各不相同,但它们都是置于霉菌易于滋生的高温季节里。可见,易于滋生

霉菌的高温条件是过夜主副食发霉变质的原因。上述因果联系的判定是运用(　　)得出的

① 求异法　　　　　　　　　② 求同求异并用法

③ 剩余法　　　　　　　　　④ 求同法

7. 运用求同法确定因果联系时,必须要求被研究现象出现的各场合中(　　)

① 所有相关情况都不同　　　② 只有一个相关情况相同

③ 所有相关情况都相同　　　④ 只有一个相关情况不同

8. 完全归纳推理在前提真的情况下,结论(　　)

① 可能假　　② 必然真　　③ 可能真　　④ 必然假

9. 用一只狗做实验,经观察,知道它有正常的条件反射;然后,去掉它的大脑皮质,再观察,发现它已失去了条件反射。由此得知:狗是依靠大脑皮质进行条件反射的。这一推理采用的是探求因果联系方法中的(　　)

① 求同法　　　　　　　　　② 求异法

③ 求同求异并用法　　　　　④ 共变法

10. 不完全归纳推理的前提是结论的(　　)条件

① 充分　　　　　　　　　　② 必要

③ 充分必要　　　　　　　　④ 不充分又不必要

四、双项选择题

1. 某医院肠道诊室同一天深夜有几个腹泻病人前来就诊,医生询问后得知,他们都吃了某菜场出售的一种河鱼。据此初步断定,腹泻可能是由这种河鱼不新鲜引起的。这里运用的探求因果联系的逻辑方法是(　　)

① 两次求同,一次求异

② 同中求异

③ 异中求同

④ 先行情况中仅有一种情况是相同的

⑤ 先行情况中仅有一种情况是不同的

2. 简单枚举归纳推理属于(　　)的推理

① 由一般到个别　　　　　　② 或然性

③ 必然性　　　　　　　　　④ 前提不蕴涵结论

⑤ 前提蕴涵结论

3. 求同法推理是(　　)的推理

① 由个别到一般　　　　　　② 前提不蕴涵结论

③ 由一般到个别　　　　　　④ 前提与结论有必然联系

⑤ 由个别到个别或由一般到一般

4. 若运用完全归纳推理得出的结论一定为真,则必须做到(　　)

① 前提中考察的是某类中的全部对象
② 前提中考察的是某类中的部分对象
③ 对考察对象所作的每个断定都是真的
④ 考察的对象与S类具有因果联系
⑤ 考察的对象与S类具有必然联系

5. "科学归纳推理"可以概括为(　　)
　① 探求因果联系的逻辑方法　　② 不完全归纳推理
　③ 完全归纳推理　　　　　　　④ 从一般到个别的推理
　⑤ 或然性推理

6. 完全归纳推理是(　　)的推理
　① 从个别到一般　　　　　　　② 或然性
　③ 从一般到个别　　　　　　　④ 必然性
　⑤ 前提不蕴涵结论

7. 下列结论可以运用完全归纳推理得出的有(　　)
　① 某校的教师都是大学本科毕业的
　② 瑞雪兆丰年
　③ 事物都是发展变化的
　④ 在前提中的两个中项处于不同位置的情况下,三段论EIO式都是有效式
　⑤ 所有金属都是导电体

8. "归纳推理"这个概念可以限制为(　　)
　① 或然性推理　　　　　　　　② 直接推理
　③ 简单枚举归纳推理　　　　　④ 不完全归纳推理
　⑤ 间接推理

9. "我国有北京、天津、上海和重庆四个直辖市,北京人口超过700万,天津人口超过700万,上海人口超过700万,重庆人口也超过700万。因此,我国所有直辖市的人口都超过700万。"这一推理属于(　　)推理和(　　)推理
　① 或然性　　　　　　　　　　② 必然性
　③ 简单枚举归纳　　　　　　　④ 完全归纳
　⑤ 假言

10. 类比推理和回溯推理的相同点是(　　)
　① 它们都是从一般到个别的推理
　② 它们都属于必然性推理
　③ 它们的结论都没有超出前提断定的范围
　④ 它们都属于或然性推理
　⑤ 它们的前提都不蕴涵结论

11. 下列推理中属于必然性推理的是（　　）
    ① 完全归纳推理　　　　　　② 科学归纳推理
    ③ 类比推理　　　　　　　　④ 回溯推理
    ⑤ 二难推理
12. 下列推理属于或然性推理的是（　　）
    ① 换质法推理　　　　　　　② 科学归纳推理
    ③ 三段论　　　　　　　　　④ 简单枚举归纳推理
    ⑤ 矛盾关系推理

五、分析题

1. 在人类社会中，不论是奴隶社会、封建社会、资本主义社会，还是社会主义社会，法律都是有阶级性的。所以，在一切存在阶级的社会里，法律都有阶级性。

2. 法医经过长期观察，发现被雷击死者，皮肤上会出现自上而下分枝走向的树枝状雷电击纹，在工作实践中，还没有发现与此不同的情况。于是断定：所有被雷击死者，皮肤上都会出现自上而下分枝走向的树枝状雷电击纹。

3. 意大利的那不勒斯城附近有个石灰岩洞，人们牵着牛马等高大的动物通过岩洞从未出现问题，但是狗、猫、鼠等小动物走进洞里就倒地而死。人们通过研究发现，小动物之所以死去，是因为它们的头部靠近地面，而地面附近有大量的二氧化碳，缺乏氧气。据此，人们得出结论：地面附近缺氧的石灰岩洞会造成头部离地面较近的各种小动物死亡。

4. 甲溺水死亡内脏有硅藻反应，乙溺水死亡内脏有硅藻反应，丙溺水死亡内脏有硅藻反应……据研究，这是由人在入水后呼吸，水进入人的肺脏，水中的浮游生物同水一起经血液循环进入内脏所致。于是得出结论：凡溺水死亡者，其内脏都有硅藻反应。

5. 富兰克林、瓦特、法拉第、爱迪生等许多著名科学家都是自学成才的,可见,著名的科学家都是自学成才的。

6. 人们观察了许多被扼死的人,发现死者颈部都有被掐的痕迹和皮下出血现象,并且没有遇到反例,于是得出结论:凡被扼死的人,颈部都会有被掐的痕迹和皮下出血现象。

7. 已知某些生物的活动是按照时间的变化(昼夜交替或四季变更)来进行的,具有周期性的节律,如鸡叫三遍天亮、牵牛花破晓开放、在北方燕子春来秋往、人白天工作夜间休息等等。有的科学家从中得出结论:凡生物体的活动都具有时间上的周期性。

8. 古代有个患头痛病的樵夫上山去砍柴,不慎碰破了脚趾,出了一点血,但他却感觉头不痛了。当时他没有在意。后来,他头痛病复发时,无意中又碰破了上次碰破过的脚趾,头痛又好了,这次引起了他的注意。以后凡头痛病复发时,他就有意地去刺破那个脚趾,结果都有减轻或制止头痛的效果。这个樵夫所碰的部位,就是现在人体穴位中的"大敦穴"。

六、指出下列各题运用了哪种探求因果联系的逻辑方法,并写出其逻辑公式

1. 长期生活在又咸又苦的海水中的鱼,它们的肉却不咸,这是为什么呢?科学家们考察了一些生活在海水中的鱼,发现它们虽然在体形、大小、种类等方面不同,但它们腮片上都有一种能排盐分的特殊构造,叫氯化物分泌细胞组织。科学家们又考察了一些生活在淡水中的鱼,发现它们虽然也在体形、大小、种类等方面不同,但它们腮片上都没有这种氯化物分泌细胞组织。由此得知,具有氯化物分泌细胞组织是海鱼在海水中长期生活而肉不咸的原因。

2. 国外有的科学家通过对头发化学成分的分析,发现头发内含有大量的硫和钙。精确的测定表明,心肌梗塞患者头发中的含钙量已降到了最低限度。假定一个健康男子头发的含钙量平均为 0.26%,那么,一个患有心肌梗塞男子的头发的含钙量仅有 0.09%。据此,科学家们相信:根据头发含钙量的变化,可以诊断出心肌梗塞的发展情况。

3. 每一种化学元素都有自己特定的光谱。1866 年简孙和罗克耶尔研究太阳光谱时发现,太阳光谱中有一条红线、一条青绿线、一条蓝线和一条黄线。红线、青绿线和蓝线是氢的光谱,而黄线是什么呢?在当时已知的元素中,没有一种元素的光谱里有这样的黄线。于是他们猜测,这条黄线是某种未知的天体物质的光谱。他们把这种新发现的物质叫作氦。

4. 我国古代有一起因借债不还而用镰刀杀人的案件。检验官命令该地居民将镰刀全部交出,排列在地上。当时正值夏天,很快苍蝇就飞集在其中一把镰刀上。检验官当即命令将这把镰刀的主人逮捕讯问,但那人不服。检验官指着镰刀说,其他镰刀上都没有苍蝇,而你用镰刀杀人,血腥气还在,所以苍蝇聚集其上,这不足以说明问题吗?杀人者乃叩头服罪。

5. 某铁路局货运段接到一批外地托运来的发菜。在搬运过程中,发现这些货包的重量远远超过该体积发菜应有的重量,于是断定:货包里除发菜外,一定还有其他东西。破开货包一看,里面果然藏着许多银元。

6. 某单位在半年内共召开了七次重要会议,其中四次内容被泄露,三次内容未被泄露。据查,这七次会议的参加者不完全相同,但凡有王某参加的四次会议,内容均被泄露,而王某未参加的三次会议,内容均未被泄露;其他人都没有与王某相同的情况。由此推断:王某的泄密是造成四次会议内容被泄露的原因。

7. 有人曾把某劳改农场的罪犯按不同的文化层次进行分析,结果发现,罪犯中文化程度高的人特别少,而文化程度低的人则特别多。也就是说,人的文化程度越高,犯罪率就越低;人的文化程度越低,犯罪率就越高。可见,人的文化程度与犯罪率的高低有因果联系。

8. 甲、乙两地相邻,其户数、人口、居民的构成大体相同,但甲地发案率低,乙地发案率却高。对甲、乙两地进行比较发现,甲地治保组织健全,能充分发挥作用;而乙地治保组织陷于瘫痪,形同虚设,根本不起作用。由此得出结论:治保组织健全,并充分发挥作用,是发案率低的原因。

9. 人们观察到,种植豌豆、蚕豆、大豆等植物时,不仅无须向土壤中施氮肥,反而还能增加土壤中氮的含量。尽管这些植物有许多不同之处,但它们的根部都有突出的根瘤。由此可见,根部有突出的根瘤的植物能增加土壤中氮的含量。

10. 某地有一养鱼池,因地水被大量污染物质严重污染,池中的鱼全部死亡。后来,人们在池中种上了水葱,不到两个月,污染物质竟全部消失,池中又可以养鱼了。这说明,水葱有很强的净化污水的能力。

第九章 类比推理

一、判断题
1. 类比推理是前提蕴涵结论的推理。（ ）
2. 类比推理是前提不蕴涵结论的推理。（ ）
3. 运用类比推理容易犯的逻辑错误是机械类比。（ ）
4. 运用类比推理容易犯的逻辑错误是轻率概括。（ ）
5. 运用类比推理容易犯的逻辑错误是以偏概全。（ ）
6. 类比推理的思维进程是个别到个别。（ ）
7. 类比推理的思维进程是一般到一般。（ ）
8. 类比推理的思维进程是一般到个别。（ ）
9. 类比推理的思维进程是个别到一般。（ ）

二、填空题
1. _____是根据两个对象在某些属性上相同或近似，从而推出它们在另外的属性上也可能相同或近似的推理。
2. 类比推理的根据是_____，其结论是_____。
3. 类比推理的思维进程的方向既不同于_____，也不同于_____。
4. 光和声的现象都具有一系列相同的属性：直线传播、反射、折射和干扰等，而声的本质是由物体的振动所产生的一种波动，因此光的本性也是_____。
5. 在研究航空器性能的风洞实验中，通过模拟飞行器在飞行中与气流相对运动所出现的各种情况，测出数据，得出结论，它的根据是_____。
6. _____是用简单的、生动的、形象的事物来说明复杂的、枯燥的、抽象的道理的方法。
7. _____是通过直接将两个事物相比考察其相同与否的方法。
8. 两种对象间相同的属性_____，它们所属的类别就可能越近。
9. _____是指仅仅根据对象间的某些表面相似而进行的类比推理。

三、单项选择题
1. 类比推理思维进程的方向是（ ）
   ① 由个别到个别　　　　　　② 由个别到一般
   ③ 由一般到个别　　　　　　④ 由一般到一般
2. 类比推理的根据是：
   ① 同类事物的共同本质属性　② 同类事物的不同本质属性

③ 不同类事物的共同本质属性　　　　④ 不同类事物的不同本质属性
3. 类比推理的结论是：
　① 或然的　　　　　　　　　　　　② 必然的
　③ 既是或然的又是必然的　　　　　④ 有时是或然的有时是必然的
4. 类比推理的实质是：
　① 从普遍原理推导具体道理　　　　② 从具体道理推导普遍原理
　③ 从普遍原理推导普遍原理　　　　④ 从具体道理推导具体道理
5. 下面说法正确的是：
　① 类比推理是一种必然性推理
　② 类比推理是一种或然性推理
　③ 类比推理既是一种必然性推理又是一种或然性推理
　④ 类比推理既不是一种必然性推理又不是一种或然性推理
6. 下面说法错误的是：
　① 类比推理与比喻和比较不同
　② 类比推理在科学发现中具有重要的作用
　③ 机械类比是一种错误的类比推理
　④ 错误的类比推理就是机械类比
7. 运用类比推理最重要的一点是：
　① 注意相比属性的本质性　　　　　② 注意相比属性的条件性
　③ 注意相比属性的典型性　　　　　④ 注意相比属性的普遍性
8. 在侦查中运用类比推理最理想的条件是：
　① 作案手段雷同或相似
　② 作案人体貌特征相似或人数相等
　③ 此案件现场发现彼案件中物品
　④ 案件现场痕迹相同或近似
9. 在侦查中运用类比推理最成熟的时机是：
　① 对相比案件情况基本把握
　② 对相比案件的各要素有深刻认识
　③ 对相比案件的各属性的本质有深刻认识
　④ 对相比案件的各要素有明确的了解
10. 在认定身源时最有效的方法是：
　① 用人体的属性相比
　② 用人体的本质属性相比
　③ 用人体的不可分离的本质属性相比
　④ 用人体所有本质属性相比

11. 南极的企鹅是"滑雪健将",每小时能滑雪 30 公里。人们观察到,企鹅滑雪时让肚皮贴在雪面上,雪面承受全身重量,双脚作"滑雪杖"蹬动。人们据此设计了"极地汽车",车身贴在雪面上,两边的"轮勺"作"滑雪杖",这样,极地越野车试制成功了,时速可达 50 公里,比企鹅还快。这一陈述中包含了( )推理
    ① 演绎　　　　② 归纳　　　　③ 类比　　　　④ 模态

12. 仿生学的逻辑依据是( )
    ① 演绎推理　　② 归纳推理　　③ 类比推理　　④ 科学假说

13. 先天的遗传因素和后天的环境影响对人的发展所起的作用到底哪个重要?双胞胎的研究对于回答这个问题有重要作用。唯环境影响决定论者预言,如果把一对双胞胎完全分开抚养,同时把一对不相关的婴儿放在一起抚养,那么待他们长大成人后,在性格等内在特征上,前二者绝不会比后二者有更多的类似。实际的统计数据并不支持这种极端的观点,但也不支持另一种极端的观点,即唯遗传因素决定论。由此可以得出的结论是( )
    ① 为了确定上述两种极端观点哪一个正确,还需要作进一步的研究工作
    ② 虽然不能说环境影响对人的发展起唯一决定的作用,但实际上起着最重要的作用
    ③ 环境影响和遗传因素对人的发展都起着重要作用
    ④ 试图通过改变一个人的环境来改变一个人是徒劳无益的

14. 类比推理和简单枚举归纳推理的相同点是( )
    ① 结论都是或然性的　　　　② 思维方向相同
    ③ 前提蕴涵结论　　　　　　④ 推理形式相同

15. 根据两个或两类对象在某些属性上的相同或相似,从而推出它们在另一属性上也相同或相似,这种推理叫( )
    ① 科学归纳推理　　　　　　② 假言推理
    ③ 简单枚举归纳推理　　　　④ 类比推理

16. 类比推理和回溯推理的前提与结论的关系是( )
    ① 前提与结论等值　　　　　② 前提蕴涵结论
    ③ 前提不蕴涵结论　　　　　④ 前提与结论相矛盾

17. 神学家比西安·亚雷在说明地球是太阳系的中心时,做了这样的推论:太阳是被上帝创造用来照亮地球的,就像人们总是移动火把去照亮房子,而不是移动房子去被火把照亮一样,因此,只能是太阳绕着地球转,而不是地球绕着太阳转。这个推理所犯的逻辑错误是( )
    ① 机械类比　　② 轻率概括　　③ 转移论题　　④ 以偏概全

18. 下列类比推理中,正确的是( )

① S 类对象有属性 a、b、c、d，S 类的某一个体有属性 a、b、c，所以，S 类的某一个体有属性 d

② S 类的某一个体有属性 a、b、c、d，S 类具有属性 a、b、c，所以，S 类具有属性 d

③ S 类对象有属性 a、b、c、d，P 类对象有属性 a、b、c，所以，P 类对象具有属性 d

④ S 类对象有属性 a、b、c、d，P 类的某一个体有属性 a、b、c，所以，P 类的某一个体有属性 d

19. 在类比推理中，(　　)

① 前提真，结论必真　　　　② 前提真，结论不必然真

③ 前提真，结论必然不真　　④ 前提真，结论不可能真

20. 提高类比推理结论可靠性的途径是(　　)

① 类比对象间相同或相似属性的增加及其与推出属性间联系程度的增强

② 加类比对象

③ 采用"机械类比"的方法

④ 增加假说

四、多项选择题

1. 类比推理的思维过程属于(　　)

① 形象思维过程　　　　　② 抽象思维过程

③ 感性思维过程　　　　　④ 理性思维过程

⑤ 直接思维的过程

2. 从逻辑上说，类比推理是一种(　　)

① 直接推理　　　　　　　② 间接推理

③ 必然推理　　　　　　　④ 或然推理

⑤ 盖然推理

3. 类比推理在很多方面都有重要的作用，比如(　　)

① 在科学发现过程中的作用

② 在生产实践过程中的作用

③ 在科学实验中的作用

④ 在表达和论证中的作用

⑤ 在思维过程中的作用

4. 提高类比推理结论可靠性的方法有(　　)

① 相比属性要多

② 相比属性与推出属性联系要密切

③ 用本质属性相比

④ 用特殊属性相比

⑤ 类比的过程中未遇到反例

5. 犯机械类比的错误是因为（　　）

① 仅仅根据对象间的某些表面相似而进行推理

② 只看到了事物表面的属性

③ 只看到了事物偶然出现的属性

④ 只看到了事物非本质的属性

⑤ 只看到了某些相似

6. 防止机械类比的方法有（　　）

① 抓住事物内在的属性

② 抓住事物本质的属性

③ 在事物的一般本质属性中抓住事物的主要本质属性

④ 抓住事物必然的属性

⑤ 抓住不相似的属性

五、分析题

（一）分析下面类比推理结论的可靠性

1. 有一个供销社的工作人员在下乡途中，看到山坡上长满红红的酸枣子，摘下几个尝了尝，发现这种果实含有淀粉、酸里带甜，由此而联想到酿酒的原料具有这些性质，从而推想到酸枣子也有酿酒的可能性。

2. 一天早晨，在纽约的街道上，一个老人因车祸而死亡，老人身上没有证件，警察在处理现场时发现了一副被撞碎了的假牙，将假牙对上，出现了一个人的保险号码。经查，这个号码的主人是詹姆斯·朱姆巴赫。于是，警察就确定了死者是詹姆斯·朱姆巴赫。

3. 人们在对植物细胞的研究中发现，细胞中都有细胞核。植物属于生物，动物也属于生物，植物有细胞组织，动物也有细胞组织，于是人们由植物的细胞有细胞核进而推断动物的细胞中也可能有细胞核。

4. 一个农场养的鸡鸭,由于吃了发霉的花生而相继死亡。有一位科学家用小白鼠做实验,小白鼠吃了发霉的花生也相继死亡。这位科学家对发霉的花生以及鼠尸进行了化学分析和病理学分析。他发现发霉的花生含有黄曲霉素,而黄曲霉素是强烈的致癌物质,那些小白鼠正是患癌症而死亡的。由此推断农场的鸡鸭也是患癌症而死亡的。

(二)根据下面的材料谈谈类比推理的作用

1. 科学家李四光发现西亚与我国东北、华北一带在地质结构方面有诸多相同点,而西亚有大量的石油蕴藏,于是推论出我国东北、华北一带也有大量的石油蕴藏。

2. 我国植棉劳模吴吉昌同志,偶然发现在甜瓜苗刚长出两片真叶就打顶,能使它的真叶的腋心里长出两根蔓来,结果坐瓜早、产瓜多,于是他想,棉花和甜瓜都是农作物,两者生长的条件差不多,既然甜瓜打顶可增产,那么棉花用此方法是否也能增产呢?

3. 《折狱龟鉴》载:张举,吴人也,为句章令。有妻杀夫,因放火烧舍,称火烧夫死。夫家疑之,诉于官,妻不服。举乃取猪二口,一杀之,一活之,而积薪烧之,活者口中有灰,死者口中无灰。因验尸,口果无灰也。鞫之服罪。

六、应用题

请根据类比推理就下面材料中所介绍的情况对被害人身份作出推论。

2006年1月12日,某矿区铁路路基下发现一男尸,现场情况如下:

该铁路由南向北连接矿区(南)与某市郊区(北)。现场位于郊区与矿区分界道口南15公里处。尸体头西南脚东北俯卧于路基下。经法医初步检验,死者为男性,30岁左右,身长1.78米,营养良好,衣着较整齐,额、枕部有多处钝器伤,颈、项部有勒扼痕,右手背有轻度表皮擦伤。经搜索,在距现场北2公里的铁桥下发现一黑色皮包,皮包西15米水草边有一工作证,证上照片已被撕掉,上写:韩某,男,1974年生,某某矿保卫处干事。经了解,该矿已被责令于1月11日开始停产整顿,最后一趟通勤车于11日晚6时由市郊始发,晚10时由矿区返回。

第十章 假 说

一、判断题
1. 假说就是依据假命题而作出的推论。（   ）
2. 假说既可用于解释也可用于预测。（   ）
3. 提出假说过程主要运用的是或然性推理。（   ）
4. 验证假说时，从假说作出推论既可用必然性推理也可用或然性推理。（   ）
5. 验证假说的过程中只要有一个从假说推出的命题被证实为真就证明假说是正确的。（   ）
6. 验证假说时只要有一个从假说推出的命题被证明为假则可说明假说不正确或背景有问题。（   ）
7. 侦查假说属于工作假说，是假说这一方法在侦查思维中的具体应用。（   ）
8. 侦查假说在刑事犯罪侦查活动中可用来确定侦查方向。（   ）

二、填空题
1. 假说是人们以_____和_____为依据，对未知事物情况或规律所作的推测性说明或解释。
2. 假说一般可分为_____和_____两种。
3. 假说必须以_____为根据，但不必等_____全面系统地积累起来后才提出假说。
4. 假说不仅要圆满地解释_____，而且还必须包含有可在实践中检验的_____。
5. 侦查假说是针对案情提出的，而案情可分为两种，所以侦查假说相应地也有两种基本类型，它们分别叫做_____假说和_____假说。
6. 证实假说所用的推理形式是_____，证伪假说所用的推理形式是_____。

三、单项选择题
1. 假说形成过程经历的两个基本阶段是（   ）
   ① 完成与验证阶段　　　　　　② 选择与完成阶段
   ③ 提出与完成阶段　　　　　　④ 提出与验证阶段
2. 在假说的初始阶段中，提出初步假定时大多运用的推理形式是（   ）
   ① 归纳推理或类比推理　　　　② 归纳推理和演绎推理
   ③ 演绎推理和类比推理　　　　④ 归纳推理和类比推理

3. 类比推理和假说这两种思维活动的结论的共同点是（　　）
   ① 都是必然的　　　　　　　　② 前者是或然的后者是必然的
   ③ 都是或然的　　　　　　　　④ 前者是必然的后者是或然的
4. 在假说的验证阶段，对假说进行否定时所运用的推理形式（　　）
   ① 充分条件假言推理的肯定前件式　　② 充分条件假言推理的否定后件式
   ③ 必要条件假言推理的否定前件式　　④ 必要条件假言推理的肯定后件式
5. 如果从假说中推出的待验证命题符合客观事实，则该假说（　　）
   ① 必然为真　　　② 必然为假　　　③ 得到支持　　　④ 没有意义
6. 验证假说时，如果由假说引申出的推断被证明与实际不符合，则说明（　　）
   ① 该假说已被证明为真理
   ② 该加说应予否定，需另立新的假说
   ③ 该假说得到了支持，说明其有一定可靠程度
   ④ 该假说尚需修正，如果建立假说的背景知识没有问题的话

四、分析题

（一）分析下列假说属于何种假说，并指出它是运用什么推理提出的

1. 科学家们为了寻找导致人类白血病的原因，进行了多年的艰苦探索研究。他们发现，动物如鸡、猫、啮齿动物甚至猴子患白血病，都是一种逆转病毒引起的。由此提出，人患白血病也起源于病毒。经过几年研究之后，病毒学家们在用于繁殖逆转病毒的媒介细胞培养方面取得了进展，在电子显微镜下拍摄到了导致人患白血病的逆转病毒，终于证实了上述推论。

2. 太阳核心部分的高温达1500万度。太阳上氢的含量占78%，太阳内部在进行着由四个氢核聚变为一个氦核的热核反应。这种反应所产生的能量，从中心传到表面，而使太阳稳定地散发出我们所测到的光和热。根据太阳所含的氢和它每秒钟所用掉的能量，可以推算出这种稳定的局面大约可以维持100亿年。而后，随着氦核心的质量愈来愈大，太阳将演变为"红巨星"（停留约10亿年），并由氦原子核的聚变（三个氦核结合成一个碳核），成为"脉动变星"。最后，由于碳核心的收缩，太阳将演变为"白矮星"、"黑矮星"。

3. 18世纪初，在土耳其伊斯坦布尔的托普卡北宫，发现了几张古代地图。经过美国制图员俄林敦·麦勒瑞和俄勒特尔斯把地图和现代地球仪进行对照研

究,竟然获得一个惊人发现:这些地图非常精确。地中海和死海在地图上被准确地勾画出来了。同时,这些地图还再现了陆地的轮廓,标示出这些地区内部的地形情况,山脉、岛屿、河流、高原都极其准确地在图中被标示出来了。而该图中的南极洲山脉情况,我们是在1952年才发现的,因数千年来这些山脉都冰雪覆盖,今天的地图是借助回声探测仪才绘制成的。查理·哈勃古德和数学家理查·斯特拉琴的研究证明,该地图和从卫星上用现代照相技术所拍摄的地球照片相比,十分相似。于是,有人认为:这些地图是天外来客从空中拍摄后绘制成的。

4. 人们在高出海面很多的岩石上发现有许多贝壳。有人将它归因于土壤的可塑性,还有人说是由其他天体的影响而产生的,但是这两种观点都不足以解释这一现象。另外,有人说是发酵的结果,也有人说是游览者带来的。但是,从来没有人发现过发酵会产生贝壳,游人带来虽可能,但不会有如此之多。因此,这一现象只能解释为:原来海底有甲壳的软体动物死后,由于海底升起成为陆地,因而在高出海面很多的岩石上存在许多贝壳。这就是说,这一现象可用地层学的理论加以说明。

(二)分析下列材料各研究了什么问题?提出了什么假说?研究者是怎样提出和验证假说的?其中运用了哪些推理?

1. 人们早就发现,蝙蝠能在黑夜作快速飞行而不会撞在障碍物上。这个现象如何解释呢?眼睛是视觉器官,根据这个认识,生物学家曾提出一个假说:蝙蝠在黑夜飞行能避开障碍物是由于它有特别强的视力。这个假说对不对?如果是对的,那么,要是把蝙蝠的眼睛蒙上,照理它就会撞到障碍物上。为了验证这个推论,有位科学家设计了一个实验:在一个暗室中系上许多条纵横交错的钢丝,并在每条钢丝上系上一个铃。将一些蝙蝠蒙上眼睛,放在这个暗室中飞行。实验结果是,蝙蝠仍能作快速飞行而没有撞在钢丝上。这个事实表明,由上述假说引出的推论不能成立,从而推翻了这个假说。随后,科学家们又根据蝙蝠飞行时口中不断发出高度尖锐的叫声而认为蝙蝠口中发出的可能是一种超声波。于是,科学家们又提出一个新的假说:由于蝙蝠的耳朵能够听到自己尖叫声这种超声波遇到障碍物后的回声,它飞行时才不会撞到障碍物上。也就是说,如果把蝙蝠的耳朵塞住,放在暗室中,它就会撞到障碍物上。为验证此假说,科学家们又作了一次试验,即将一些蝙蝠的耳朵塞住,放入设有障碍物的暗室内。实验结果表明,蝙蝠失去了发现障碍物的能力。这样便证明了这个假说的正确性。

2. 鸽子能从几百公里甚至几千公里外准确无误地飞回自己的家。鸽子是怎样认出归家之路的呢? 长期以来,这一直是个谜。它曾吸引许多人研究这个问题。是鸽子眼神好,记忆力惊人吗? 但把鸽子装入严密遮挡的笼子,运到一个陌生的地方放飞,它们照样能轻而易举地找到回家的方向。如果把毛玻璃接触透镜装在鸽眼上,使它们看不到几米外的东西,然后将这些近视眼鸽子运到一百多公里外放飞,它们也能飞回来,并且准确地降落在鸽舍附近一到二米的地方——只是在这个距离上才需要眼睛帮忙。这说明鸽子的导航系统是相当精密的。

  一百多年前,有人提出:鸽子身上有一个相当精密的导航系统,它能利用地磁场进行导航。这种设想对不对呢? 人们又用实验作了验证。把小磁棒缚在鸽身上,使鸽子周围的地磁场发生畸变。把这些鸽子运到外地。如果在阴天放飞,它们便向八方飞散而去,而用以对照的带铜棒的鸽子则取回家方向;如果在晴天放飞,带磁棒和带铜棒的鸽子没什么区别,都能朝故乡方向飞去。为了进一步证实实验结果,就在鸽子头顶和脖子上绕上线圈,通上电流,使鸽子头部产生一个均匀的附加磁场。当电流反时针方向流动时,线圈产生的磁场北极朝上,这时无论晴天或阴天,在外地放飞的鸽子都取回家方向;如果电流顺时针方向流动,线圈产生的磁场南极朝上,晴天放飞的鸽子回家,而阴天放飞的鸽子则朝和家相反的方向飞去。同时,人们还观察到,在强大的无线电台附近,在太阳发生强烈磁爆期间以及在月食时,鸽子也会失去定向能力。而太阳耀斑黑子引起的地磁变化,虽小于 100 伽马(1 伽马为 10^{-5} 高斯),但足以显示对鸽子选择飞行方向的影响。以上事实说明,鸽子能按地磁导航。

3. 某省农科所从 1954 年开始研究褐飞虱。当时的人都相信日本著名昆虫学家村田藤七的研究结论,认为褐飞虱可能是成虫或幼虫过冬。参加这项研究工作的人员进行搜集成虫的工作。有一天,他们来到曾发现有虫的地方,望着水边的游草出神。他们心想:这些虫下雪前有,下雪后怎么就不见了? 假如是成虫或幼虫过冬,那总得有个地方安身呀!他们脑中很快闪出一个新设想:莫非是卵过冬?!如果是卵过冬,又到哪里去找虫卵呢?他们想起下雪的前几天,很多成虫还在游草里,而这种虫又是在炎热天的田里生长的,要是把这些游草移入养虫室培养,增加温度孵化出虫来,不就可以证明是卵过冬吗?于是,他们在原来观察的地方扯了一些游草移到温室内,增加适当的温度和湿度,进行孵化试验。大约十天后,发现了一个幼虫,又过了几天,大批成虫出现了。到这时,才肯定了他们的设想是对的。这种害虫过冬的秘密就这样被揭开了。

4. 早在巴斯德之前,库克就已发现豚鼠、老鼠和其他动物会感染炭疽热而死,而鸟类却不受影响。巴斯德通过实验知道,炭疽热菌在44℃时不能发育,鸟的体温在41—42℃之间。因此,他想:鸟类之所以不会感染炭疽热,可能是由于它们的体温高,并且鸟类自身的抵抗力能使它们的体温升高到44℃,如果真是这样,若使鸟类血液温度下降,则它们就会感染炭疽热。于是,巴斯德将患炭疽热者的血液注射给一只母鸡,并将它的脚浸在25℃的水中。这时鸡的体温降至37℃,24小时后此母鸡死亡,在它的血中充满了炭疽热菌。同时,他又另取一只母鸡,注射病菌如前,开始时也把它的脚浸于水中,等鸡发烧得厉害时,把它从水中取出,裹以棉花,置于35℃的温室中。此鸡逐渐恢复健康,数小时后,完全恢复健康。杀死这只鸡,检查它的血液,不见有炭疽热菌。

5. 美国麻省理工学院机械工程系主任谢皮罗教授发现:每当他洗完澡放洗澡水时,水的漩涡总是向左旋,即逆时针方向流下去。起初,他以为这是由于他所用浴缸的特殊构造所产生的。谢皮罗为了验证自己的想法,就设计了一个碟形容器,并用水灌满。每当他拔掉碟底塞子时,碟里的水也总是形成逆时针小漩涡。于是,谢皮罗推想:放水时漩涡朝左旋转并非偶然现象,而是有规律的现象。

  1962年,谢皮罗教授发表论文,认为这种现象与地球自转有关。假使地球停止自转,拔掉浴缸或其他容器的塞子,水就不会产生漩涡。因为地球是在不停地自西而东旋转,而美国又处在北半球,所以洗澡水总是朝逆时针方向旋转。不仅如此,谢皮罗还由此进一步推导说,北半球的台风同样是朝逆时针方向旋转的,其道理与洗澡水的漩涡是一样的。他还断言,如果是在南半球,则恰恰相反,洗澡水是按顺时针方向形成漩涡的;而在赤道,则不会形成漩涡。

谢皮罗的论文引起各国科学家的莫大兴趣。他们纷纷进行观察和实验,其结果竟完全与谢皮罗的论断相符。这就证明了谢皮罗论文的基本观点是正确的。

五、综合应用题

试根据下面提供的材料,分别就案件性质和罪犯情况提出侦查假设,并写明提出假设的依据和所运用的推理。

1. 某年 12 月 18 日晚,抚顺市一个姓谷的妇女在家中被害,作案者拿走了该妇女的手表、金戒指和项链、现金和票证等财物。经现场勘查和法医检验确定:
   (1) 尸体解剖后发现胃内食物大多未消化,被害人系被锐器杀于当晚 10 时左右;
   (2) 谷家门有铁栓,未遭任何破坏;被害人的鞋子在床前摆放有序;
   (3) 谷某被害前已脱衣入睡;
   (4) 谷某头部损伤近百处,前胸及腹部损伤十多处,两手损伤三十多处,全身共伤一百八十多处,但致命伤不超过五处。

2. 某年 2 月 19 日下午 2 时许,在南京市秦淮区弓箭坊的古井里发现一具少女尸体。尸体上穿的衬衣和两件毛衣均被掀至腋下,下身裸露,赤足,双脚被白纱布紧紧捆扎着。法医鉴定,少女阴道里有精虫,死前或死后曾被奸污;系颈部受压迫窒息而死。经解剖化验,死者胃内有萝卜丝等物,死者死亡时间约在饭后六七小时。

经查,死者为曹某。年仅 13 岁,住古井附近李府巷,于 2 月 13 日下午失踪。当晚,家长曾到派出所报告,已查找 6 天。有人看见曹在失踪当天下午 4 点左右,曾在离家不到 200 米的某理发店门口玩。曹的姐姐说,其妹 4 点钟就要回家烧饭,晚上要与父亲一起看电影,不大可能走远。附近建筑工地一民工反映,13 日晚 9 时半至 10 时,见一身高一米七左右、身穿黄衣服、头戴鸭舌帽,年龄在二十四五岁左右的男青年,推着一辆自行车,靠在离工地不远的墙上直喘气,车后架上用毯子裹着一个大包袱,见工地上有人,便推车向东进入了弓箭坊。

3. 某年11月11日下午,在离北京市区50里外的金盏公社田间土路旁,发现了一具女尸。公安人员接到报案后立即赶到现场,进行勘查,细心寻找能够帮助破案的蛛丝马迹。根据现场勘查和技术鉴定报告可以断定,这是一起凶杀案。死者是二十五六岁的女青年,曾被强奸;头部有39处伤;死者右手小指骨折,系抵抗伤;尸体附近没有血迹和搏斗痕迹;死亡不到24小时;从伤痕形状分析,凶器可能是直径约2.5厘米的圆形铁锤;死者姓名和身份不明。

   公安人员的视线落到从死者衣袋里取出的一团被水浸泡得快成纸浆的卫生纸上。经过细心地烘干、平整、复原,发现里面是一封从牡丹江发往北京的电报底稿,发报人叫李××。根据发报底稿所提供的姓名和地址,公安人员专程赶到黑龙江兴凯湖农场调查,证实了死者就是拍发那份电报的李××。她是一位勤恳老实的上海知青,11月9日从牡丹江乘车,途经北京,准备回上海结婚。她随身带了两个旅行袋和一个方形背包,包内除衣物外,还有用牡丹江牌白塑料桶装的豆油。死者的一个旅行袋已于11月11日被一名小学生在离现场10里远的三岔河里拣到,后来又在河里钩上来一个背包,包里有死者遗物。这证明凶手确曾到此销赃灭迹。

   凶手究竟是谁?

   现场有几十个脚印,经调查排除了一些无关的足迹后,只剩下死者身旁几个只穿袜子的奇怪脚印没有查明是谁的。这很可能就是凶手留下的足迹。从足迹分析,这是个身高约一米七的中年男人。

第二部分　各章练习题参考答案

第一章　引　论

一、判断题

1. ×　一个逻辑形式之所以不同主要取决于逻辑常项。
2. ×　因逻辑学是工具性和基础性的科学,所以它是没有阶级性的。
3. √
4. √
5. ×　逻辑常项是该命题的逻辑连接词。
6. √
7. ×　这两个命题一个是负命题,一个是直言命题的否定命题,因此,是不等值的。

二、填空题

1. 逻辑常项;逻辑变项
2. 逻辑常项
3. 所有 s 都是 p;所有　是;s　p
4. 有的　是;s　p
5. 所有 s 都是 p;所有　都是;s　p
6. 如果 p 那么 q;如果　那么;p　q
7. 只有　才;p　q
8. 并非　并且;p　q
9. 或者,非;p
10. 并非,如果　那么

三、单项选择题

1. ①

逻辑常项是逻辑形式的连接词,代表着逻辑形式的特征,因此,逻辑形式之间

的区别主要取决于逻辑常项
2. ②
   以该形式的逻辑连接词来判断
3. ①
4. ②
5. ②
6. ②
7. ③
   主要是它们的逻辑常项不同

第二章　逻辑基本规律

一、判断题

1. ×　同一律、矛盾律和排中律是思维规律,而非客观世界本身的规律。
2. ×　同一律要求概念保持同一是有条件的,即在同一思维过程中,并非在任何条件下都要求概念保持同一,因而绝不意味着否认概念本身会发展变化。
3. √
4. √
5. ×　违反矛盾律要求的逻辑错误表现为对互相矛盾的思想同时加以肯定。
6. ×　违反排中律要求的逻辑错误表现为对互相矛盾的思想同时加以否定。
7. √
8. √
9. ×　违反矛盾律要求的错误通常以"两肯定"或"一肯定一否定"的形式出现。
10. ×　违反排中律要求的错误通常以"两否定"的形式出现。

二、填空题

1. 在同一思维过程中,每一思想与其自身是同一的;在同一思维过程中,任一概念或任一命题都必须保持自身的同一。
2. 在同一思维过程中,两个互相否定的思想不能同真,必有一假;在同一思维过程中,对于不能同真的命题,不能同时予以肯定。
3. 在同一思维过程中,两个互相矛盾的思想不能都假,必有一真;在同一思维过程中,对于不能同假的两个命题,不能同时予以否定。
4. 混淆概念或偷换概念,转移论题或偷换论题。

5. 自相矛盾或逻辑矛盾。
6. 两不可(或模棱两可)。
7. 矛盾;p∧⌐q;排中;p∨q。
8. 排中;⌐p∧q;矛盾;⌐p∨⌐q。
9. 矛盾;或者既罚款又扣证,或者既不罚款也不扣证;排中;如果鱼死那么网破,并且如果鱼不死那么网不破。
10. 排中;小张和小李都不是上海人;矛盾;如果小韩参加补考,那么小魏不参加补考。

三、单项选择题

1. ③

   因为公式⌐q∧q表示既肯定q又同时肯定非q,故违反矛盾律要求。

2. ④

   因为公式SAP∧SEP表示同时肯定SAP和SEP,而SAP与SEP为反对关系,二者不能同真,故违反矛盾律要求。

3. ①

   因为公式⌐SOP∧⌐SIP既否定SOP又同时否定SIP,而SOP与SIP为下反对关系,二者不能同假,故违反排中律要求。

4. ②

   因为公式⌐SOP∧SEP中⌐SOP等值于SAP,故该公式相当于既肯定SAP同时又肯定SEP,因而违反矛盾律要求。

5. ④

   因为公式SAP∧PES中,PES等值于SEP(简单换位推理),其余理由同于第2题。

6. ③

   因为公式⌐SIP∧SAP中,⌐SIP等值于SEP(对当关系推理),其余理由同于第4题。

7. ①

   因为公式⌐SEP∧⌐SIP中,⌐SEP等值于SIP(对当关系推理),故该公式相当于既肯定SIP同时又肯定⌐SIP,则违反矛盾律要求。

8. ④

   因为公式⌐(SOP∨SIP)等值于⌐SOP∧⌐SIP(根据德摩根律),其余理由同于第3题。

9. ③

   因为公式⌐(SIP∨⌐SAP)等值于⌐SIP∧SAP(根据德摩根律),其余理由同于第6题。

10. ④

因为公式¬(¬SAP∨¬SEP)等值于 SAP∧SEP(根据德摩根律),其余理由同于第 2 题。

11. ③

本题中,公式(p→q)∧¬(q←p)等值于(p→q)∧¬(p→q)(根据→与←互换律);

公式（p∨¬q)∧¬(q→p)等值于(p∨¬q)∧¬(p∨¬q)(根据→定义和交换律);

公式（p←q)∧¬(p∨¬q)等值于(p∨¬q)∧¬(p∨¬q)(根据←定义和交换律)。

12. ④

本题除选项④中的公式(q ∨̇ p)∧(p→¬q)的两个联言肢不矛盾外,其余选项公式中的两个联言肢均矛盾。

13. ②

本题除选项②中的公式(q↔p)∧(p∨q)的两个联言肢不矛盾外,其余选项公式中的两个联言肢均矛盾。

14. ①

本题除选项①中的公式(p ∨̇ q)∧((q∨¬p)∧(p∨q))的两个联言肢不矛盾外,其余选项公式中的两个联言肢均矛盾。

15. ①

本题除选项①中的公式(¬q↔¬p)∧(p ∨̇ ¬q)的两个联言肢不矛盾外,其余选项公式中的两个联言肢均矛盾。

16. ②

本题除选项②中的公式¬(SIP∧¬SAP)中不包含逻辑矛盾外,其余选项公式中均包含逻辑矛盾。

17. ③

本题除选项②中的公式(p←¬q)∧(p∨q)中不包含逻辑矛盾外,其余选项公式中均包含逻辑矛盾。

18. ③

本题除选项③中的公式 M¬p∨¬Lp 中不包含逻辑矛盾外,其余选项公式中均包含逻辑矛盾。

19. ④

本题除选项④中的公式(¬p→q)∧(¬p∨¬q)中的联言肢可以同真外,其余选项公式中的联言肢均不可以同真,故违反矛盾律要求。

20. ②

本题除选项②中的公式 SIP←SAP 中不包含逻辑矛盾外,其余选项公式中均包含逻辑矛盾。

四、双项选择题

1. ④⑤

   因为 A 与 B 矛盾,故同时肯定 A 和 B,违反矛盾律要求;同时否定 A 和 B,违反排中律要求。因此选④(同时肯定 A、B)和⑤(同时否定 A、B)。

2. ②④

   因为¬(B→¬A)等值于 A∧B,而 A 与 B 是反对关系,不能同真,故②和④同时肯定 A 和 B,违反矛盾律要求。

3. ①③

   因为¬(¬B→¬A)等值于 A∧¬B,而 A 蕴涵 B,肯定 A 就必然肯定 B,故①和③肯定 A 而否定 B,违反矛盾律要求。

4. ②⑤

   因为¬(A∨¬B)等值于¬A∧B,而 A 逆蕴涵 B,否定 A 就必然否定 B,故②和⑤否定 A 而肯定 B,违反矛盾律要求。

5. ②⑤

   因为②相当于既断定"关系 R 是非传递关系",又同时断定"关系 R 是传递关系",但二者不能同真,故违反矛盾律要求;⑤相当于既断定"关系 R 是传递关系",又断定"关系 R 不是传递关系",二者亦不能同真,故违反矛盾律要求。

6. ④⑤

   因为④相当于既否定"关系 R 是传递关系",又同时否定"关系 R 或者是非传递关系或者是反传递关系",二者不能同假,故违反排中律要求;⑤相当于既肯定"关系 R 是对称关系",又同时肯定"关系 R 是非对称传递关系",但二者不能同真,故违反矛盾律要求。

7. ②③

   因为②既肯定"概念 A 和 B 的外延关系是真包含于关系",又同时肯定"概念 A 和 B 的外延关系是真包含关系",但二者不能同真,故违反矛盾律要求;③既否定"概念 A 和 B 的外延关系是相容关系",同时又否定"概念 A 和 B 的外延关系是不相容关系",但二者不能同假,故违反排中律要求。

8. ③⑤

   因为③既否定"概念 A 和 B 的外延关系是相容关系",同时又否定"概念 A 和 B 的外延关系是不相容关系",但二者不能同假,故违反排中律要求;⑤既肯定"概念 A 和 B 的外延关系是不相容关系",同时又肯定"概念 A 和 B 的外延关系是交叉关系",即肯定"概念 A 和 B 的外延关系是相容关系",二者不能同真,故违反矛盾律要求。

9. ①⑤

因为同时肯定①和⑤,就相当于既肯定"关系 R 是传递关系",又同时肯定"关系 R 是非传递关系",二者不能同真,故违反矛盾律要求。

10. ③④

因为③和④是一对矛盾关系命题,故同时肯定③和④违反矛盾律要求。

11. ④⑤

因为④相当于既肯定"概念 A 与 B 是全同关系",又同时肯定"概念 A 与 B 是全异关系",但二者不能同真,故违反矛盾律要求;⑤相当于既肯定"概念 A 与 B 是全异关系",又同时否定"概念 A 与 B 是全异关系"(因为断定"概念 A 与 B 既不是矛盾关系,又不是反对关系",则相当于断定"概念 A 与 B 不是全异关系"),二者不能同真,故违反矛盾律要求。

12. ①⑤

因为①和⑤是一对矛盾关系命题,故同时肯定①和⑤违反矛盾律要求。

13. ③④

因为③和④是一对矛盾关系命题,故同时肯定③和④违反矛盾律要求。

14. ②③

因为②和③是一对矛盾关系命题,故同时肯定②和③违反矛盾律要求。

五、分析题

1. $E \veebar I$ 正确反映了 E 与 I 间的矛盾关系。

2. $A \rightarrow I$ 正确反映了 A 与 I 间的差等关系(蕴涵关系)。

3. $O \vee I$ 正确反映了 I 与 O 间的下反对关系(不可同假,至少有一真)。

4. $\neg E \vee \neg A$ 正确反映了 A 与 E 间的反对关系(不可同真,至少有一假)。

5. $Mp \leftarrow Lp$ 正确反映了 Lp 与 Mp 间的差等关系(蕴涵关系)。

6. $\neg p \rightarrow \neg Lp$ 正确反映了 Lp 与 $\neg p$ 间的反对关系(不可同真,若其一为真,则另一必为假)。

7. $M \neg p \veebar Lp$ 正确反映了 Lp 与 $M \neg p$ 间的矛盾关系。

8. $M \neg p \vee Mp$ 正确反映了 Mp 与 $M \neg p$ 间的下反对关系(不可同假,至少一真)。

9. ①②不能同真,不能同假,不具有等值关系,而是矛盾关系。

10. ①②同真同假,具有等值关系。

11. ①②是矛盾关系,不可同真,不可同假。甲都赞成,违反了矛盾律要求,犯了自相矛盾的错误;乙都反对,违反了排中律要求,犯了"两不可"的错误。

12. 如果断定①和②为真,又断定③为假,不违反矛盾律的要求。因为①和②是下反对关系,可以同真,而②为真,必然断定③为假。

13. 如果断定①为真,又断定②为假,不违反矛盾律的要求。因为①和②是矛盾关系,若①为真,则②必然为假。

14. 如果断定①和②为假,又断定③为真,则违反矛盾律的要求。因为①和②为假,即断定"乙考上大学"并且"甲没有考上大学",则相当于断定③为假,而又同时断定③为真,故违反了矛盾律要求,犯了自相矛盾的错误。

15. 如果断定①为真,又断定②和③为真,则违反矛盾律的要求。因为若②和③为真,则①为假,它们是矛盾关系,同时断定矛盾关系的命题为真,违反了矛盾律的要求。

16. 如果断定①为真,又断定②和③为假,不违反逻辑基本规律的要求。断定②和③为假,即断定"乙不是罪犯"和"甲是罪犯"为真,则①必然为真,故不违反逻辑基本规律的要求。

17. 如果同时肯定①和②为真,则相当于肯定"老王去广州并且老李去北京"为真,这与肯定③为真相矛盾,故同时肯定①、②、③,违反矛盾律的要求。

18. 如果同时肯定①和②为真,则相当于肯定"小赵是团支书并且小张是班长"为真,这与肯定③为真相矛盾,故同时肯定①、②、③,违反矛盾律的要求。

19. 因为甲与乙的断定具有反对关系,不可同真但可同假,所以丙同时肯定,违反矛盾律的要求,丁同时否定不违反逻辑基本规律的要求。

20. 因为甲与乙的断定具有下反对关系,不可同假但可同真,所以丁同时否定,违反排中律的要求,丙同时肯定不违反逻辑基本规律的要求。

21. 因为甲与乙的断定具有等值关系,可以同真,可以同假,所以丙同时肯定,丁同时否定,均不违反逻辑基本规律的要求。

22. 因为A相当于"某小组所有学生都不是上海人"(SEP),B相当于"某小组有的学生不是上海人"(SOP)。所以,当肯定A为真,必能推出B为真,此时若再否定B,则违反矛盾律的要求。故本题中丙的断定违反了矛盾律要求,其他人的断定均不违反。

23. 本题中只有②的断定违反了逻辑基本规律的要求,因为前两句话对不能同假的命题同时加以否定,故违反了排中律要求;而最后一句话又与第一句话相矛盾,所以又违反了矛盾律的要求,犯了自相矛盾的错误。
本题其他小题的断定,均不在同一思维过程中,故都不违反逻辑基本规律的要求。

24. 丙说得对,甲和乙说得不对。甲和乙均把无籽西瓜的"种子"和"籽"两个不同概念混淆了,所以都违反了同一律的要求,犯了"偷换概念"的逻辑错误。此外,乙还同时肯定了两个不能同真的命题,犯了自相矛盾的错误。

25. 这个主任的发言违反了同一律关于在同一思维过程中应当保持命题同一性的要求,犯了"转移论题"的逻辑错误。

26. 这位青年的话中包含着逻辑矛盾,所以当爱迪生通过提问,揭露出其中包含的逻辑矛盾时,这位青年就无法自圆其说了。

27. ① 违反同一律要求,犯了"偷换概念"的错误。
    ② 违反矛盾律要求,犯了自相矛盾的错误。

28. 对问题的回答违反了同一律要求,犯了"转移论题"的逻辑错误。

六、证明题

1. 我们如果能够证明同时肯定(1) $\neg p \to \neg r$ 和(2) $\neg(\neg q \wedge p)$,即可必然推出(3) $q \leftarrow r$,则表明同时肯定(1)和(2)而否定(3),违反矛盾律的要求。

    (1) $\neg p \to \neg r$　　　　　　前提
    (2) $\neg(\neg q \wedge p)$　　　　　前提
    (3) $\neg q \to \neg p$　　　　　　由(2),据→定义
    (4) $\neg q \to \neg r$　　　　　　由(1)、(3),假言连锁推理
    (5) $q \leftarrow r$　　　　　　　　由(4),←与→互换律

2. 假如我们能够证明同时肯定(1) PES 和(2) MOP→SIP,必能推出(3)的否定即 ¬SIM,则便能说明同时肯定(1)、(2)、(3)违反矛盾律的要求。

    (1) PES　　　　　　　　前提
    (2) MOP→SIP　　　　　前提
    (3) SEP　　　　　　　　由(1),简单换位
    (4) ¬SIP　　　　　　　 由(3),对当关系中的矛盾关系
    (5) ¬MOP　　　　　　　由(2)、(4),充分假言否后式
    (6) MAP　　　　　　　　由(5),对当关系中的矛盾关系
    (7) SEM　　　　　　　　由(1)、(6),三段论第四格
    (8) ¬SIM　　　　　　　 由(7),对当关系中的矛盾关系

3. 假如我们能证明同时肯定(1) ¬(PIS)、(2) MOP→(SIP∧POS)、(3) $MO\overline{S}$ 蕴涵着逻辑矛盾,就能说明同时肯定(1)、(2)、(3)违反矛盾律的要求。

    (1) ¬(PIS)　　　　　　　　前提
    (2) MOP→(SIP∧POS)　　前提
    (3) $MO\overline{S}$　　　　　　　　前提
    (4) PES　　　　　　　　　　由(1),对当关系中的矛盾关系
    (5) MIS　　　　　　　　　　由(3),换质法推理
    (6) MOP　　　　　　　　　　由(4)、(5),三段论第二格
    (7) SIP∧POS　　　　　　　由(2)、(6),充分假言肯前式
    (8) SIP　　　　　　　　　　由(7),联言推理分解式
    (9) PIS　　　　　　　　　　由(8),简单换位
    (10) PIS∧¬(PIS)　　　　　由(1)、(9),联言推理合成式

七、应用题

1. 答案是C。因为两个"三分钟"不是同一概念,前一个"三分钟"是不标准的三分钟,而后一个"三分钟"是标准的三分钟。张先生的推断违反了同一律,犯了"混淆概念"的错误。

2. 在题干中,骑车人并没有回答警察的问题,而是寻找借口希望得到警察的谅解,犯了"转移论题"的逻辑错误。选项B女儿答非所问,转移论题,与题干的错误类似,其他选项中答者的回答与问者的问题均相关。

3. 鳄鱼陷入了悖论:如果它吃掉孩子,孩子的母亲就答对了,它就应该把孩子交回给孩子的母亲;如果它交回孩子,孩子的母亲就答错了,它又应该吃掉孩子。选项C卫士的处境与题干中的鳄鱼相同。选项A和B属归谬式反驳,自身并不存在矛盾。而选项D和E的情况是一样的,它们都出现了自我否定式的自相矛盾,但与悖论式自相矛盾并不相同。悖论式自相矛盾在于构成循环,即由其真可推出其假,而由其假又可推出其真。故答案为C。

4. 尽管C"狗父论证"是一个无效论证,但其中并没有"自相矛盾"的错误,而其他各项都是自相矛盾的。

5. 题干中"被告人构成犯罪"和"被告人不构成犯罪"是相互矛盾的。不能同时否定它们,而必须肯定其一,法官甲的回答就犯了"模棱两可"的错误。选项A中的"鸟很多"和"鸟不多"是分别对鸟的数量和种类而言的,故不构成矛盾;选项C中的"她长得美"和"她长得不美"是反对关系,并不是矛盾关系,还有介乎两者之间的情况存在,故同时否定这两者不违反排中律;选项D中的问题是复杂问语,无论回答"是"与"不是"都会承认有过"怀恨"的想法,故对问题不作出明确回答不违反排中律;选项E的理由与选项C相同,除"不提倡"和"不禁止"之外,还有其他态度。只有选项B中"肯定扭亏"和"不可能扭亏"不会都是假的,必须肯定其一。故答案是B。

八、综合题

1. 因为甲与丙的话相互矛盾,根据排中律,甲和丙的话不能都假,二者必有一真,故乙的话必为假,所以乙是作案人,甲说了真话。

2. 因为甲与丙的话相互矛盾,根据排中律,甲和丙的话不能都假,二者必有一真,故乙和丁的话必为假,所以B队是冠军,甲的话是真话,故甲的预测正确。

3. 因为钱与李的话相互矛盾,假如四人中只有一人说真话,根据排中律,钱和李的话不能都假,二者必有一真,故赵和孙的话必为假,从而推出赵是作案人。假如四人中只有一人说假话,根据矛盾律,钱和李的话不能都真,二者必有一假,故赵和孙的话必为真,从而推出钱是作案人。

4. 五个人的话中,A与E矛盾、B与D矛盾,根据排中律,这四人的话中必有二

131

真,故 C 的话必为假,由充分条件假言命题为假,即前件真而后件假,可推出,B、E 说了真话,A、B、D 均是作案人。

第三章 定 义

一、判断题

1. √
2. × 单独概念具有无穷多的种差因而不能采用属加种差定义方法。
3. × 二分法是将一个概念划分为一个正概念和一个负概念的划分方法。
4. √
5. √
6. √
7. × 属加种差定义包括性质定义和关系定义等。
8. √
9. × 传统的内涵定义不可以采用比喻的方法下定义。
10. × 划分后所得的子项必须具有全异关系,它们可以是反对关系,不一定都是矛盾关系。

二、填空题

1. 揭示概念内涵
2. 揭示概念外延
3. 被定义项;定义项;定义联项
4. 划分的母项;划分的子项;划分的标准
5. 思维对象特有属性
6. 内涵;外延
7. 内涵;语词;外延
8. 属加种差定义;被定义项 = 种差 + 邻近的属
9. 一次划分;连续划分;二分法
10. 定义过宽;定义过窄
11. 全同
12. 全异
13. 子项相容;子项不全
14. 属种关系

三、分析题

1. 下列语句作为定义是否正确？为什么？
   （1）定义过窄。
   （2）定义过窄。
   （3）定义过窄。
   （4）定义过宽。
   （5）定义过窄。
   （6）定义不能用否定的形式表达。
   （7）定义不能用比喻。
   （8）定义过宽。
   （9）循环定义。
   （10）定义不能用比喻。

2. 下列语句作为划分是否正确？为什么？
   （1）子项不全。
   （2）标准不一；子项相容。
   （3）子项不全。
   （4）子项不全；多出子项。
   （5）子项相容。
   （6）正确。
   （7）不是划分，而属于分解。
   （8）标准不一；子项相容。

第四章　论　　证

一、判断题

1. ×　证明只能用已知为真的命题来确定另一命题的真实性，不能将可能为真的命题作为证明的出发点。

2. √

3. ×　论证由论题、论据和论证方式三部分组成。前提和结论是推理的组成部分。论证方式不同于论证方法，二者不能混淆。

4. √

5. ×　间接证明是通过先确定反论题为假，然后根据排中律确定原论题为真的论证方法。

6. √
7. √
8. √
9. × 推理的前提相当于论证的论据,推理的结论相当于论证的论题。
10. √

二、填空题

1. 证明;反驳。
2. 论题;论据;论证方式。
3. 结论;前提;推理形式。
4. 反证法;选言证法。
5. 与原命题相矛盾的命题为假;排中。
6. 相关的其他全部可能性的命题都不成立;(选言推理)否定肯定式。
7. 被反驳论题;用来反驳的论据;反驳的方式。
8. 论题;论据;论证方式。
9. 矛盾;假;排中。
10. 充分条件假言推理的否定后件式。

三、单项选择题

1. ③

反证法作为间接证明,在论证论题 p 为真时,先论证与 p 相矛盾的反论题非 p 为假,再根据排中律,p 与非 p 矛盾不能同假,非 p 为假,以此论证论题 p 为真。

2. ②

因为反证法需要运用排中律,故论题 p 与反论题非 p 只能是矛盾关系才能由假推真。

3. ①

同一律要求,在同一思维过程中,任何一个概念或命题必须保持自身的同一性。在论证过程中论题保持同一,就是同一律关于命题必须保持同一的体现。

4. ④

反证法所用的推理形式是充分条件假言推理的否定后件式。

5. ①

直接论证论题的虚假,故为直接反驳。

6. ③

该论证运用的是简单枚举归纳法,由前提"作家没有一个提到过玩扑克"和"成文法也没有提及对玩扑克的禁止或限制"的事实支持,得出"当时玩扑克在欧洲可能还未普及"的结论是具有一定的合理性和说服力的。

7. ②

从思维进程方向讲,由个别性前提出发推出一般性结论,属于枚举归纳推理,因此该论证属于归纳论证。

8. ④

应用了充分条件假言推理否定后件式,因此选项④与题干最为类似。

9. ④

论证所用的是必要条件假言推理,前提为"只有这个人想从事会计工作,他才想获得注册会计师证书","小王也想获得注册会计师证书",结论是"小王一定是想从事会计工作"。

10. ①

最能反驳题干论题的是与其相矛盾的命题,通过①可以构造一个三段论推理,得出的结论正好与题干论题矛盾。推理过程为:"鸭嘴兽是哺乳动物,鸭嘴兽不是胎生的,所以,有些哺乳动物不是胎生的。"

11. ③

血液中脂肪蛋白含量的增多,能够降低血液中的胆固醇,而有规律的体育锻炼和减肥,能明显地增加血液中高浓度脂肪蛋白的含量,从而降低血液中的胆固醇。

12. ②

适合生物生存的诸多因素中非常重要的一点是适宜的气候温度,月球上同一地点昼夜温差太大,白天可上升到100℃,晚上又降至零下160℃,温差高达260℃,正常情况下不适合生物生存,因此题干中的类比推理结论不可靠。

13. ④

因为肯定性误判率和否定性误判率是考察一个法院是否公正的两个缺一不可的因素。当否定性误判率基本相同时,衡量一个法院在办案时对司法公正原则是否贯彻得足够好,当然关键是看它肯定性误判率是否足够低了。

14. ②

一个国家政治上要稳定,那么它所创造的财富必须得到公正的分配,而财富的公正分配将结束经济风险,在结束经济风险的情况下经济就不可能有效率运作。一个国家经济要有效率运作,那么就要存在经济风险,存在经济风险的情况下财富就不能得到公正分配;财富得不到公正分配则一个国家就不能保持政治稳定。所以,一个国家政治上的稳定和经济上的有效率运作是不可能并存的。

15. ①

最有力的反驳是指出对方的论证中提出的论据实际上是与论题不相干的论

据,因而犯了"推不出"的逻辑错误。王红的爸爸是一个治学严谨、受人尊敬、造诣很深、世界著名的数学家,而王红引证她爸爸的这段话谈的不是关于数学的问题,因而不一定具有权威性,甚至有可能不正确。

16. ②

以偏概全是运用枚举归纳推理中常见的逻辑错误,主要表现为只根据少量重复出现的事实,不注意研究可能出现的相反情况,便冒然作出一个自以为是的普遍性结论。学习中国传统文化包括很多方面,如欣赏中国古代音乐、绘画、书法、武术,学习中国古典文学作品和中国古代哲学著作等都是学习中国传统文化。不能以喜欢京剧艺术的人数较少,就冒然得出目前的大学生普遍缺乏对中国传统文化的学习和积累,从逻辑上讲,这犯了"以偏概全"的错误。

四、双项选择题

1. ②⑤

从论证的方法上讲,该论证设有反论题,因而属于间接论证,其运用的推理形式主要是假言推理的否定后件式,故实际上运用的是反证法。

2. ①②

论证中关于论据的规则有两条:一是"论据必须是真实的命题",违反这条规则所犯错误有"虚假理由"和"预期理由"两种;二是"论据的真实性不能依赖论题来证明",违反这条规则所犯错误为"循环论证"。

3. ③⑤

主要根据论证方式的规则来思考,驳倒了对方的论证方式,说明对方从原有的论据和论证方式推不出论题,其论题的真实性尚有待证明。

4. ①③

亚里士多德是采用归谬法进行反驳的,通常将归谬法看做直接反驳的方法。

5. ②⑤

在论证中为证明论题的真,作为支持论题的论据必须是真实性得到证明的命题。

6. ①③

反证法用于证明,属于间接证明,须用排中律。而归谬法用于反驳,属于直接反驳。

7. ③④

独立证明反驳法属于间接反驳,须用矛盾律。反证法用于证明,属于间接证明,须用排中律。

五、分析题

1. 分析下列论证的结构,指出论题、论据和论证方式:用_____标出论题,用

~~~~~~~标出论据,并写出论证所运用的推理形式。
(1) 论题:"文学艺术也要实行民主。"
    论据:除论题外其他命题都是论据。
    论证方式:充分条件假言推理否定后件式。
(2) 论题:"绿色植物通过光合作用都能放出氧气。"
    论据:除论题外其他命题都是论据。
    论证方式:枚举归纳推理。
(3) 论题:"并不是所有的社会现象都是有阶级性的。"
    论据:除论题外其他命题都是论据。
    论证方式:三段论第三格 AAI 式。
(4) 论题:"对待历史文化遗产应采取批判继承的态度。"
    论据:除论题外其他命题都是论据。
    论证方式:不相容选言推理否定肯定式。
(5) 论题:"党政干部必须提高科学文化水平。"
    论据:除论题外其他命题都是论据。
    论证方式:充分条件假言推理否定后件式。
(6) 论题:"神是不存在的。"
    论据:这整段话都是论据。
    论证方式:选言推理、假言推理。
(7) 论题:"科学技术是生产力。"
    论据:除论题外其他命题都是论据。
    论证方式:枚举归纳论证。
(8) 论题:"基本初等函数都是连续的。"
    论据:除论题外其他命题都是论据。
    论证方式:完全归纳推理。
(9) 论题:"某甲喜欢发怒,做事鲁莽。"
    论据:"某甲听到这话,勃然大怒,一脚踢进门去,挥拳打那说话的人,嘴里大叫。"
    论证方式:枚举归纳推理。
(10) 论题:"自己动手解决抗日根据地的经济困难。"
    论据:"饿死呢,解散呢,还是自己动手?饿死是没有一个人赞成的,解散也是没有一个人赞成的,还是自己动手吧——这就是我们的回答。"
    论证方式:选言推理否定肯定式。
2. 分析下列反驳的结构,指出被反驳的论题、反驳方式和反驳方法。
    (1) 被反驳的论题:"对被告从轻处罚或免于处罚。"

反驳方式:充分条件假言推理否定后件式。
反驳方法:直接反驳(归谬法)。
(2) 被反驳的论题:"燃素是一切可燃烧物中有一定质量的一种特殊物质。"
反驳方式:充分条件假言推理否定后件式。
反驳方法:直接反驳(归谬法)。
(3) 被反驳的论题:"形式逻辑也有阶级性。"
反驳方式:充分条件假言推理否定后件式。
反驳方法:直接反驳(归谬法)。
(4) 被反驳的论题:"吃鱼可以使人聪明。"
反驳方式:枚举归纳推理。
反驳方法:间接反驳(独立证明)。
(5) 被反驳的论题:"琴上有琴声;声在指头上。"
反驳方式:充分条件假言推理否定后件式。
反驳方法:直接反驳(归谬法)。
(6) 被反驳的论题:"物体越重下落速度越快。"
反驳方式:归谬推理。
反驳方法:直接反驳(归谬法)。
(7) 被反驳的论题:"把从发热器中取出的热量,全部变为有用功,可以制造出第二类永动机。"
反驳方式:充分条件假言推理否定后件式。
反驳方法:直接反驳。
(8) 被反驳的论题:"短文章就没有分量。"
反驳方式:先用演绎推理,后用归纳推理。
反驳方法:先用间接反驳(独立证明),后用直接反驳。
(9) 被反驳的论题:"喝中国奶妈奶的朗宁是亲华派。"
反驳方式:类比推理,充分条件假言推理否定后件式。
反驳方法:直接反驳(归谬法)。
(10) 被反驳的论题:"原始社会中的石斧也是资本。"
反驳方式:充分条件假言推理否定后件式。
反驳方法:直接反驳(归谬法)。

六、指出下列论证有什么逻辑错误
1. 推不出,推理形式不正确。
2. 预期理由。
3. 循环论证。
4. 推不出,以人为据。

5. 推不出，证明过少。
6. 循环论证。
7. 转移论题。

七、下面的反驳是否正确？为什么？
1. 推理形式不正确。充分条件假言推理"肯定后件不能肯定前件"。
2. 论据虚假（虚假理由）。

八、综合（求证）题
1. （略）
2. （略）
3. （略）

第五章　复合命题及其推理

一、判断题

1. ×　有真值是命题的逻辑特性，"真"是命题的真值，"假"也是命题的真值。
2. ×　有真值的语句才表达命题。
3. ×　命题可分为模态命题和非模态命题，非模态命题可分为简单命题和复合命题。
4. ×　负命题只有一个肢命题。
5. ×　肢命题也可以是复合命题。
6. √
7. √
8. √
9. ×　多重复合命题的肢命题至少有一个是复合命题。
10. ×　推理就是从一个或若干个命题推出另一个命题的思维形式。
11. √
12. ×　若干个命题之间必须有推出关系才是推理。
13. ×　结论为真的推理未必是必然性推理。
14. √
15. ×　或然性推理的结论未必都是错误的。
16. ×　负命题的肢命题只有一个。

17. √
18. √
19. ×　联言命题为假是指其肢命题至少有一个为假。
20. ×　假的选言命题不是选言命题,如同"死人"与"人"不是同一个概念。
21. √
22. √
23. ×　区分"∨"和"⩒"就看其使用的联结词,而不看肢命题(内容)。
24. √
25. √
26. √
27. ×　假言易位推理是互推式,而假言连锁推理不是(结论不蕴涵前提)。
28. ×　二难推理又名假言选言推理,前提由两个假言命题和一个选言命题组成。
29. √
30. ×　有效式是永真蕴涵式。

二、填空题

1. 有真值(有真假)
2. 肢命题的真假决定复合命题的真假
3. 常;变
4. 联结;肢
5. 简单;复合
6. 结论;推出关系
7. 必然性;或然性
8. 演绎;归纳;类比
9. 直接;间接
10. 必然性;或然性
11. 真假不定;真假不定
12. 假;真假不定
13. 前提真实;推理有效
14. 必然真;不必然真
15. 假;真
16. 假;真
17. 不同真不同假;同真同假
18. 矛盾
19. 等值

20. 等值
21. 等值
22. 真;假
23. 假;真
24. 真;假
25. 假;真
26. 假;真
27. "一个青年失足,既没有家庭原因,又没有社会原因,也没有自身原因";并非"一个青年失足,既没有家庭原因,又没有社会原因,也没有自身原因"
28. "或者贪污不是犯罪,或者盗窃不是犯罪";并非"或者贪污不是犯罪,或者盗窃不是犯罪"
29. 真;假
30. 真;假
31. 假;真
32. "或者东风压倒西风且西风压倒东风,或者东风压不倒西风且西风压不倒东风";"或者东风压倒西风且西风压不倒东风,或者东风压不倒西风且西风压倒东风";"或者东风压倒西风,或者西风压倒东风;但不可能既东风压倒西风,又西风压倒东风"
33. 真;假
34. 真;假
35. 真;假;真
36. 假;真
37. 真;假;假;假
38. "人没有自知之明,但不犯错误";"或者人有自知之明,或者要犯错误"
39. 假;真
40. 假;假
41. 假;假;真
42. 真;假
43. 假;真;假;假
44. "什么事都干的人,也不会犯错误";"或者什么事也不干的人,或者会犯错误";"如果什么事都干的人,就会犯错误"("如果有不会犯错误的人,就是什么事也不干的人")
45. 假;真
46. 假;真
47. "要么二人以上共同故意犯罪,要么构成共同犯罪";"或者二人以上共同故意犯罪,但不构成共同犯罪;或者非二人以上共同故意犯罪,而构成共同犯罪";"或者二人以上共同故意犯罪,而构成共同犯罪;或者非二人以上共同故意犯罪,而不构成共同犯罪";"如果二人以上共同故意犯罪,则构成共同犯罪,并且只有二人以上共同故意犯罪,才构成共同犯罪"

48. 蕴涵;逆蕴涵
49. ¬、∨、←;p、q
50. 永假式;适真式

三、指出下列复合命题的种类,并写出其真值形式

1. 以 p 替代"说谎都是罪恶",其真值形式是:¬p
2. 以 p 替代"逻辑学是有阶级性的",其真值形式是:¬p
3. 以 p 替代"所有的人都自私",其真值形式是:¬p
4. 以 p 替代"甲是律师"、以 q 替代"乙是律师",其真值形式是:p∧q
5. 以 p 替代"我们的道路是曲折的"、以 q 替代"前途是光朗的",其真值形式是:p∧q
6. 以 p 替代"我很丑"、以 q 替代"我很温柔",其真值形式是:p∧q
7. 以 p 替代"红色表示热情"、以 q 替代"红表示刚烈",其真值形式是:p∧q
8. 以 p 替代"鲁迅是伟大的革命家"、以 q 替代"鲁迅是伟大的思想家"、以 r 替代"鲁迅是伟大的文学家"、以 s 替代"鲁迅是军事家"、以 t 替代"鲁迅是外交家",其真值形式是:p∧q∧r∧¬s∧¬t
9. 以 p 替代"他犯了贪污罪"、以 q 替代"他犯了挪用公款罪",其真值形式是:¬(p∧q)
10. 以 p 替代"他是嘴上这么说"、以 q 替代"他行动上这么做",其真值形式是:¬(p∧q)
11. 以 p 替代"我们被困难吓倒"、以 q 替代"我们把困难战胜",其真值形式是:p∨q
12. 以 p 替代"人寿之长短受遗传因素的影响"、以 q 替代"人寿之长短受后天因素的影响",其真值形式是:p∨q
13. 以 p 替代"这个球是红玻璃球"、以 q 替代"这个球是蓝玻璃球",其真值形式是:(p∧¬q)∨(q∧¬p)
14. 以 p 替代"上海是国际性大城市"、以 q 替代"南京是国际性大城市"、以 r 替代"广州是国际性大城市",其真值形式是:p∨q∨r
15. 以 p 替代"甲去"、以 q 替代"乙去",其真值形式是:(¬p∧q)∨(¬q∧p)
16. 以 p 替代"甲到过案发现场"、以 q 替代"乙到过案发现场"、以 r 替代"丙到过案发现场",其真值形式是:p∨q∨r
17. 以 p 替代"是你去出面"、以 q 替代"是我去出面",其真值形式是:p∨̇q

18. 以 p 替代"星期三郊游"、以 q 替代"星期四郊游",其真值形式是:p $\veebar$ q

19. 以 p 替代"支持甲提案"、以 q 替代"支持乙提案",其真值形式是:p $\veebar$ q

20. 以 p 替代"有人说这是东风压倒西风"、以 q 替代"有人说这是西风压倒东风",其真值形式是:¬(p∧q)

21. 以 p 替代"你出庭"、以 q 替代"我出庭",其真值形式是:p $\veebar$ q,或者(p∨q)∧¬(p∧q)

22. 以 p 替代"语言能够生产物质"、以 q 替代"夸夸其谈的人会成为世界上最大的富翁",其真值形式是:p→q

23. 以 p 替代"人人都献出一份爱"、以 q 替代"世界会变得更美好",其真值形式是:p→q

24. 以 p 替代"某推理的结论是错误的"、以 q 替代"该推理的前提是虚假的"、以 r 替代"该推理的形式是无效的",其真值形式是:p→(q∨r)

25. 以 p 替代"一个人记忆力强"、以 q 替代"延长学习时间"、以 r 替代"他能够获得奖学金",其真值形式是:(p∧q)→r

26. 以 p 替代"买了股票"、以 q 替代"会发财",其真值形式是:¬(p→q)

27. 以 p 替代"出了大价钱"、以 q 替代"买来的衣服一定质量好"、以 r 替代"款式新",其真值形式是:¬(p→q∧r)

28. 以 p 替代"马克思主义害怕批评"、以 q 替代"马克思主义会被批评倒"、以 r 替代"马克思主义就不是真理",其真值形式是:p→(q→r),或者 p∧q→r

29. 以 p 替代"到西湖"、以 q 替代"知西湖之美",其真值形式是:p←q

30. 以 p 替代"到了春天"、以 q 替代"满山遍野会盛开鲜花",其真值形式是:p←q

31. 以 p 替代"破"、以 q 替代"立"、以 r 替代"塞"、以 s 替代"流"、以 t 替代"止"、以 u 替代"行",其真值形式是:(p←q)∧(r←s)∧(t←u)

32. 以 p 替代"犯罪"、以 q 替代"是犯法",其真值形式是:¬(p←q)

33. 以 p 替代"智商高的人"、以 q 替代"机遇好的人"、以 r 替代"会中头彩",其真值形式是:¬(p∧q←r)

34. 以 p 替代"人犯我"、以 q 替代"我犯人",其真值形式是:(p←q)∧(p→q)

35. 以 p 替代"社会分裂为阶级的时候"、以 q 替代"国家会出现",其真值形式是:p↔q

36. 以 p 替代"某公民是守法的"、以 q 替代"他没有非法行为",其真值形式是:p↔q

37. 以 p 替代"三角形的三个角相等"、以 q 替代"三条边才相等",其真值形式是:p↔q

38. 以 p 替代"你去"、以 q 替代"我去",其真值形式是:p↔q,或者(p→q)∧(p

←q)。

39. 以 p 替代"甲触犯刑律"、以 q 替代"乙触犯刑律",其真值形式是:p↔q,或者(p∧q)∨(¬p∧¬q)。

40. 以 p 替代"某人是故意犯罪"、以 q 替代"他是过失犯罪",其真值形式是:¬(p↔q)。

四、下列复合命题的联结词是否正确?为什么?

1. 不正确,该命题的联言肢之间是并立关系,不能用递进语义的联言联结词,应当用"既……又……"。

2. 不正确,该命题的联言肢在语义上有前后轻重的顺序,不能视为并立,应当为:"这次会议领会学习了中央有关文件的精神,安排落实了生产计划,研究了把生产搞上去的措施。"

3. 不正确,该命题的联言肢之间在语义上是转折关系,一般而言,前后次序应当颠倒。

4. 不正确,该命题的选言肢之间的关系是不相容的,应当用"要么……要么……"。

5. 不正确,该命题的选言肢不穷尽。

6. 不正确,该命题的肢命题之间的关系是合取关系,应当用"既要……又要……"。

7. 不正确,该命题的选言肢之间的关系是相容的,应当用"或者……或者……"。

8. 不正确,该命题的选言肢之间的关系是相容的,应当用"或者……或者……或者……"。

9. 不正确,该命题的前后件之间的联系是必要条件,应当用"只有……才"。

10. 不正确,该命题的前后件之间的联系是必要条件,应当用"只有……才……"。

11. 不正确,该命题的前后件之间的联系是必要条件,应当用"只有……才……"。

12. 不正确,该命题的前后件之间的联系是充分条件,应当用"如果……那么……"。

13. 不正确,该命题的前后件之间的联系是充分条件,应当用"如果……那么……"。

14. 不正确,该命题的前后件之间的联系是必要条件,应当用"只有……才……"。

15. 不正确,该命题的肢命题之间没有假言条件联系。

16. 不正确,该命题的前后件之间的联系是必要条件,应当用"只有……才……"。

17. 不正确,该命题的前后件之间的联系是必要条件,应当用"只有……才……"。
18. 不正确,该命题的前后件之间的联系是充分条件,应当用"如果……那么……"。
19. 不正确,该命题的肢命题之间没有假言条件联系。
20. 不正确,该命题的前后件之间的联系是充分条件,应当用"如果……那么……"。

五、写出下列命题的负命题及与负命题等值的命题

1. 所有的防卫行为都是合法的;并非有的防卫行为不是合法的。
2. 并非这个方法不但省工,而且省钱;这个方法或者不省工,或者不省钱。
3. 并非我国既要保持政治上的独立性,又要保持经济上的开放性;我国或者不保持政治上的独立性,或者不保持经济上的开放性。
4. 并非老王既是作家,又是评论家,还是书法家;老王或者不是作家,或者不是评论家,或者不是书法家。
5. 并非这封信或者是快件,或者是慢件;这封信既不是快件,也不是慢件。
6. 并非小李或者是班长,或者是团支部书记;小李既不是班长,也不是团支部书记。
7. 并非这份材料或者原始资料有错,或者计算有错,或者抄写有错;这份材料既不是原始资料有错,也不是计算有错,又不是抄写有错。
8. 并非该罪犯的籍贯要么是江苏,要么是海南;该罪犯的籍贯或者既不是江苏,也不是海南,或者既是江苏,又是海南。
9. 并非定居外国的中国公民,要么保留中国国籍,要么取得外国国籍;定居外国的中国公民或者保留中国国籍并取得外国国籍,或者不保留中国国籍也不取得外国国籍。
10. 并非这盘棋的结果不外乎赢、输、和,三者必居其一;这盘棋的结果不外乎或者三者都真,或者三者都假,或者有两者为真。
11. 并非只要知道了方法,试验就不会走弯路;虽然知道了方法,但试验还会走弯路。
12. 并非没有统一的认识,就没有统一的行动;虽然没有统一的认识,但有统一的行动。
13. 并非只要坚持锻炼,并且方法得当,很快就会康复;尽管坚持锻炼,并且方法得当,但没有很快康复。
14. 并非如果你去晚了,就买不到坐票,也买不到站票;尽管你去晚了,但或者买到坐票,或者买到站票。
15. 并非只有外国人做经理,才能挽救这个企业;虽然没有外国人做经理,但也能挽救这个企业。
16. 并非除非是细菌引起的疾病，才能使用抗生素；尽管不是细菌引起的疾病，也能使用抗生素。
17. 并非只有不畏艰险、勇于攀登的人，才能到达光辉的顶点；虽然或是畏惧艰险或是怯于攀登的人，也能到达光辉的顶点。
18. 并非必须承认错误，才能认识错误、改正错误；尽管不承认错误，但也能认识错误、改正错误。
19. 并非当且仅当风调雨顺，才能获得大丰收；要么风调雨顺，要么获得大丰收。
20. 并非当且仅当一个推理的若前提真则结论必真，该推理才有效；要么一个推理的若前提真则结论必真，要么该推理才有效。

六、用真值表方法判定下列各组命题是等值关系还是矛盾关系

1. 以 p 替代"他买电视机"、以 q 替代"他买收录机"

p	q	p∨q	¬q∧¬p
1	1	1	0
1	0	1	0
0	1	1	0
0	0	0	1

上述两个命题是矛盾关系。
2. 上述两个命题是等值关系（真值表略）。
3. 上述两个命题是等值关系（真值表略）。
4. 上述两个命题是矛盾关系（真值表略）。
5. 上述两个命题是等值关系（真值表略）。
6. 上述两个命题是等值关系（真值表略）。
7. 上述两个命题是等值关系（真值表略）。
8. 上述两个命题是等值关系（真值表略）。
9. 上述两个命题是矛盾关系（真值表略）。
10. 上述两个命题是等值关系（真值表略）。

七、单项选择题

1. ③
"命题的逻辑特性是有真值"是指"一个命题或者取值为真，或者取值为假，两者必居其一"。①和②选择不全，④选择错误，故选择③。

2. ②
复合命题中的矛盾命题是指在真值表上"不同真且不同假"的命题（简单命题中的矛盾命题尽管不能在真值表上验证，但"不同真且不同假"的性质相同),故选择②。

3. ①

复合命题中的等值命题是指在真值表上"要么同真,要么同假"的命题(简单命题中的等值命题尽管不能在真值表上验证,但"要么同真,要么同假"的性质相同),故选择①。

4. ③

等值命题是形式不同、内容相同的两个命题,它们的变项相同,只是逻辑形式不同,即使用了不同的联结词,表达同一个含义。① 变项相同、形式不同的命题并非都是等值命题;② 变项不同、形式相同的命题不可能是等值命题;④ 形式相同、内容不同的命题也不可能是等值命题,故选择③。

5. ③

在结构上,负命题推理的前提或结论中要有负命题,①②和④不符合,故选择③。

6. ④

"并非该犯罪团伙的成员都是北方人并且都是惯犯"的真值形式是"¬(p∧q)",根据德摩根律,"¬(p∧q)"等值于"¬p∨¬q"。①的真值形式是"¬p∧¬q",②的真值形式是"p∨¬q",③的真值形式是"¬p∨q",④的真值形式是"¬p∨¬q",故选择④。

7. ④

"p∧¬q∧¬r"是联言命题的真值形式,该命题为真,取值情况如下:

$$p \wedge \neg q \wedge \neg r$$
$$1\ 1\ \ 1\ 0\ \ 1\ 1\ 0$$

即 p 取值为真,q 和 r 取值为假,故选择④。

8. ②

联言推理有两个有效式:合成式和分解式。②是联言推理合成式,其余的都不是,故选择②。

9. ③

"p∨¬q∨¬r"是相容选言命题的真值形式,该命题为假,取值情况如下:

$$p \vee \neg q \vee \neg r$$
$$0\ 0\ \ 0\ 1\ 0\ \ 0\ 1$$

即 p 取值为假,q 和 r 取值为真,故选择③。

10. ④

根据德摩根律,"¬(p∧q)"等值于"¬p∨¬q",所以,"p∧q"的矛盾命题就是"¬p∨¬q"。①的真值形式是"p∨q",②的真值形式是"¬p∧¬q",③的真值形式是"¬p∧q",④的真值形式是"¬p∨¬q",故选择④。

11. ②

根据德摩根律,"¬(p∨q)"等值于"¬p∧¬q"。①的真值形式是"p∨q",②的真值形式是"¬p∧¬q",③的真值形式是"p∧¬q",④的真值形式是"¬p∨¬q",故选择②。

12. ③

根据德摩根律,"¬(¬p∧q)"等值于"p∨¬q",故选择③。

13. ③

"科学技术不是上层建筑,而是生产力"的真值形式为"p∧q",根据德摩根律,"¬(¬p∨¬q)"等值于"p∧q"。①的真值形式是"¬p∧¬q",②的真值形式是"¬p∨¬q",③的真值形式是"¬(¬p∨¬q)",④的真值形式是"¬(p∧q)",故选择③。

14. ④

"p▽q▽r"是不相容选言命题的真值形式,该命题为真有三种组合,取值情况如下:

$$\begin{array}{ccc} p & \underline{\vee} & q & \underline{\vee} & r \\ 1 & 1 & 0 & 1 & 0 \\ 0 & 1 & 1 & 1 & 0 \\ 0 & 1 & 0 & 1 & 1 \end{array}$$

故选择④。

15. ②

"¬(¬p▽q)"为真,即"¬p▽q"为假。严格析取为假,其肢命题都假,或者有两个以上为真。取值情况如下:

$$\begin{array}{ccc} \neg p & \underline{\vee} & q \\ 1 & 0 & 0 & 1 \\ 0 & 1 & 0 & 0 \end{array}$$

即或者 p 假 q 真,或者 p 真 q 假,故选择②。

16. ③

"这个被告要么有罪,要么无罪"的真值形式是"p▽q",根据否定严格析取定义律,"¬(¬p▽q)"等值于"(p∧q)∨(¬p∧¬q)"。①的真值形式是"p∨q",②的真值形式是"p∧¬q",③的真值形式是"(p∧q)∨(¬p∧¬q)",④的真值形式是"¬p∧q",故选择③。

17. ④

根据严格析取定义律,"p▽¬q"等值于"(p∧q)∨(¬p∧¬q)",也等值"(p∨¬q)∧¬(p∧¬q)",故选择④。

18. ③

"要么是自杀,要么是他杀"的真值形式是"p ∨̇ q",根据严格析取定义律,"p ∨̇ q"等值于"(p∧⌐q)∨(⌐p∧q)",也等值于"(p∨q)∧⌐(p∧q)"。①的真值形式是"p∧q",②的真值形式是"p∨q",③的真值形式是"(p∧⌐q)∨(⌐p∧q)",④的真值形式是"⌐p∧q",故选择③。

19. ①

根据否定蕴涵律,蕴涵为假:前件真且后件假,即 p 为真,⌐q 为假,也就是 p 和 q 都为真,故选择①。

20. ④

"⌐(⌐p→q)"为真,也就是"⌐p→q"为假。即⌐p 真且 q 假,也就是 p 和 q 都为假,故选择④。

21. ③

"(p→q)→r"为假:前件"p→q"为真,且后件 r 为假,"p→q"为真的真假组合有三种,p 和 q 都不必然为真,或必然为假,而 r 必然为假,故选择③。

22. ②

"如果窒息时间过长,那么人就要死亡"的真值形式是:p→q,根据否定蕴涵律,"⌐(p→q)"等值于"p∧⌐q",即与该命题矛盾的命题形式就是"p∧⌐q"。①的真值形式是"⌐p∨q",②的真值形式是"p∧⌐q",③的真值形式是"p ∨̇ q",④的真值形式是"p∧q",故选择②。

23. ③

根据蕴涵定义律,"⌐p→q"等值于"p∨q",故选择③。

24. ④

律师否定了检察官的指控,即否定了"如果被告人作案,则他必有同伙",也就是肯定了前件"被告人作案",而否定了后件"他必有同伙",故选择④。

25. ③

"鱼和熊掌不可兼得"的真值形式是"⌐p∨⌐q",而①的真值形式是"⌐p→q",等值于"p∨q",②的真值形式是"⌐q→p",等值于"p∨q",③的真值形式是"p→⌐q",等值于"⌐p∨⌐q",④的真值形式是"⌐p∧⌐q",故选择③。

26. ③

"如果怕艰苦或者没有信心,就不能攻克科学尖端"的真值形式是"p∨q→r",根据蕴涵定义律,"p∨q→r"等值于"⌐(p∨q)∨r",等值于"⌐p∧⌐q∨r"。①的真值形式是"⌐p∧⌐q→r",②的真值形式是"p∨q∨r",③的真值形式是"⌐p∧⌐q∨r",④的真值形式是"⌐p∨⌐q∨r",故选择③。

27. ③

"如果王某是该案作案人,那么王某就有作案时间"的真值形式是"p→q",根据蕴涵定义律,"p→q"等值于"¬p∨q"。①的真值形式是"q→p",②的真值形式是"¬p→¬q",③的真值形式是"¬p∨q",④的真值形式是"p∨¬q",故选择③。

28. ④

根据否定逆蕴涵律,逆蕴涵为假:前件假且后件真,即 p 为假,¬q 为真,也就是 p 和 q 都为假,故选择④。

29. ①

"¬(¬p←q)"为真,即"¬p←q"为假,根据否定逆蕴涵律,逆蕴涵为假:前件假且后件真,即 ¬p 为假,q 为真,也就是 p 和 q 都为真,故选择①。

30. ②

"只有具有社会危害性的行为,才是犯罪行为"的真值形式是"p←q",根据否定逆蕴涵律,"¬(p←q)"等值于"¬p∧q",即与该命题矛盾的命题形式就是"¬p∧q"。①的真值形式是"¬p∨¬q",②的真值形式是"¬p∧q",③的真值形式是"p→q",④的真值形式是"p∨q",故选择②。

31. ②

"不入虎穴,焉得虎子"的真值形式是"p←q",等值于"q→p",Ⅰ的真值形式是"p←q",Ⅱ的真值形式是"q→p",Ⅲ的真值形式是"¬p→¬q",故选择②。

32. ②

"并非只有陈某是北京人,他才会说北京话"的真值形式是"¬(p←q)",根据否定逆蕴涵律,"¬(p←q)"等值于"¬p∧q",故选择②。

33. ④

"除非手术,否则你的病好不了"的真值形式是"p←q",等值于"q→p",故选择④。

34. ③

假言推理有四个有效式:① 肯定前件式、② 否定前件式、③ 肯定后件式和 ④ 否定后件式,没有肯定否定式,也没有否定肯定式,其中,充分条件假言推理:①④有效,②③无效;必要条件假言推理:②③有效,①④无效;而充分必要条件假言推理:①②③④都有效。题中推理是必要条件假言推理的肯定前件式,是无效的,故选择③。

35. ③

"除非努力学习,才能取得好成绩"的真值形式是"p←q",根据逆蕴涵定义律,"p←q"等值于"p∨¬q"。①的真值形式是"p∧¬q",②的真值形式是

"¬p∨q",③的真值形式是"p∨¬q",④的真值形式是"p→q",故选择③。

36. ②

"并非无风不起浪"的真值形式是"¬(p←q)",根据否定蕴涵律,"¬(p←q)"等值于"¬p∧q"。①的真值形式是"q→p",②的真值形式是"q∧¬p",③的真值形式是"¬(q→¬p)",④的真值形式是"¬(p→q)",故选择②。

37. ④

根据否定等值律,"¬(p↔q)"等值于"(¬p∧q)∨(p∧¬q)",故选择④。

38. ③

根据等值定义律,"¬p↔q"等值于"p∨̇q",即肢命题中必有一真,且必有一假,当p假q真时,①为假;当p假q真或p真q假时②④为假,只有③必然为真,故选择③。

39. ④

"当且仅当你有这种资格,你才能从事这种职业"的真值形式是"p↔q",根据否定等值律,"¬(p↔q)"等值于"(¬p∧q)∨(p∧¬q)",也就等值于"p∨̇q",故选择④。

40. ①

"一个数当且仅当它能被2整除,这个数才是偶数"的真值形式是"p↔q",根据否定等值律,"¬(p↔q)"等值于"(¬p∧q)∨(p∧¬q)",也就等值于"p∨̇q",可知"p↔q"与"p∨̇q"是矛盾命题,可推知"p↔q"与"p∨̇¬q"是等值命题,故选择①。

八、双项选择题

1. ②③

"本案或者是图财害命,或者是奸情杀害"的真值形式是"p∨q",①的真值形式是"p∧¬q",②的真值形式是"¬p→q",③的真值形式是"¬(¬p∧¬q)",④的真值形式是"p←¬q",⑤的真值形式是"¬p∧q",根据蕴涵定义律和德摩根律:

$$(p\vee q)\leftrightarrow(\neg p\rightarrow q)\leftrightarrow(\neg(\neg p\wedge\neg q))$$

故选择②③。

2. ①③

当p∨q为假时,其选言肢都假,即p假q假,取值情况如下:

①   p→q

          0 1 0

②   p∧q

③   p←q
        0 0 0
        0 1 0

④   ¬p→q
        1 0 0 0

⑤   p∨q
        0 0 0

故选择①③。

3. ②④

肢命题 p 为真，另一肢命题 q 真值不定，故 q 有两种取值，即一次取值为真，一次取值为假，在两次取值中都真的复合命题，才是必真的命题。取值情况如下：

①   p∧q
        1 1 1
        1 0 0

②   p∨¬q
        1 1 0 1
        1 1 1 0

③   p→q
        1 1 1
        1 0 0

④   p←q
        1 1 1
        1 1 0

⑤   p→¬q
        1 0 0 1
        1 1 1 0

故选择②④。

4. ①⑤

"如果郑某有作案时间，那么他就是作案人"的真值形式是"p→q"，蕴涵为假，则前件真后件假，即 p 真 q 假。取值情况如下：

①   p←q
        1 1 0

②   ¬p←¬q
        0 1 0 1 0

③   ¬p∧q
        0 1 0 0

④   ¬p∨q
        0 1 0 0

⑤   p∧¬q
        1 1 1 0

故选择①⑤。

5. ②④

肢命题 p 为假，另一肢命题 q 取值为真，复合命题取值情况如下：

①   p∧q
        0 0 1

②   p→q
        0 1 1

③   ¬p→¬q
        1 0 0 0 1

④   ¬p∨¬q
        1 0 1 0 1

⑤   ¬(¬p∧q)
        0 1 0 1 1

故选择②④。

6. ②④

"如果不能大幅度提高中国足球队员的体能，就不能使中国足球队在世界足坛上取得实质性的突破"的真值形式是"¬p→¬q"，①的真值形式是"p→q"，②的真值形式是"p←q"，③的真值形式是"¬p∨q"，④的真值形式是"¬(q∧¬p)"，⑤的真值形式是"¬q→¬p"，根据蕴涵逆蕴涵交换律和否定逆蕴涵律：

    (p←q)↔(¬p→¬q)↔(¬(¬p∧q))

故选择②④。

7. ③④

"他不能跳过这道沟，除非他是运动员"的真值形式是"p←q"，①的真值形式是"¬p∨q"，②的真值形式是"p→q"，③的真值形式是"¬p→¬q"，④的真值形式是"q→p"，⑤的真值形式是"q←p"，根据蕴涵逆蕴涵交换律：

    (p←q)↔(¬p→¬q)↔(q→p)

故选择③④。

8. ②⑤

"并非本案作案人既是张某,又是刘某"的真值形式是"¬(p∧q)",①的真值形式是"p∨¬q",②的真值形式是"p→¬q",③的真值形式是"¬p→q",④的真值形式是"¬p∧¬q",⑤的真值形式是"¬q←p",根据德摩根律和蕴涵逆蕴涵定义律:

$$¬(p∧q)↔(¬p∨¬q)↔(p→¬q)↔(¬q←p)$$

故选择②⑤。

9. ④⑤

"如果贾××是被他人杀害的,则贾××身上必有致死创伤"的真值形式是"p→q",①的真值形式是"¬q←¬p",②的真值形式是"q→p",③的真值形式是"¬q∨p",④的真值形式是"q∨¬p",⑤的真值形式是"¬p←¬q",根据蕴涵定义律和蕴涵逆蕴涵交换律:

$$(p→q)↔(¬p∨q)↔(¬p←¬q)$$

10. ④⑤

"或者支持甲提案,或者支持乙提案,绝不允许含糊其辞,模棱两可"的真值形式是"p∨̇q",①的真值形式是"p∧¬q",②的真值形式是"q∧¬p",③的真值形式是"(p∧q)∨(¬p∧¬q)",④的真值形式是"(p∧¬q)∨(¬p∧¬q)",⑤的真值形式是"(p∨q)∧¬(p∧q)",根据严格析取定义律:

$$(p∨̇q)↔(p∧¬q)∨(¬p∧¬q)↔(p∨q)∧¬(p∧q)$$

故选择④⑤。

11. ③⑤

"只有坚持反腐败,才能端正党风"的真值形式是"p←q",①的真值形式是"p←q",②的真值形式是"¬p→¬q",③的真值形式是"p→q",④的真值形式是"q→p",⑤的真值形式是"¬p∨q",根据蕴涵逆蕴涵交换律:

$$(p←q)↔(¬p→¬q)↔(q→p)$$

故选择③⑤。

12. ②④

判定一个推理形式是否有效,常用以下几种方法:第一,推理规则;第二,复合命题逻辑特性的分析;第三,真值表(包括简化真值表);第四,形式证明。第一、二种方法常用于简单的推理形式的有效性判定,第三、四种方法常用于较复杂的推理形式的有效性判定。选择题中的有效性判定属于简单的推理形式的有效性判定,一般都使用第一、二种方法:

① p→r∧q,¬q⊢¬p

两个前提中一个是蕴涵,另一个是负命题(¬q),而"¬q"是蕴涵后件(r∧q)的肢命题(q)的否定,根据合取的逻辑特性,只要有一个联言肢为假,则合取为假,即"¬q"否定了蕴涵的后件,根据充分条件假言推理的规则:"否定后件就要否定前件",故推理有效。

② p∨q←r,r⊢q

两个前提中一个是逆蕴涵,另一个前提(r),肯定了逆蕴涵后件,根据必要条件假言推理的规则:"肯定后件就要肯定前件",所以,必然可推出"p∨q"为真,但根据析取的逻辑特性:"析取为真,选言肢至少有一真,可以同真","p∨q"为真,"q"不必然为真,故推理无效。

③ ¬p↔¬q,p⊢q∨p

两个前提中一个等值,另一个是负命题(¬p),而"¬p"是等值前件的否定,根据充分必要条件假言推理的规则:"否定前件就要否定后件",可必然推出后件"q"为真,而"q"为真,"q∨p"必然为真(附加律),故推理有效。

④ r∧s→q∨p,¬p⊢¬s

两个前提中一个是蕴涵,另一个是负命题(¬p),而"¬p"是蕴涵后件(q∨p)的肢命题(p)的否定,根据析取的逻辑特性,只有当选言肢都为假时,析取才为假,因此蕴涵的后件真假不定,也就不能运用充分条件假言推理的否定后件式,故推理无效。

⑤ p∧s↔q∨r,¬p⊢¬q∨r

两个前提中一个等值,等值的前件是合取,后件是析取,另一个是负命题(¬p),而"¬p"是等值前件的联言肢(p)的否定,根据合取的逻辑特性,只要有一个联言肢为假则合取为假,即前件为假,根据充分必要条件假言推理的规则:"否定前件就要否定后件",可必然推出后件"q∨r"为假,"q∨r"为假,"¬q∧¬p"必然为真(德摩根律),然后运用分解式可推出"¬q"为真,运用附加律可推出"¬q∨r"为真,故推理有效。

故选择②④。

13. ③⑤

① r→s→q∧p,¬p⊢¬s

两个前提中一个是蕴涵,另一个是负命题(¬p),而"¬p"是蕴涵后件(q∧p)的肢命题(p)的否定,根据合取的逻辑特性,只要有一个联言肢为假,则合取为假,即"¬p"否定了蕴涵的后件,根据充分条件假言推理的规则:"否定后件就要否定前件",则前件"r→s"为假,根据否定蕴涵律,可推出"r"真且"s"假,故推理有效。

② p←s↔q∧r,p⊢q∨r

两个前提中一个等值,等值的前件是逆蕴涵,后件是合取,另一个前提(p)是逆蕴涵的前件,根据逆蕴涵定义律,前件为真,后件不论真假,该逆蕴涵为真,即"p"肯定了等值前件,根据充分必要条件假言推理的规则:"肯定前件就要肯定后件",可必然推出后件"q∧r"为真,则必然可推出"q∨r"为真,故推理有效。

③ q∨r←p,¬p ⊢ ¬q

两个前提中一个是逆蕴涵,另一个前提(¬p),否定了逆蕴涵后件,根据必要条件假言推理的规则:"否定后件不能肯定或否定前件",故推理无效。

④ ¬p←q, r→s, ¬s∧p ⊢ q∨¬r

三个前提中一个是逆蕴涵,一个是蕴涵,另一个是合取(¬s∧p),运用分解式可推出"¬s"和"p",而"¬s"是蕴涵后件(s)的否定,根据充分条件假言推理的规则:"否定后件就要否定前件",则可推出"¬r",根据附加律,推出"q∨¬r",故推理有效。

⑤ p∨¬r, q→s, q∨r ⊢ s∧p

三个前提中一个是蕴涵,两个是析取,其中一个析取(p∨¬r),可运用蕴涵定义律置换成等值的蕴涵(r→p),再运用二难推理可推出"s∨p",但不能必然推出"s∧p",故推理无效。

故选择③⑤。

14. ②⑤

已知前提"p∧q→s∧¬r",要必然推出"¬p",首先要有前提"¬s"或者"r",只要有了其中的一个,则可否定蕴涵的后件,从而推出"¬(p∧q)",并可推出"¬p∨¬q"(德摩根律);其次要有前提"q",运用否定肯定式,推出"¬p"。即需要前提"¬(q→¬r)"或者"q∧¬s"。

故选择②⑤。

15. ③⑤

已知前提"p ⊻ q ⊻ r ⊻ s",要必然推出"¬p∧¬s",首先要有前提"q ⊻ r",根据严格析取的逻辑特性,"q ⊻ r"为真,其余的选言肢为假,从而可推出"¬p∧¬s";其次,"q ⊻ r"为真有两种组合,即"q"真"r"假,或"q"假"r"真。

故选择③⑤。

16. ②④

① p∧q→r, q ⊢ r

两个前提中一个是蕴涵,另一个前提(q)是蕴涵前件(p∧q)的肢命题,根据合取的逻辑特性,只有联言肢都真,合取才真,因此前件不能肯定,故推理无效。

② ¬¬q∧p←r, r ⊢ q

两个前提中一个是逆蕴涵,另一个前提(r),肯定了逆蕴涵后件,根据必要条件假言推理的规则:"肯定后件就要肯定前件",可推出"¬¬q∧p"为真,再运用分解式和双重否定律,可推出"q"为真,故推理有效。

③ ¬p→q∨r,¬p ⊢ q

两个前提中一个是蕴涵,另一个是负命题(¬p),而"¬p"是蕴涵前件,根据充分条件假言推理的规则:"肯定前件就要肯定后件",可推出"q∨r"为真,但析取为真,选言肢不必然都真,故推理无效。

④ q←p,q←¬p ⊢ q

两个前提都是逆蕴涵,而两个逆蕴涵的前件是相同的命题"q",后件是矛盾命题,两个矛盾的命题必有一真,根据必要条件假言推理的规则:"肯定后件就要肯定前件",故推理有效。

⑤ ¬p→q, ¬q∨r, s←r ⊢ s→¬p

三个前提中一个是析取,两个是假言,其中一个析取(¬q∨r),可运用蕴涵定义律置换成等值的蕴涵(q→r),再把"s←r"置换成等值的"r→s",运用假言连锁推理,可推出"¬s→p"或者"¬p→s",但不能必然推出"s→¬p",故推理无效。

故选择②④。

17. ①④

① p∧q→r, ¬(¬q∨r) ⊢ ¬p

两个前提中一个是蕴涵,另一个是负命题(¬(¬q∨r)),而"¬(¬q∨r)"可置换成等值的"q∧¬r",由分解式推出"¬r"和"q",是蕴涵后件的否定,根据充分条件假言推理的规则:"否定后件就要否定前件",可推出"¬p∨¬q",与分解式推出的"q",运用否定肯定式可推出"¬p",故推理有效。

② p←q, p→¬s ⊢ q→s

两个前提都是假言,把其中的"p←q"置换成等值的"q→p",运用假言连锁推理,可推出"q→¬s"或"s→¬q",但不能必然推出"q→s",故推理无效。

③ ¬p→q∨r,¬q ⊢ p

两个前提中一个是蕴涵,另一个是负命题(¬q),而"¬q"是蕴涵后件(q∨r)中肢命题的否定,但否定选言肢,不能否定后件(析取),故推理无效。

④ q←p,r←q ⊢ ¬p∨r

两个前提都是逆蕴涵,把其中的"q←p"置换成等值的"p→q",把"r←q"置换成等值的"q→r",运用假言连锁推理,可推出"p→r",再把"p→r"

置换成等值的"¬p∨r"(蕴涵定义律),故推理有效。

⑤ ¬p←q∧¬r,¬r ⊢ ¬p

两个前提中一个是逆蕴涵,另一个前提(¬r),肯定了逆蕴涵后件(合取)的一个联言肢,但"¬r"为真,合取不必然为真,所以不能肯定后件,故推理无效。

故选择①④。

18. ②③

将推理划分为必然性推理和或然性推理的划分标准是推出关系,推出关系有两种,即必然性推出关系和或然性推出关系。必然性推出关系就是前提与结论具有必然性联系的推出关系,即若前提真,则结论必真的推出关系,"若前提真,则结论必真"也就是"前提蕴涵结论";或然性推出关系就是前提与结论具有或然性联系的推出关系,即若前提真,则结论不必然真的推出关系,"若前提真,则结论不必然真"也就是"前提不蕴涵结论"。

故选择②③。

19. ②⑤

若"p∨q"为真,且"p∧q"为假时,两个肢命题的真值为一真一假,即"p"真"q"假,或者"p"假"q"真。取值情况如下:

①   p→q∨r
       1 ? 0 ? ?
       0 1 1 1 ?

②   q←p∧q
       0 1 1 0 0
       1 1 0 0 1

③   p∨(q∧r)
       1 1 0 0 ?
       0 ? 1 ? ?

④   p∧(q∨r)
       1 ? 0 ? ?
       0 0 1 1 ?

⑤   ¬p↔(p→q)
       0 1 1 1 0 0
       1 0 1 0 1 1

故选择②⑤。

20. ①④

① q∨r 与 p∨r   常项相同,变项不同;

② q←p∧q 与 p∨(q∧r)　　　常项、变项都不同；
③ ¬p↔q 与 q↔r　　　　　常项、变项都不同；
④ p→q 与 r→s　　　　　　常项相同,变项不同；
⑤ p→q 与 ¬p∨q　　　　　变项相同,常项不同。
故选择①④。

九、真值表解题

1. 设 p 为:甲是南方人,q 为:乙是南方人。

p	q	A ¬p∨¬q	B p∧¬q	C p∨̇q
1	1	0	0	0
1	**0**	**1**	**1**	**1**
0	1	1	0	1
0	0	1	0	0

由表可知,只有加粗行符合题意。

当 A、B、C 同时为真时,甲是南方人,乙不是南方人。

2. 设 p 为:甲是南方人,q 为:乙是南方人。

p	q	A ¬p∧¬q	B p∧¬q	C p∧q
1	1	0	0	1
1	0	0	1	0
0	**1**	**0**	**0**	**0**
0	0	1	0	0

由表可知,只有加粗行符合题意。

当 A、B、C 同时为假时,甲不是南方人,乙是南方人。

3. 设 p 为:甲是木工,q 为:乙是泥工。

p	q	A ¬p→q	B q←p	C ¬p∧¬q
1	1	1	1	0
1	0	1	0	0
0	1	1	1	0
0	**0**	**0**	**1**	**1**

由表可知,只有加粗行符合题意。

当 B、C 同时为真时,甲不是木工,乙不是泥工。

4. 设 p 为:甲在现场,q 为:乙在现场,r 为:丙在现场。

p	q	r	A p⊻q⊻r	B p∧r↔¬q	C ¬p∨q←r
1	1	1	0	1	1
1	1	0	0	0	1
1	0	1	0	0	0
1	**0**	**0**	**1**	**1**	**1**
0	1	1	0	0	1
0	1	0	1	0	1
0	**0**	**1**	**1**	**1**	**1**
0	0	0	0	1	1

由表可知,只有加粗行符合题意。

当 A、B、C 都真时,甲、丙不一定在现场,乙不在现场。

5. 设 p 为:甲跳马,q 为:乙出车。

p	q	A p→q	B ¬p⊻¬q	C q←¬p	D ¬p∧q
1	1	1	0	1	0
1	**0**	**0**	**1**	**1**	**0**
0	1	1	1	1	1
0	0	1	0	0	0

由表可知,只有加粗行符合题意。

(1) B 与 C 的猜测正确。

(2) 两种正确的猜测中,B 蕴涵 C。

(3) 甲跳马。

(4) 乙不出车。

6. 设 p 为:甲是运动员,q 为:乙是运动员。

p	q	A ¬(¬p∨¬q)	B ¬p∨q	C p→¬q	D ¬q←p
1	1	1	1	0	0
1	0	0	0	1	1
0	1	0	1	1	1
0	0	0	1	1	1

由表可知,

(1) A 与 B 具有蕴涵关系。

（2）C 与 D 具有等值关系。

（3）A 与 C 具有矛盾关系。

（4）A 与 D 具有矛盾关系。

7. 设 p 为:小金当选人民代表,q 为:小李当选人民代表。

p q	A ¬p∨q	B q	C p∨q
1 1	1	1	1
1 0	0	0	1
0 1	1	1	1
0 0	1	0	0

由表可知,

当 A、B、C 不同真时,小金不必然当选人民代表,小李没当选人民代表;

当 A、B、C 同真时,小金不必然当选人民代表,小李当选人民代表。

8. 设 p 为:小陈是木工,q 为:小李是电工。

p q	甲 p∧¬q	乙 ¬p∨¬q	丙 p→¬q
1 1	**0**	**0**	**0**
1 0	1	1	1
0 1	0	1	1
0 0	0	1	1

由表可知,只有加粗行符合题意。

在小陈是木工并且小李是电工的情况下,丁的话能成立。

9. 设 p 为:甲上场比赛,q 为:乙上场比赛。

p q	A ¬p→q	B ¬p∨¬q
1 1	1	0
1 0	**1**	**1**
0 1	**1**	**1**
0 0	0	0

由表可知,只有加粗行符合题意,即 A、B 二命题都为真。

10. 设 p 为:出车,q 为:失马。

p q	甲 p→q	乙 q∧¬p	丙 p←¬q	丁 q∨p
1 1	1	0	1	1
1 0	0	0	1	1
0 1	1	1	1	1
0 0	**1**	**0**	**0**	**0**

由表可知,只有加粗行符合题意。

甲评判正确,如果不出车,那么不失马。

11. 请用简化真值表方法,判定下列推理是否有效:

1) $p\to q, \neg r \lor s, q\to \neg s \vdash p\to \neg r$

假设该推理无效,并转换成蕴涵式:

$(p\to q)\land(\neg r\lor s)\land(q\to\neg s)\to(p\to\neg r)$
　1 1 1　1　0 1 1 1　　1 0 1 0 1　　0 1 0 0 1

q 赋值产生矛盾,假设不成立,推理有效。

2) 推理无效(真值表略)。

3) 推理有效(真值表略)。

4) 推理无效(真值表略)。

5) 推理无效(真值表略)。

6) 推理无效(真值表略)。

7) 推理无效(真值表略)。

8) 推理有效(真值表略)。

9) 推理无效(真值表略)。

10) 推理有效(真值表略)。

十、分析题

(一) 写出下列各题推理的形式,分析是否有效,并简述理由

1. 设 p 为:肯定一切的观点是错误的,q 为:否定一切的观点是错误的。

推理形式:$p,q\vdash p\land q$。联言推理合成式,推理有效。因为前提中断定若干个命题,结论中可断定由它们组成的合取。

2. 设 p 为:中国是位于亚洲的国家,q 为:中国是发展中国家,r 为:中国是社会主义国家。

推理形式:$p\land q\land r\vdash p\land r$。联言推理分解式,推理有效。因为前提中肯定一联言命题,结论中可肯定其任一联言肢。

3. 设 p 为:能源是现代文明的支柱,q 为:材料是现代文明的支柱,r 为:信息是现代文明的支柱信息。

推理形式:$p\land q\land r\vdash r$。联言推理分解式,推理有效。因为前提中肯定一联言命题,结论中可肯定其任一联言肢。

4. 设 p 为:今天下雨, q 为:不会出太阳。

推理形式:$p\vdash p\land q$。推理无效。因为结论中的联言命题 q 真假不定,故结论合取的真假也不定。

5. 设 p 为:甲不是作案人, q 为:乙不是作案人。

推理形式:$p\lor q, p\vdash\neg q$。推理无效。因为肯定一部分肢,不可否定另一部

分肢。

6. 设 p 为:甲来,q 为:乙来,r 为:丙来。

   推理形式:p∨q∨r,q∧r⊢¬p。推理无效。因为肯定一部分肢,不可否定另一部分肢。

7. 设 p 为:一篇文章写得不好因内容空洞,q 为:因不合逻辑,r 为:因观点错误。

   推理形式:p∨q∨r,¬q⊢r。推理无效。因为否定一部分肢(¬q),可以肯定另一部分肢(p∨r),p∨r 为真,r 不必然为真。

8. 设 p 为:罪犯是张某,q 为:罪犯是李某,r 为:罪犯是成某。

   推理形式:p∨q∨r,¬q∧¬r⊢p。推理有效。因为否定一部分肢,可以肯定另一部分肢。

9. 设 p 为:他正确,q 为:你正确,r 为:我正确。

   推理形式:p∨q⊢r∨p∨q。附加律,推理有效。因为结论中的选言肢 p∨q 在前提中已断定为真,故结论必然为真。

10. 设 p 为:电视机没有图像是电视机坏了,q 为:是电视台出了差错,r 为:是天线断了。

    推理形式:p∨q∨r,q⊢¬p∧¬r。推理无效。因为肯定一部分肢,不能否定另一部分肢。

11. 设 p 为:走社会主义道路,q 为:走资本主义道路。

    推理形式:p∨̇q,p⊢¬q。推理有效。因为肯定一部分肢,可以否定另一部分肢。

12. 设 p 为:比赛在星期五,q 为:在星期六,r 为:在星期日。

    推理形式:p∨̇q∨̇r,¬q⊢p∨̇r。推理有效。因为否定一部分肢,可以肯定另一部分肢。

13. 设 p 为:麻痹大意,q 为:要犯错误。

    推理形式:p→q,q⊢p。推理无效。因为肯定前件不能肯定后件。

14. 设 p 为:张某是作案人,q 为:李某是作案人。

    推理形式:¬(p∧q)⊢⊣¬p∨¬q。推理有效。因为前提与结论是等值命题。

15. 设 p 为:甲是运动员,q 为:乙是运动员。

    推理形式:¬(p∨q)⊢⊣¬p∧¬q。推理有效。因为前提与结论是等值命题。

16. 设 p 为:想得清楚,q 为:能讲得明白。

    推理形式:p←q,q⊢p。推理有效。因为肯定后件就要肯定前件。

17. 设 p 为:被告方收货时没有对多收到的货物表示异议,q 为:应当对多收到的货物按合同约定的价格付款。

推理形式:p→q,¬p⊢¬q。推理无效。因为否定前件不能否定后件。

18. 设 p 为:借助于信息,q 为:能获取知识。
    推理形式:p←q,¬p⊢¬q。推理有效。因为否定前件就要否定后件。

19. 设 p 为:认真学习,q 为:能取得好成绩。
    推理形式:p←q⊢⊣q→p。蕴涵逆蕴涵交换律,推理有效。

20. 设 p 为:张山是杀人凶手,q 为:他有作案时间。
    推理形式:p→q,q⊢p。推理无效。因为肯定后件不能肯定前件。

21. 设 p 为:这次春游去苏州,q 为:小李去,r 为:小王去。
    推理形式:p→q∧r,¬q∨¬r⊢¬p。推理有效。因为否定后件可以否定前件。

22. 设 p 为:张某是自杀致死的,q 为:他有自杀原因,r 为:身上不应有搏斗伤痕。
    推理形式:p→q∨r,q∧r⊢p。推理无效。因为肯定后件不能肯定前件。

23. 设 p 为:买了股票,q 为:会发大财。
    推理形式:¬(p→q)⊢⊣p∧¬q。推理有效。因为前提与结论是等值命题。

24. 设 p 为:粗心大意,q 为:容易犯错误,
    推理形式:p→q⊢⊣¬p∨q。推理有效。因为前提与结论是等值命题。

25. 设 p 为:超过了合同中约定的交货时间,q 为:改变了约定的交货地点,r 为:被告方应当赔偿损失。
    推理形式:p∨q←r,¬q⊢¬r。推理无效。因为否定 q 不能否定前件 p∨q,所以不能必然否定后件 r。

26. 设 p 为:年龄未满 25 岁,q 为:具有大专以上文化程度的人,r 为:能录用为本公司的职员。
    推理形式:p∧q←r,¬r⊢¬p∨¬q。推理无效。因为否定后件不能否定前件。

27. 设 p 为:电线断了,q 为:电灯不亮。
    推理形式:p←q,p⊢q。推理无效。因为肯定前件不能肯定后件。

28. 设 p 为:上大学,q 为:能成材。
    推理形式:¬(p←q)⊢⊣¬p∧q。推理有效。因为前提与结论是等值命题。

29. 设 p 为:有必要,q 为:能动那笔救命钱。
    推理形式:p←q⊢⊣p∨¬q。推理有效。因为前提与结论是等值命题。

30. 设 p 为:懂得经济立法,q 为:能搞好经济管理。
    推理形式:p←q⊢⊣q→p。推理有效。因为前提与结论是等值命题。

31. 设 p 为:不注意体育锻炼,q 为:容易得病,r 为:不注意饮食卫生。
推理形式:p→q,r→q⊦p∧r。推理无效。因为肯定后件不能肯定前件。

32. 设 p 为:去北京参观学习,q 为:去天津参观学习,r 为:会使招商会推迟。
推理形式:p∧q←r,¬r⊦¬p∧¬q。推理无效。因为否定后件应当推出"¬p∨¬q"。

33. 设 p 为:深入社会生活,q 为:能熟悉社会生活。
推理形式:p←q⊦¬q→p。推理有效。因为前提与结论是等值命题。

34. 设 p 为:不仔细调查,q 为:弄不清案情,r 为:不能作出正确判决。
推理形式:p→q,q→r⊦¬r→¬p。假言连锁推理,推理有效。

35. 设 p 为:不去赴宴,q 为:有人会不高兴,r 为:有人背地里指责我。
推理形式:p→q∧r,¬p→q∧r⊦r。推理有效。因为前提中两个蕴涵的前件是矛盾命题,后件必然被肯定。

36. 设 p 为:甲是律师,q 为:乙是律师。
推理形式:¬(p↔q)⊦⊣¬p∨¬q。推理有效。因为前提与结论是等值命题。

37. 设 p 为:我努力用功了,q 为:考试不超出大纲范围,r 为:我就能过关。
推理形式:p→(q→r)⊦⊣p∧q→r。推理有效。因为前提与结论是等值命题。

38. 设 p 为:我自首,q 为:检举有功,r 为:我能被从轻发落。
推理形式:p∧q→r⊦r→p∧q。推理无效。因为肯定一个蕴涵的后件,并不能肯定前件。

39. 设 p 为:本次列车是快车,q 为:它不会在本站停车。
推理形式:p→q,¬q⊦¬p。推理有效。因为否定后件可以否定前件。

40. 设 p 为:一个数能被 2 整除,q 为:这个数是偶数。
推理形式:p↔q,q⊦p。推理有效。因为肯定后件就要肯定前件。

41. 设 p 为:一个数能被 2 整除,q 为:一个数能被 3 整除,r 为:这个数才能被 6 整除。
推理形式:p∧q↔r,¬r⊦¬p∧¬q。推理无效。因为否定后件就要否定前件,有效的结论应当是"¬(p∧q)","¬(p∧q)"真"¬p∧¬q"不必然真。

42. 设 p 为:这个分币是一分,q 为:这个分币是二分。
推理形式:¬(p∨q)⊦⊣(p∧q)∨(¬p∧¬q)。推理有效。因为前提与结论是等值命题。

43. 设 p 为:张某是罪犯,q 为:李某是同案犯。
推理形式:p→q∧¬q⊦¬p。归谬推理,推理有效。因为前提中的蕴涵的后件是矛盾命题,前件必然要被否定。

44. 设 p 为:甲厂投资,q 为:乙厂投资,r 为:丙厂投资。
   推理形式:p∧q→r⊢⊣﹁p∧﹁r→﹁q。推理有效。因为前提与结论是等值命题。

45. 设 p 为:甲厂投资,q 为:乙厂投资,r 为:丙厂不投资。
   推理形式:p∧q→r,﹁r⊢﹁q。推理无效。因为否定后件,则否定前件,结论应是﹁p∨﹁q。

46. 设 p 为:甲方违约,q 为:乙方违约,r 为:丙方受到损失。
   推理形式:p∨q←r,﹁p∧r⊢q。推理有效。因为肯定后件可以肯定前件,否定一部分可以肯定另一部分。

47. 设 p 为:甲方违约,q 为:乙方违约,r 为:丙方违约。
   推理形式:p∨q→r⊢⊣﹁r→﹁p∧﹁q。推理有效。因为前提与结论是等值命题。

48. 设 p 为:工作没有做好是缺乏经验,q 为:是骄傲自满,r 为:是困难太多。
   推理形式:p∨q∨r,q⊢﹁p∧﹁r。推理无效。因为肯定一部分不能否定另一部分。

49. 设 p 为:"怀疑一切"的观点成立,q 为:应当肯定"怀疑一切"这一观点。
   推理形式:p→q,p→﹁q⊢﹁p。归谬推理,推理有效。因为前提中的两个蕴涵的后件是矛盾命题,前件必然要被否定。

50. 设 p 为:上帝是万能的,q 为:上帝能创造出一块连他自己也举不起来的石头。
   推理形式:p→q,p→﹁q⊢﹁p。归谬推理,推理有效。因为前提中的两个蕴涵的后件是矛盾命题,前件必然要被否定。

51. 设 p 为:树立坚定的信心,q 为:能不懈地努力,r 为:能取得优异的成绩
   推理形式:p←q,q←r⊢﹁p→﹁r。推理有效。因为把前提的两个逆蕴涵转换成蕴涵,就是有效的假言连锁推理。

52. 设 p 为:你将死于因吸烟引起的癌症,q 为:你将不是死于因吸烟引起的癌症,r 为:戒烟毫无意义。
   推理形式:p→r,q→r,p∨q⊢r。推理有效,它是二难推理简单构成式。

53. 设 p 为:你热爱学习,q 为:学习会给你无穷的乐趣,r 为:你厌恶学习,s 为:学习会给你无尽的烦恼。
   推理形式:p→q,r→s,p∨r⊢q∨s。推理有效,它是二难推理复杂构成式。

54. 设 p 为:一个人常练习短跑,q 为:他会有速度,r 为:一个人常练习长跑,s 为:他就会有耐力。
   推理形式:p→q,r→s,p∧r⊢q∧s。推理有效,它是假言联言推理式。

55. 设 p 为:你真心实意为社会主义四化建设服务,q 为:你就应该坚持不断学

习,r 为:你就应该积极工作。

推理形式:p→q,p→r,¬q∨¬r⊢¬p。推理有效,它是二难推理简单破坏式。

56. 设 p 为:是一个唯物主义者,q 为:会承认物质第一性,r 为:会自觉按客观规律办事。

推理形式:p↔q,q←r⊢r→p。推理有效,该推理式可转换成:
$$r→q,q→p⊢r→p$$

57. 设 p 为:某同志坚持辩证法,q 为:某同志坚持唯物论,r 为:他是坚持辩证唯物论的。

推理形式:p∧q→r⊢p∧¬r→¬q。推理有效(理由略)。

58. 设 p 为:她富强,q 为:我们应该热爱她,r 为:她贫穷。

推理形式:p→q,r→q,p∨r⊢q。推理有效,它是二难推理简单构成式。

59. 设 p 为:一个罪犯态度老实,q 为:他会彻底交代罪行,r 为:他会检举揭发同伙。

推理形式:p→q,p→r,¬q∨¬r⊢¬p。推理有效,它是二难推理简单破坏式。

60. 设 p 为:你选修了逻辑学,q 为:你学习努力,r 为:你能通过考试。

推理形式:p→q→r,p∧¬q→¬r,p⊢q↔r。推理有效(理由略)。

(二)回答下列问题,并写出推导过程

1. 设 p 为:写得不好的论文因观点不正确,q 为:因材料贫乏,内容空洞,r 为:因结构有毛病,s 为:因语言运用还有错误,t 为:逻辑上有问题。

1) 不能推出结论。因为肯定一部分选言肢,不能否定另一部分选言肢。

2) p∨q∨r∨s∨t,¬t⊢p∨q∨r∨s

能推出结论。因为否定一部分选言肢,可以肯定另一部分选言肢。结论:"写得不好的论文,或者观点不正确,或者材料贫乏,内容空洞,或者结构有毛病,或者语言运用还有错误。"

3) p∨q∨r∨s∨t,¬p∧¬q∧¬r∧¬t⊢s

能推出结论。因为否定一部分选言肢,可以肯定另一部分选言肢。结论:"写得不好的论文是因语言运用还有错误。"

4) 不能推出结论。因为肯定一部分选言肢,不能否定另一部分选言肢。

2. 该词运用了二难推理的复杂构成式:

设 p 为:欲寄征衣,q 为:怕君不还,r 为:不寄征衣,s 为:怕君身寒。

推理形式:p→q,r→s,p∨r⊢q∨s。推理有效。

3. 根据已知条件可整理出下列二难推理:

"如果汤姆作案,那么他的同伙中一定有山姆;如果汤姆没有作案,那么山姆一定在作案人中。汤姆或者作案或者没有作案,总之,山姆一定作案。"
　　结论:山姆有罪。

4. 设p为:欲盛,q为:费广,r为:赋重,s为:民愁,t为:国危,u为:君丧。
   推理形式:$p \to q, q \to r, r \to s, s \to t, t \to u \vdash \neg u \to \neg p$。推理有效。
   假言连锁推理的结论是:"如果不想'君丧',则不敢纵欲",或者"若'欲盛',则'君丧'"。

5. 设p为:张明得奖,q为:李东得奖,r为:王洪得奖,s为:高亮得奖。
   1) $\neg p \vee \neg q \leftarrow r \wedge s$
   2) $\neg(\neg r \vee \neg s)$
   3) q
   由$\neg(\neg r \vee \neg s)$可得$r \wedge s$(德摩根律);
   由$r \wedge s$和$\neg p \vee \neg q \leftarrow r \wedge s$可得$\neg p \vee \neg q$(肯定后件式);
   由$\neg p \vee \neg q$和q可得$\neg p$(否定肯定式)。
   结论:张明没得奖,李东、王洪、高亮得奖。

6. 如果有朋友来访,那么会由于交谈而思想开放,从而写得出文章来;如果没有朋友来访,那么会由于独处而不耽搁时间,从而也写得出文章来。或者有朋友来访,或者没有朋友来访,总之,都写得出文章来。

7. 设p为:甲工厂参加鉴定,q为:乙工厂参加鉴定,r为:丙工厂参加鉴定。
   1) $\neg q \to \neg p$
   2) $q \to p \wedge r$
   3) p
   4) 由$\neg q \to \neg p$和p可得q(否定后件式)
   5) 由q和$q \to p \wedge r$可得$p \wedge r$(肯定前件式)
   6) 由$p \wedge r$可得r(分解式)
   结论:当甲工厂参加鉴定时,丙工厂参加。

8. 设p为:仆射病能好,q为:去看望他。
   裴玄本的玩笑话为:$(p \to q) \wedge (\neg p \to \neg q)$,即$p \leftrightarrow q$(等值定义)。
   房玄龄的玩笑话为:$p \leftrightarrow q, q \vdash p$(肯定后件式)。
   推理正确。

9. 设p为:山无陵,q为:江水为竭,r为:冬雷震震,s为:夏雨雪,t为:天地合,u为:与君绝。
   命题形式为:$p \wedge q \wedge r \wedge s \wedge t \leftarrow u$。
   由于命题的前件是不可能存在的,必然被否定,故后件也必然被否定。该诗表达了作者"永不与君绝"和"我欲与君相知,长命无绝衰"的决心。

10. 设p为:对待外国的科学文化是一概排斥,q为:是一概照搬,r为:是有分析地批判吸收,s 为:会缓慢爬行,远远落在后面,t 为:我们就会变成帝国主义的附庸。

1) p∨q∨r
2) p→s
3) ¬s
4) q→t
5) ¬t

由 p→s 和 ¬s 可得 ¬p(否定后件式);

由 q→t 和 ¬t 可得 ¬q(否定后件式);

由 p∨q∨r 和 ¬p 可得 q∨r(否肯式);

由 q∨r 和 ¬q 可得 r(否肯式)。

结论:对待外国的科学文化是有分析地批判吸收。

十一、综合题

1. 假设:甲说真话。

   据甲说真话,可推知乙说假话,可推知丙说真话,可推知甲、乙都讲假话,可推知甲说假话,与假设矛盾。

   假设:甲说假话。

   据甲说假话,可推知乙说真话,可推知丙说假话,可推知并非"甲、乙都讲假话",即"或者甲说真话,或者乙说真话"。

   结论:甲说假话,乙说真话。

2. 乙和丙的猜测是矛盾的,必有一真,必有一假,可推知猜错的必是乙和丙中的一人,可推知甲猜对了,可推知乙考上了,可推知乙猜错了。

3. 丙和丁的断定是矛盾的,必有一真,必有一假,可推知为假的必是丙和丁中的一人,进而可推知甲和乙的断定是真的,可推知赵某不是凶犯,李某是凶犯(甲、乙两个断定的否定肯定式)。最后,可确定丁的断定是假的。

4. 甲:A 当上了律师(p),B 当上了法官(q)。

   乙:A 当上了法官(r),C 当上了律师(s)。

   丙:A 当上了检察官(t),B 当上了律师(u)。

   根据题意,若 p 真则 q 假,若 p 假则 q 真。

   设 p 真 q 假,可推知 r 假且 s 假,与题意矛盾。

   设 p 假 q 真,可推知 r 假且 s 真,可推知 u 假 t 真。

   结论:A 当上了检察官,B 当上了法官,C 当上了律师。

5. 据题意,甲厂导演要么姓孙,要么姓白。而甲厂导演说话后,一个姓孙的导演接了话,可推知甲厂导演不姓孙而姓白。

   据题意,乙厂导演要么姓黄要么姓白,已知甲厂导演姓白,可推知乙导演不姓白而姓黄。最后,可推知丙厂导演姓孙。

结论:甲厂导演姓白,乙厂导演姓黄,丙厂导演姓孙。

6. 这个学生手里的糖要么是软糖,要么是硬糖。如果是硬糖,他马上可以推知另一个学生手里的糖是软糖,由此可推知他手中的是软糖。由于有两颗软糖,因此他不能立刻推知另一个学生手中的糖是硬糖还是软糖。但当他发觉另一个学生也陷于同他一样的困惑时,他推知:另一个学生手中的是软糖。

因为如果对方手里拿的是硬糖,那么对方能够立即断定他手里的是软糖;对方不能立即推断出他手里的是软糖,可见对方手里的不是硬糖,也是软糖。

7. 公安人员在调查现场时得知,被害人的两个儿子都有犯罪嫌疑,同时在讯问过程中发现小儿子说谎:老式钟盘的"4"和"8"处各有一个孔,供上发条用。若指针压在"4"和"8"处,不拨动指针就无法上发条。而小儿子说他给钟上了发条而没拨动指针的时间正是 8 点 20 分,可推知小儿子在说谎。

在认定"小儿子可能是罪犯"的过程中,公安人员运用了这样一个推理:如果你不是罪犯,那么你应该说实话。小儿子没有说实话,所以,"小儿子可能是罪犯"。

8. A 和 C、B 和 F 的供词是等值命题,A、C 与 E 的供词是矛盾命题,B、F 与 D 的供词也是矛盾命题。根据矛盾命题必有一真、必有一假的性质,他们六人中至少有两人说真话。根据已知条件只有三人说真话,其中包括 H,可推知两组矛盾供词中只能有两人说真话。由此可推知另两个说真话的人是 E 和 D,即"C 不是主犯"和"D 不是主犯"为真。

据说真话的 H 的供词"D 和 A 之中有主犯"和"D 不是主犯",可推知"A 是主犯"。

据说假话的 G 的供词"我和 C 都不是主犯"("G 和 C 中有主犯"为真)和"C 不是主犯",可推知"G 是主犯"。

结论:D、E 和 H 说真话,A 和 G 是主犯。

9. 设:A. 小王第二(p),小李第三(q)。

B. 小李第一(r),小丁第四(s)。

C. 小张第三(t),小赵第五(u)。

D. 小王第二(p),小丁第四(s)。

E. 小赵第一(v),小张第二(w)。

根据题意,若 p 真则 q 假,若 p 假则 q 真。

设 p 真 q 假,可推知 D 中 s 假,可推知 B 中 r 真,可推知 E 中 v 假 w 真,与题意及假设矛盾(小王与小张都是第二)。

设 p 假 q 真,可推知 D 中 s 真,可推知 B 中 r 假,可推知 E 中 v 真 w 真。

结论:小王第一,小张第二,小李第三,小丁第四,小赵第五。

10. 设:是红球为 p,是黄球为 q,是黑球为 r,是白球为 s。
    A. ¬p→¬r;¬q ⩔ ¬r;¬s∨¬r
    B. ¬(¬p∨¬r);s∨q;s→¬r
    C. p→r;q←s;q→s
    真值表解题:
    (注意:4 个变项应当有 16 行组合,但根据题意,只有两个球为真,故变项为 6 行,即只有 6 种变项组合)

	A			**B**			**C**		
pqrs	¬p→¬r	¬q ⩔ ¬r	¬s∨¬r	¬(¬p∨¬r)	s∨q	s→¬r	p→r	q←s	q→s
1100	1	1	1	0	1	1	0	1	0
1010	0	1	1	0	0	1	1	1	1
1001	0	0	1	0	1	1	0	0	1
0110	1	0	1	0	1	1	1	1	0
0101	1	1	1	1	1	1	1	1	1
0011	**0**	**1**	**0**	**0**	**1**	**0**	**1**	**0**	**1**

由表可知,只有最后一行(加粗行)符合题意。
结论:两个球是黑球和白球。
此外,运用假设法也可以解题(假设法推导过程略)。

11. 设:甲去为 p,乙去为 q,丙去为 r,丁去为 s。
    甲:¬q→¬p
    乙:s←q∧p
    丙:r∨s
    丁:s∧q→r

	甲	乙	丙	丁
p q r s	¬q→¬p	s←q∧p	r∨s	s∧q→r
1 1 1 0	1	0	1	1
1 1 0 1	1	1	1	0
1 0 1 1	0	1	1	1
0 1 1 1	**1**	**1**	**1**	**1**

由表可知,只有最后一行(加粗行)符合题意。
结论:甲不去,乙、丙、丁去。
此外,运用假设法也可以解题(假设法推导过程略)。

12. 设:甲是主犯为 p,乙是主犯为 q,丙是主犯为 r,丁是主犯为 s。

A. ¬p∨r；¬p→q
B. ¬s←r；p∨̇¬s
C. p∧r；s∨q
D. q→s；¬p←r
E. ¬q∨̇r；s→¬p

根据题意，A 的两个命题中，第一个为真，则第二个为假；第一个为假，则第二个为真（只有这两种可能）。

假设：A 中第一个为真，则第二个为假。根据假设：

A. ¬p∨r；¬p→q
     1   0

由此可得：

A. ¬p∨r；¬p→q
    1 1 0 0 0

可推知，p 假 q 假。由此可得：

D.   q→s；¬p←r
     0 1   1 0 1

蕴涵前件为假，后件不论真假，蕴涵为真；逆蕴涵前件为真，后件不论真假，逆蕴涵为真。故这两个命题都为真，与题意矛盾。

假设：A 中第一个为假，则第二个为真。

根据假设，可推知，p 真 r 假：

A. ¬p∨r；¬p→q
  0 1 0 0   0 1 1

由此可推知 B 中"¬s←r"为真（后件为假的逆蕴涵必真），则另一命题"p∨̇¬s"为假，可推知 s 为假：

B. ¬s←r；p∨̇¬s
   1 0 1 0 1 0

据此，可推知 E 命题中"s→¬p"为真，而另一命题"¬q∨̇r"为假，可推知 q 为真：

E. ¬q∨̇r；s→¬p
  0 1 0 0 0 1 0 1

可推知 C 命题中"p∧r"为假，而另一命题"s∨q"为真：

C. p∧r；s∨q
  1 0 0 0 1 1

可推知 D 命题中"q→s"为假，而另一命题"¬p←r"为真：

172

D. q→s;￢p←r
   1 0 0   0 1 1 1
这与题意相符。

结论:甲、乙是主犯,丙、丁不是主犯。

此外,运用真值表方法也可以解题(真值表方法推导过程略)。

13. 假设:陈说的是真话,可推知十人都说假话,与假设矛盾。可推知,① 陈说假话,② 至少有一人说真话。

假设:赵说的是真话,则说假话的是陈,可推知其他九人都说真话,但其他九人的话矛盾。可推知,③赵说假话。

假设:钱说的是真话,则说假话的是陈和赵,可推知其他八人都说真话,但其他八人的话矛盾。可推知,④钱说假话。

假设:孙说的是真话,则说假话的是陈、赵和钱,可推知其他七人都说真话,但其他七人的话矛盾。可推知,⑤孙说假话。

假设:李说的是真话,则说假话的是陈、赵、钱和孙,可推知其他六人都说真话,但其他六人的话矛盾。可推知,⑥李说假话。

假设:周说的是真话,则说假话的是陈、赵、钱、孙和李,可推知其他五人都说真话,但其他五人的话矛盾。可推知,⑦周说假话。

假设:吴说的是真话,则说假话的是陈、赵、钱、孙、李和周,可推知其他四人都说真话,但其他四人的话矛盾。可推知,⑦吴说假话。

假设:郑说的是真话,则说假话的是陈、赵、钱、孙、李、周和吴,可推知其他三人都说真话,但其他三人的话矛盾。可推知,⑧郑说假话。

假设:王说的是真话,则说假话的是陈、赵、钱、孙、李、周、吴和郑,可推知其他两人都说真话,但其他两人的话矛盾。可推知,⑨王说假话。

假设:冯说的是真话,则说假话的是陈、赵、钱、孙、李、周、吴、郑和王,可推知只有冯说真话,与假设不矛盾。

结论:冯说真话,其他九人说假话。

14. 警方的三个推理是错误的。

第一个推理是必要条件假言推理肯定前件式,其形式是 p←q,p ⊢q。

推理无效,肯定前件不能肯定后件。

第二个推理是充分条件假言推理肯定后件式,其形式是 p→q,q ⊢p。

推理无效,肯定后件不能肯定前件。

第三个推理是充分条件假言推理否定前件式,其形式是 p→q,￢p ⊢￢q。

推理无效,否定前件不能否定后件。

十二、形式证明题

（一）把下列推导序列中缺少的部分填上

1. (1)　　　　　　　(¬q→r)∧(r→s)　　　　　　前提
   (2)　　　　　　　¬s　　　　　　　　　　　　前提
   (3)　　　　　　　r→s　　　　　　　　　　　(1)分解式
   (4)　　　　　　　¬r　　　　　　　　　　　　(2)(3)否后式
   (5)　　　　　　　¬q→r　　　　　　　　　　(1)分解式
   (6)　　　　　　　¬¬q　　　　　　　　　　　(4)(5)否后式
   (7)　　　　　　　¬r∧¬¬q　　　　　　　　　(4)(6)合成式
   (8)　　　　　　　¬s∧(¬r∧¬¬q)　　　　　　(2)(7)合成式
   (9)　　　　　　　¬s∧(¬r∧q)　　　　　　　(8)双重否定律
   (10)　　　　　　 (¬s∧¬r)∧q　　　　　　　(9)结合律

2. (1)　　　　　　　p∨q　　　　　　　　　　　前提
   (2)　　　　　　　p→¬r　　　　　　　　　　前提
   (3)　　　　　　　t∧s　　　　　　　　　　　前提
   (4)　　　　　　　u→r　　　　　　　　　　　前提
   (5)　　　　　　　¬¬s→¬¬u　　　　　　　　前提
   (6)　　　　　　　s→u　　　　　　　　　　　(5)双重否定律
   (7)　　　　　　　s→r　　　　　　　　　　　(4)(6)假言连锁
   (8)　　　　　　　s　　　　　　　　　　　　(3)分解式
   (9)　　　　　　　r　　　　　　　　　　　　(7)(8)肯前式
   (10)　　　　　　 ¬p　　　　　　　　　　　(2)(9)否后式
   (11)　　　　　　 q　　　　　　　　　　　　(1)(10)否肯式

3. (1)　　　　　　　p→t　　　　　　　　　　　前提
   (2)　　　　　　　¬t　　　　　　　　　　　　前提
   (3)　　　　　　　p∨(q→r)　　　　　　　　　前提
   (4)　　　　　　　¬t→(r→s)　　　　　　　　前提
   (5)　　　　　　　¬p　　　　　　　　　　　　(1)(2)否后式
   (6)　　　　　　　q→r　　　　　　　　　　　(3)(5)否肯式
   (7)　　　　　　　r→s　　　　　　　　　　　(2)(4)肯前式
   (8)　　　　　　　q→s　　　　　　　　　　　(6)(7)假言连锁

4. (1)　　　　　　　s→¬(¬p∧¬r)　　　　　　　前提
   (2)　　　　　　　¬q→¬p　　　　　　　　　　前提
   (3)　　　　　　　¬r∨q　　　　　　　　　　　前提
   (4)　　　　　　　¬s→¬t　　　　　　　　　　前提

	(5)	t	前提
	(6)	s	(4)(5)否后式
	(7)	$\neg(\neg p \wedge \neg r)$	(1)(6)肯前式
	(8)	$p \vee r$	(7)德摩根律
	(9)	$p \to q$	(2)假言易位
	(10)	$r \to q$	(3)蕴涵定义律
	(11)	q	(8)(9)(10)二难推理
5.	(1)	$(p \to q) \to q$	前提
	(2)	$\neg(p \wedge \neg q) \to q$	(1)否定蕴涵定义律
	(3)	$(p \wedge \neg q) \vee q$	(2)蕴涵定义律
	(4)	$(p \vee q) \wedge (\neg q \vee q)$	(3)分配律
	(5)	$p \vee q$	(4)分解式
6.	(1)	$q \leftarrow s$	前提
	(2)	$q \vee r \to p$	前提
	(3)	$p \veebar s$	前提
	(4)	$s \vee r$	前提
	(5)	$\neg q \to \neg s$	(1)蕴涵逆蕴涵交换律
	(6)	$\neg s \to r$	(4)蕴涵定义律
	(7)	$\neg q \to r$	(5)(6)假言连锁
	(8)	$q \vee s$	(7)蕴涵定义律
	(9)	p	(2)(8)肯前式
	(10)	$\neg s$	(3)(9)肯否式
7.	(1)	$p \to q$	前提
	(2)	$\neg(r \wedge s)$	前提
	(3)	$s \leftarrow p$	前提
	(4)	$\neg(q \wedge \neg r)$	前提
	(5)	$\neg r \vee \neg s$	(2)德摩根律
	(6)	$r \to \neg s$	(5)蕴涵定义律
	(7)	$\neg q \vee r$	(4)德摩根律
	(8)	$q \to r$	(7)蕴涵定义律
	(9)	$p \to \neg s$	(1)(6)(8)假言连锁
	(10)	$p \to s$	(3)蕴涵逆蕴涵交换律
	(11)	$\neg p$	(9)(10)归谬推理
8.	(1)	$p \to q$	前提
	(2)	$\neg(r \wedge s)$	前提

(3)		s←p	前提
(4)		¬(q∧¬r)	前提
(5)		p	假设前提
(6)		q	(1)(5)肯前式
(7)		¬q∨r	(4)德摩根律
(8)		r	(6)(7)否肯式
(9)		¬r∨¬s	(2)德摩根律
(10)		¬s	(8)(9)否肯式
(11)		¬p	(3)(10)否前式
(12)		p∧¬p	(5)(11)合成式
(13)		¬p	(5)—(12)间接证明

9.
(1)	(q∨r)→p	前提
(2)	¬(¬q∧¬s)	前提
(3)	r∨t	前提
(4)	¬u←p	前提
(5)	¬p→¬(q∨r)	(1)假言易位
(6)	¬p→(¬q∧¬r)	(5)德摩根律
(7)	u→¬p	(4)蕴涵逆蕴涵交换律
(8)	u→(¬q∧¬r)	(6)(7)假言连锁
(9)	¬u∨(¬q∧¬r)	(8)蕴涵定义律
(10)	(¬u∨¬q)∧(¬u∨¬r)	(9)分配律
(11)	¬u∨¬q	(10)分解式
(12)	u→¬q	(11)蕴涵定义律
(13)	¬u∨¬r	(10)分解式
(14)	u→¬r	(13)蕴涵定义律
(15)	q∨s	(2)德摩根律
(16)	¬q→s	(15)蕴涵定义律
(18)	u→s	(12)(15)假言连锁
(19)	¬r→t	(3)蕴涵定义律
(20)	u→t	(14)(19)假言连锁
(21)	(u→s)∧(u→t)	(18)(20)合成式
(22)	(¬u∨s)∧(¬u∨t)	(21)蕴涵定义律
(23)	¬u∨(s∧t)	(22)分配律
(24)	u→(s∧t)	(23)蕴涵定义律
(25)	(s∧t)←u	(24)蕴涵逆蕴涵交换律

10.
(1)	(q∨r)→p	前提
(2)	¬(¬q∧¬s)	前提
(3)	r∨t	前提
(4)	¬u←p	前提
(5)	u	假设前提
(6)	¬p	(4)(5)否前式
(7)	¬(q∨r)	(1)(6)否后式
(8)	¬q∧¬r	(7)德摩根律
(9)	¬q	(8)分解式
(10)	q∨s	(2)德摩根律
(11)	s	(9)(10)否肯式
(12)	¬r	(8)分解式
(13)	t	(3)(12)否肯式
(14)	s∧t	(11)(13)合成式
(15)	u→(s∧t)	(5)—(14)条件证明
(16)	(s∧t)←u	(15)蕴涵逆蕴涵交换律

(二)请用形式证明的方法解题,或证明下列推理的有效

1. (¬p→q)∨¬r, p∨q→s∧¬q, r ⊢ p∧r

①	(¬p→q)∨¬r	前提
②	p∨q→s∧¬q	前提
③	r	前提
④	¬p→q	①③否肯式
⑤	p∨q	④蕴涵定义律
⑥	s∧¬q	②⑤肯前式
⑦	¬q	⑥分解式
⑧	p	⑤⑦否肯式
⑨	p∧r	③⑧合成式

推理有效。

2. 推理有效(证明过程略)。
3. 推理有效(证明过程略)。
4. 推理有效(证明过程略)。
5. 推理有效(证明过程略)。
6. 推理有效(证明过程略)。
7. p∨q, r→¬p ⊢ ¬q→¬r

①	p∨q	前提

②	r→¬p	前提
③	¬p→q	①蕴涵定义律
④	r→q	②③假言连锁
⑤	¬q→¬r	④假言易位

推理有效。

8. 推理有效(证明过程略)。

9. 推理有效(证明过程略)。

10. 推理有效(证明过程略)。

11. p∨q∨r, s←p, s→t, q→u, ¬u∧¬t ⊢ ?

①	p∨q∨r	前提
②	s←p	前提
③	s→t	前提
④	q→u	前提
⑤	¬u∧¬t	前提
⑥	¬u	⑤分解式
⑦	¬q	④⑥否后式
⑧	¬t	⑤分解式
⑨	¬s	③⑧否后式
⑩	¬p	②⑨否前式
⑪	r	①⑦⑩否肯式

丙是凶手。

12. p→q, ¬r←¬s, s∨̇q, t∧u→p, r∧t ⊢ ?

①	p→q	前提
②	¬r←¬s	前提
③	s∨̇q	前提
④	t∧u→p	前提
⑤	r∧t	前提
⑥	r	⑤分解式
⑦	s	②⑥否前式
⑧	¬q	③⑦肯否式
⑨	¬p	①⑧否后式
⑩	¬t∨¬u	④⑨否后式
⑪	t	⑤分解式
⑫	¬u	⑩⑪否肯式

4号上场,6号、8号和12号不上场。

13. 设：以 p 替代"p 去"，以 q 替代"q 去"，r、s、t、u 与之相同。

推导方法之一：

p∨q,¬(p∧s),¬p∨̲¬t∨̲¬u,q↔r,r∨̲s,¬s→¬t ⊢ ?

①	p∨q	前提
②	¬(p∧s)	前提
③	¬p∨̲¬t∨̲¬u	前提
④	q↔r	前提
⑤	r∨̲s	前提
⑥	¬s→¬t	前提
⑦	¬p∨¬s	②德摩根律
⑧	p→¬s	⑦蕴涵定义律
⑨	p→¬t	⑥⑧假言连锁
⑩	(q→r)∧(q←r)	④等值定义律
⑪	q→r	⑩分解式
⑫	(r∨s)∧¬(¬r∧¬s)	⑤严格析取定义律
⑬	¬(¬r∧¬s)	⑫分解式
⑭	¬r∨¬s	⑬德摩根律
⑮	r→¬s	⑭蕴涵定义律
⑯	q→¬t	⑥⑪⑮假言连锁
⑰	¬t	①⑨⑯二难推理
⑱	p∧u	③⑰肯否式
⑲	p	⑱分解式
⑳	u	⑱分解式
㉑	¬s	⑧⑲肯前式
㉒	r	⑤㉑否肯式
㉒	q	④㉒肯后式

p、q、r、u 去，s、t 不去。

推导方法之二：（间接证明法）

p∨q,¬(p∧s),¬p∨̲¬t∨̲¬u,q↔r,r∨̲s,¬s→¬t ⊢ ?

①	p∨q	前提
②	¬(p∧s)	前提
③	¬p∨̲¬t∨̲¬u	前提
④	q↔r	前提
⑤	r∨̲s	前提
⑥	¬s→¬t	前提

⑦	t	假设前提
⑧	s	⑥⑦否后式
⑨	¬r	⑤⑧肯否式
⑩	¬q	④⑨否后式
⑪	p	①⑩否肯式
⑫	¬p∨¬s	②德摩根律
⑬	¬s	⑪、⑫否肯式
⑭	s∧¬s	⑧⑬合成式
⑮	¬t	⑦—⑭间接证明
⑯	p∧u	③⑮肯否式
⑰	p	⑯分解式
⑱	u	⑯分解式
⑲	¬p∨¬s	②德摩根律
⑳	¬s	⑰、⑲肯前式
㉑	r	⑤⑳否肯式
㉒	q	④㉑肯后式

p、q、r、u 去，s、t 不去。

14. q 是泄密者（推导过程略）。

15. 问刑警队长的推理是否正确，其实就是问下列推理是否有效：

p∨q, p→r, s→t, ¬r↔¬s ⊢ ¬t→(q∧¬p)

①	p∨q	前提
②	p→r	前提
③	s→t	前提
④	¬r↔¬s	前提
⑤	¬t	假设前提
⑥	¬s	③⑤否后式
⑦	¬r	④⑥肯后式
⑧	¬p	②⑦否后式
⑨	q	①⑧否肯式
⑩	q∧¬p	⑧⑨合成式
⑪	¬t→(q∧¬p)	⑤—⑩条件证明

推理有效，刑警队长的推理正确。

第六章　简单命题及其推理

一、判断题

1. √
2. ×　"引擎"和"发动机"是同义词,它们是同一个概念。
3. ×　不一定,如故意犯罪与过失犯罪是两个正概念,但它们具有矛盾关系。
4. √
5. ×　命题间的反对关系是指不可同真,可以同假。
6. ×　命题间的下反对关系是指可以同真,不可同假。
7. ×　SAP 与 SEP 具有反对关系,因此,SAP 假 SEP 真假不定。
8. √
9. √
10. ×　SAP 不能换位为 PAS,因为 P 在前提中不周延而在结论中周延。
11. √
12. ×　这条规则的逆规则不成立,结论特称,两前提中未必有一特称。
13. ×　这条规则的逆规则不成立,某一个项在结论中不周延,但在前提中可周延可不周延。
14. ×　遵守各格规则是三段论有效的必要条件,而不是充分条件。
15. √
16. √
17. ×　概念间的全同关系既是对称的,又是传递的。
18. √
19. √
20. ×　命题间的蕴涵关系既是非对称的,又是传递的。

二、填空题

1. 内涵;外延
2. 正
3. 负
4. 单独
5. 单独
6. 普遍
7. 全异

8. 全异

9. 真包含

10. 全异

11. 全异

12. 全异

13. 全异

14. 有a不是b

15. 所有b是a

16. 真包含

17. 限制；概括

18. 肯定；否定

19. 全称；特称；单称

20. 真；真

21. 假；真

22. 真包含；交叉

23. 真包含；交叉

24. 真包含；交叉

25. 交叉

26. 特称；否定

27. 真；假

28. 下反对；不可同假，可以同真

29. 真

30. 真；假

31. 含碳

32. 工人；老年人

33. 三；OAO

34. 二；AOO

35. 全称肯定

36. 二；四

37. 全称肯定

38. IAI

39. AEE

40. 全称否定

41. 一；AAA

42. 真包含于关系；交叉关系

43. 蕴涵关系;全异关系
44. 父子关系;父子关系

三、指出下列各句标有横线的概念是单独概念还是普遍概念、是正概念还是负概念

1. 既是单独概念又是正概念
2. 两概念既是普遍概念又是正概念
3. 既是普遍概念又是正概念
4. 既是普遍概念又是负概念
5. 既是单独概念又是正概念
6. 既是单独概念又是正概念

四、指出下列各句标有横线的概念是集合概念还是非集合概念

1. 非集合概念
2. 集合概念
3. 非集合概念
4. 集合概念
5. 集合概念
6. 非集合概念

五、指出下列直言命题的种类,并写出其命题形式

1. 特称肯定命题,其形式为:SIP
2. 全称肯定命题,其形式为:SAP
3. 单称肯定命题,其形式为:SaP
4. 特称否定命题,其形式为:SOP
5. 全称否定命题,其形式为:SEP
6. 特称否定命题,其形式为:SOP
7. 全称肯定命题,其形式为:SAP
8. 特称肯定命题,其形式为:SIP
9. 特称肯定命题,其形式为:SIP
10. 特称肯定命题,其形式为:SIP

六、指出下列各组命题之间的真假关系

1. 矛盾关系
2. 下反对关系
3. 差等关系
4. 差等关系
5. 反对关系

七、指出下列直言命题的主、谓项周延情况

1. 主、谓项都不周延
2. 主、谓项都周延
3. 主项周延,谓项不周延
4. 主项周延,谓项不周延
5. 主、谓项都周延
6. 主项不周延,谓项周延

八、单项选择题

1. ③

   "知识分子"这一语词在前一句是在集合意义下使用的,而在后一句是在非集合意义下使用的。

2. ④

   "大学生"这一语词在前一句是在非集合意义下使用的,而在后一句是在集合意义下使用的。

3. ②

   符合全同关系的定义。

4. ④

   符合真包含于关系的定义。

5. ①

   符合交叉关系的定义。

6. ③

   设 A 为"机动车",B 为"非机动车",则 A 与 B 具有矛盾关系;而如设 B 为"未成年人",则 A 与 B 不具有矛盾关系。

7. ②

   用属加种差方法很难给单独概念下定义,因为我们不大容易把单独概念的种差简单地表达出来。

8. ③

   设 B 为"故意犯罪",C 为"非故意犯罪",则 B 与 C 具有矛盾关系,C 为负概念;而如设 C 为"过失犯罪",则 B 与 C 具有矛盾关系,而 C 为正概念。

9. ①

   同时满足题设条件 SAP 假和 POS 真,在备选答案中只有交叉关系。

10. ②

    SEP 与 SOP 一真一假是指 SOP 真而 SEP 假,满足这一条件的在备选答案中只有真包含关系。

11. ②

同时满足题设条件 SOP 与 SIP 均真,在备选答案中只有真包含关系。

12. ④

"甲班没有同学是北京人"这一命题是全称否定命题,"甲班有同学不是北京人"这一命题是特称否定命题,它们之间的真假关系是差等关系。

13. ①

"青年不都是团员"这一命题是特称否定命题,"有青年是团员"这一命题是特称肯定命题,这两个命题之间的真假关系是下反对关系。

14. ①

"没有一座寺庙晚上敲钟"这一命题是全称否定命题,"有寺庙晚上敲钟"这一命题是特称肯定命题,这两个命题之间的真假关系是矛盾关系。

15. ④

"羞耻之心,人皆有之"这一命题是全称肯定命题,"人不都有羞耻之心"这一命题是特称否定命题,这两个命题之间的真假关系是既不同真又不同假(矛盾关系)。

16. ④

以"鸭嘴兽不是胎生的,鸭嘴兽是哺乳动物"为前提根据三段论推理可推出:有些哺乳动物不是胎生的(SOP)。SOP 真,SAP(哺乳动物都是胎生的)假。

17. ①

甲说的是实话。

18. ①

条件 a、b 为下反对关系,其中必有一真;根据题设条件 c 必假,由 c 假可推出:所长会使用计算机(SaP 真)。由 SaP 真可推出条件 a 为真,根据题设条件仅一个条件为真,则 b 为假。而 b 为假,则 SAP(该教研室 9 名教师都会使用计算机)为真。

19. ③

同乡关系是对称的。

20. ③

这一推理运用的是换质位法。

21. ④

这一推理运用的是换位质法。

22. ①

以 MAP 与 SAM 为前提,根据三段论推理可推出 SAP。选项①中所有 S 是非 P 即所有 S 不是 P;而 SAP 真不能推出 SEP 真。

23. ③

以 MAP 与 SAM 为前提,根据三段论推理可推出①SAP;以 SAP 为前提,根据换位法推理可推出②PIS；以 SAP 为前提，根据差等关系推理可推出 SIP，再换质得④。

24. ①

结论全称，则小项在结论中周延，如果中项周延两次，则根据规则小前提应是全称否定命题；小前提否定，则结论否定；而结论否定，则大项在结论中周延，如果中项周延两次，则根据规则大前提应是全称否定命题；大小前提都为否定命题推不出结论。

25. ③

不遵守三段论各格的具体规则，三段论形式一定是无效的。

26. ④

"皇帝绝不是穷人"为大前提。

27. ①

若选择③④，则导致两否定前提推不出结论；若选择②，则导致大项扩大的错误。

28. ④

其他三个选项都论及前提有一特称的问题，而实际上结论特称，两前提可以均为全称。

29. ②

结论否定，其大项在结论中周延，如结论为 MAP，则导致大项扩大。

30. ④

"有的哺乳动物是有尾巴的"是结论，被省略的是包含大项"哺乳动物"的大前提，①③两选项是否定命题，故不选。

31. ②

"曹操与曹植不是兄弟"这一命题所陈述的是曹操与曹植不具有兄弟关系。

九、双项选择题

1. ②③

备选答案①④⑤中的"传递关系"与"非传递关系"、"黑颜色"与"白颜色"、"有期徒刑"与"无期徒刑"之间的真假关系都是反对关系。

2. ①③

备选答案②④⑤中的各组概念之间的真假关系都是矛盾关系。

3. ①⑤

单独概念不可能与其他概念存在真包含、真包含于和交叉关系。

4. ③⑤

单独概念不可能真包含另一概念，不可能与另一概念存在交叉关系，也不可能与另一普遍概念存在全同关系。

5. ②④

凡集合概念都分析为单独概念。

6. ②④

凡集合概念都分析为单独概念。

7. ④⑤

根据划分规则,划分所得的各子项之间应为全异关系。本题的子项有三个,所以不能选①。

8. ④⑤

整体与部分、集合体与个体之间都不具有属种关系。

9. ①②

整体与部分、集合体与个体之间都不具有属种关系。

10. ②⑤

SAP 与 SIP 一真一假是指 SIP 真而 SAP 假,满足这一条件的在备选答案中只有真包含关系和交叉关系。

11. ①④

符合"两个直言命题的主项周延情况相同,而谓项周延情况不同"这一条件的是这样三组命题:SAP 与 SEP、SIP 与 SOP 和 SaP 与 SeP,其中的 SaP 与 SeP 是矛盾关系,备选答案中没有此项。

12. ③⑤

③是第一格的 AAI 式,P 是该式中的中项;⑤是第四格的 AAI 式。

13. ④⑤

④是第二格的 AAI 式,犯了"中项不周延"的错误;⑤是第四格的 AAA 式,犯了"小项扩大"的错误。

14. ③④

"多数厨师戴高帽子。因此,有些戴高帽子的人穿白衣服"这是一省略三段论,中项"厨师"在前提中不周延,而中项"厨师"在备选答案③④中周延,所以选③④。

15. ②④

第一格和第三格的有效三段论小前提均不能为否定命题。

16. ①⑤

结论否定,大项在结论中周延,根据规则大项在前提中必须周延,所以选择①⑤。

17. ④⑤

全异关系是非传递的,推理 x 将此作传递关系推理,故无效;全同关系是传递的,所以推理 y 有效。

十、图解题

1.

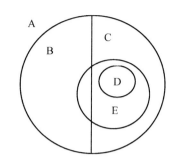

2.

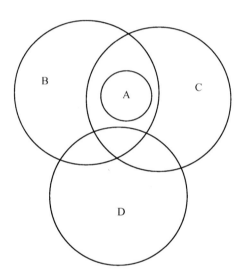

3.

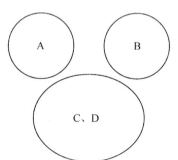

第二部分　各章练习题参考答案

4.

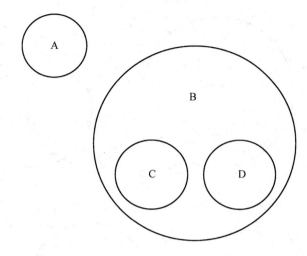

5.

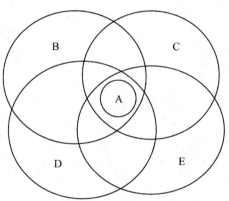

6.

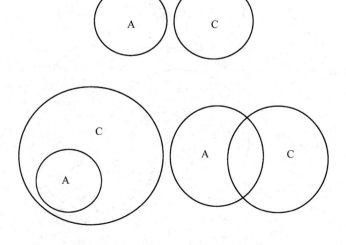

189

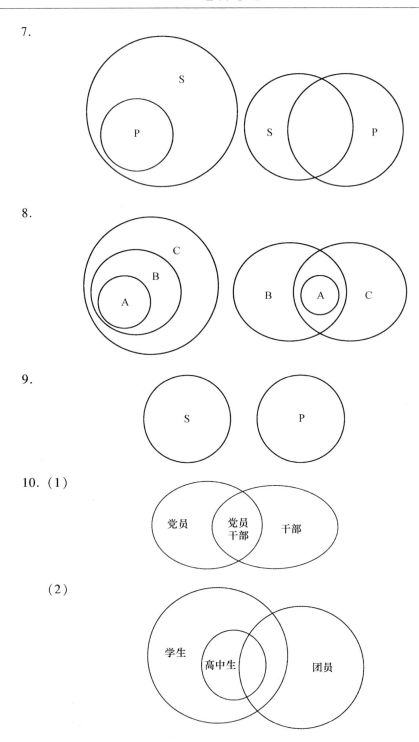

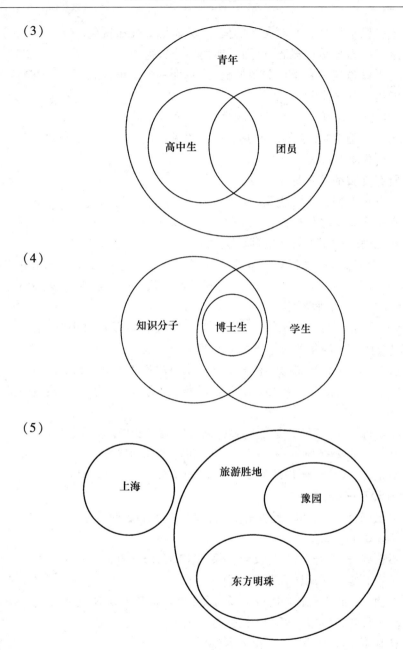

十一、分析题

1. （1）表示集合概念，在该语句中以"甲班学生"的集合体作为反映对象。
   （2）不表示集合概念，在该语句中"甲班学生"处在谓项位置，在直言命题中谓项表示的是某种性质的概念。
   （3）不表示集合概念，在该语句中"甲班学生"不以集合体作为反映对象。

2. （1）这组概念是具有反对关系的概念,不能用二分法得到。
   （2）这组概念都是正概念,因而不能用二分法得到。
   （3）这组概念是具有矛盾关系的概念,并且一个是正概念,另一个是负概念,能用二分法得到。
3. SIP、SOP 取值为真。其中,SIP 能换位为 PIS。
4. SAP、SEP 取值为假,它们之间具有反对关系。
5. （1）有被告不是罪犯。
   （2）所有物质都不是静止不变的。
   （3）所有水果都包含维生素 C。
   （4）有伤害罪是过失罪。
6. （3）式正确表达了 E 与 I 之间的关系。
7. p 与 r 是反对关系。因为,设 p 真则 q 真,而 q 真则 r 假;设 p 假则 q 真假不定,而 q 真假不定则 r 真假不定;设 r 真则 q 假,而 q 假则 p 假;设 r 假则 q 真,而 q 真则 p 真假不定。
8. 由"所有 S 是 P"推出"所有 S 不是非 P"（换质法推理）,再由"所有 S 不是非 P"推出"有 S 不是非 P"（差等关系推理）。
   或者由"所有 S 是 P"推出"有 P 是 S"（换位法推理）,由"有 P 是 S"推出"有 S 是 P"（换位法推理）,再由"有 S 是 P"推出"有 S 不是非 P"（换质法推理）。
9. （1）SIP ⊢ SOP
       不正确,SIP 与 SOP 是下反对关系,SIP 真,SOP 真假不定。
   （2）有 S 是非 P 换质得:有 S 不是 P(SOP),即 SOP ⊢ SIP
       不正确,SIP 与 SOP 是下反对关系,SOP 真,SIP 真假不定。
   （3）￢SAP ⊢ SIP
       不正确,SAP 与 SIP 是差等关系,SAP 假,SIP 真假不定。
   （4）￢SAP ⊢ ￢SEP
       不正确,SAP 与 SEP 是反对关系,SAP 假,SEP 真假不定。
   （5）所有 S 是 P,所以,有非 P 不是 S
       正确,由所有 S 是 P 通过换质位得:所有非 P 不是 S,再由所有非 P 不是 S 可推出:有非 P 不是 S(根据差等关系)。
   （6）有 S 不是非 P,所以,有 P 不是非 S
       正确,有 S 不是非 P 换质得:有 S 是 P,再换位得:有 P 是 S,再换质得:有 P 不是非 S。
   （7）所有 S 是非 P,所以,所有非 S 是 P
       不正确,以所有 S 是非 P 为前提,无论作何种直接推理都不能推出所有非 S 是 P 这一结论。

(8) PAM
    SAM
    ―――
    SAP

不正确,犯了"中项不周延"的错误。

(9) MIP
    SAM
    ―――
    SAP

不正确,犯了"中项不周延"的错误。

(10) MAP
     SEM
     ―――
     SEP

不正确,犯了"大项扩大"的错误。

(11) MAP
     MAS
     ―――
     SAP

不正确,犯了"小项扩大"的错误。

(12) PAM
     MAS
     ―――
     SAP

不正确,犯了"小项扩大"的错误。

(13) PAM
     SAM
     ―――
     SAP

不正确,犯了"中项不周延"的错误。

10. (1) 被省略的是大前提:偷来的东西要还。

推理形式: MAP
          SEM
          ―――
          SEP

不正确,犯了"大项扩大"的错误。

(2) 被省略的是结论:没有文化的军队是不能战胜敌人的。

推理形式: MAP
          SAM
          ―――
          SAP

正确。

(3) 被省略的是大前提,如补上"凡表情紧张的是罪犯",则其形式为:

MAP
SIM
―――
SIP

形式正确,但其大前提虚假。

如补上"有些表情紧张的是罪犯"或"有些罪犯表情紧张",则其形式为:

MIP(或 PIM)
SIM
―――
SIP

均不正确,犯了"中项不周延"的错误。

(4) 被省略的是大前提:所有前提虚假的推理都是无效的。

推理形式: MAP
SAM
―――
SAP

形式正确,但其大前提虚假。

十二、证明题

1. 如果 SIP 真,则 SAP 真假不定(差等关系),SAP 真假不定,则 SOP 真假不定;如果 SIP 假,则 SAP 假,SAP 假,则 SOP 真(矛盾关系)。如果 SOP 真,则 SAP 假,SAP 假,则 SIP 真假不定;如果 SOP 假,则 SAP 真,SAP 真,则 SIP 真。综上所述,如果 SIP 真,SOP 真假不定;如果 SIP 假,SOP 真;如果 SOP 真,SIP 真假不定;如果 SOP 假,SIP 真。因此,SIP 与 SOP 具有下反对关系。

2. 用上题的方法同样可证(略)。

3. 用上题的方法同样可证(略)。

4. 这一三段论是第一格的 AAA 式。因为:① 由于小项在结论中周延和大项在结论中不周延,可得结论为全称肯定命题 SAP;② 由结论为全称肯定命题,可得两前提均为全称肯定命题;③ 由于小项在结论中周延,则小前提必为 SAM;④ 由于中项在两个前提中至少要周延一次,所以,大前提必为 MAP。

5. 这一三段论是第二格的 AOO 式。因为:① 由于大项在结论中周延和大前提为肯定命题,可得结论为否定命题且大前提必为 PAM;② 由结论为否定命题,可得小前提必为否定命题;③ 由于中项在两个前提中至少要周延一次且小项在前提中不周延,可得小前提为 SOM;④ 由于小项在前提中不周延,所以,结论为 SOP。

6. ① 由于该三段论式中仅大前提有一周延的项,因此,其小前提和结论均为特称肯定命题;由结论为肯定命题,可得大前提必为全称肯定命题,所以,这一三段论的式为:AII。② 该三段论式在第一、第三格成立;在第二、第四格不成立,因为,中项在两个前提中至少要周延一次。

7. 这一三段论是第四格的 AAI 式。因为:① 由于大项在结论中不周延,可得结论为肯定命题;② 由结论为肯定命题,可得两前提均为肯定命题;③ 由于大项在前提中周延,大前提必为 PAM;④ 由于中项在两个前提中至少要周延一次,所以,小前提必为 MAS;⑤ 由于小项在前提中不周延,所以,结论为 SIP。

8. 符合题设条件的三段论式是第三格的 EAO 和第四格的 EAO(证明过程略)。

9. 符合题设条件的三段论式是第一格的 AAI 和 AII;第三格的 AAI、AII 和 IAI;第四格的 AAI 和 IAI(证明过程略)。

10. 符合题设条件的三段论式有下列七组:

    (1) MAP   MEP   (2) MAP   MOP
         SAM   SAM   MAS   MAS
         ―――――――――   ―――――――――
         SIP   SOP   SIP   SOP

    (3) MIP   MOP   (4) PAM   PEM
         MAS   MAS   MAS   MAS
         ―――――――――   ―――――――――
         SIP   SOP   SIP   SOP

    (5) MIP   MEP   (6) MAP   MEP
         MAS   MAS   MAS   MAS
         ―――――――――   ―――――――――
         SIP   SOP   SIP   SOP

    (7) PIM   PEM
         MAS   MAS
         ―――――――――
         SIP   SOP

    (证明过程略)

11. 如果结论是全称命题并且中项在前提中周延两次,那么由于小项在结论中周延和中项在两个前提中均要得到周延,小前提必为全称否定;而小前提否定,结论必为否定;结论否定,大项在结论中周延;这就要求大前提为全称否定,以保证大项和中项在大前提中均得到周延;而两否定前提不能构成有效三段论。所以,结论是全称命题的有效三段论,其中项在前提中不能周延两次。

12. 结论否定则大项在结论中周延,根据规则大项在大前提必须得到周延;而如果大前提是特称肯定命题,其主谓项都不周延,则导致大项扩大的错误。所以,结论否定的有效三段论,其大前提不能为特称肯定命题。

13. 一有效三段论的小前提为否定命题,其大前提或 A 或 E 或 I 或 O。若是 E、O,则导致两否定前提不能构成有效三段论;若是 I,则由于小前提为否定命题,结论必为否定,而结论否定,大项在结论中周延,由于大前提为 I,则导致大项扩大的错误。因此,一有效三段论的小前提为否定命题,其大前提不能

195

为 E、I、O，而只能为 A。

第七章　模态推理

一、判断题

1. √
2. ×　基本模态命题分为两类：一类叫必然命题，一类叫可能命题。
3. ×　"今天可能不下雨"的形式为："可能非 p"或"M ⌐ p"；"今天不可能下雨"的形式为："不可能 p"或"⌐Mp"。
4. ×　"张三不可能无罪"与"张三必然有罪"虽然等值，却具有不同的形式。"张三不可能无罪"的形式为："不可能 p"或"⌐Mp"；"张三必然有罪"的形式为："必然 p"或"Lp"。
5. ×　模态命题的真假不取决于肢命题的真假，而取决于模态词的含义。通常用可能世界语义理论来对模态命题的真假作出解释。
6. ×　必然 p 为真，当且仅当 p 在任何一个可能世界中都为真。
7. √
8. √
9. ×　可能 p 为假，当且仅当 p 在任何一个可能世界中都为假。
10. √

二、填空题

1. 模态命题及其推理
2. 必然；可能
3. 必然；可能
4. 必然；必然肯定；必然否定
5. 可能；可能肯定；可能否定
6. p 在任何可能世界中都为真；p 至少在一个可能世界中为真
7. 实然；肢
8. 矛盾；下反对

三、单项选择题

1. ③
   因为"不可能 p"等值于"必然非 p"，而"必然 p"与"必然非 p"为反对关系。
2. ④
   因为"不可能非 p"等值于"必然 p"，而"必然 p"与"可能 p"为差等关系。

3. ④

因为"不必然不 p"等值于"可能 p",而"可能 p"与"可能非 p"为下反对关系。

4. ②

因为"不可能 p"等值于"必然非 p",而"必然非 p"与"不可能 p"为等值关系。

5. ③

例如,"学生"是正概念,"未成年人"是负概念,二者是交叉关系,不是矛盾关系。但"团员大学生"与"非团员大学生"一个为正概念、一个是负概念,二者为矛盾关系。

6. ①

因为"属概念的内涵"就是属概念所反映对象的特有属性,"种概念的内涵"就是种概念所反映对象的特有属性。种概念所反映的对象范围(即种概念外延)真包含于属概念所反映的对象范围(即属概念外延),故属概念所反映的对象具有的特有属性,必然为种概念所反映的对象所具有,种概念所反映的对象不具有的特有属性,必然不为属概念所反映的对象所具有,此即题干所说(a)"某属概念具有的内涵,其种概念必然具有"和(b)"某种概念不具有的内涵,其属概念必然不具有"。当然,本题也可用属种关系概念的内涵与外延间所存在的反变关系加以解释。

四、双项选择题

1. ③⑤

因为从"必然 p"可推出"不可能不 p"和"并非必然不 p"。

2. ②③

因为"并非可能 p"等值于"必然非 p",而"必然非 p"不能推出"必然 p"和"并非必然不 p"。

3. ②⑤

因为"可能 p"为假则相当于"并非可能 p",而由"并非可能 p"可推出"必然不 p"。

4. ①⑤

因为"必然不 p"为假相当于"并非必然不 p","并非必然不 p"等值于"可能 p",而从"可能 p"推不出"可能非 p",也推不出"必然非 p"。

5. ③⑤

因为根据模态对当关系,若 L→p 为假,则 M→p 可真可假,所以应回答 M→p"可能真"和"不必然真"("不必然真"等值于"可能假")。

6. ②⑤

因为根据模态对当关系,若 Mp 为假,则 M→p 必真,还可推出 M→p"可能真"(即 M→p"不必然假")。

7. ②⑤

本题作为一个省略结论的三段论,其大、小前提并不确定,可分别以"所有 A 是 B"和"所有 B 是 C"之一作大前提、另一作小前提进行三段论推理,结果就有两种可能的三段论形式:

  所有 B 是 C   所有 A 是 B
  所有 A 是 B   所有 B 是 C
  所有 A 是 C   有些 C 是 A

上面两个三段论形式中,左边是第一格,右边是第四格,不能构成第二格、第三格。因此,该三段论不是第一格就是第四格,且不会是第二格,也不会是第三格。

8. ③④

如果某有效三段论的中项两次都周延,则此三段论必定或者是第三格(AAI 式),或者是第四格(EAO 式),不可能是第一格、第二格。

五、分析题

1. $\neg Lp \vdash L\neg p$ 无效
2. $Mp \vdash \neg(\neg Mp)$ 有效
3. $\neg L\neg p \vdash Lp$ 无效
4. $\neg Mp \vdash M\neg p$ 有效
5. $Lp \vdash \neg M\neg p$ 有效
6. $\neg Lp \vdash M\neg p$ 有效
7. $L(p \lor q) \vdash Lp \lor Lq$ 无效
8. $M(p \land q) \vdash Mp \land Mq$ 有效
9. $L(p \land q) \vdash Lp \land Lq$ 有效
10. $L(p \to q) \vdash \neg M(\neg p \land q)$ 无效
11. $Mp \land Mq \vdash M(p \land q)$ 无效
12. $\neg M(\neg p \land q) \vdash L(\neg p \to \neg q)$ 有效

六、应用题

1. 小王认为,"今天可能下雨",不排斥"今天可能不下雨",即"可能 p"和"可能非 p"这两句话可以都是真的,这是正确的;小李认为,从"今天可能下雨"就推知"今天要下雨",这是错误的,因为从可能存在的情况不能推出实际存在的情况;小张的话是正确的,"可能 p"等值于"不必然非 p","今天可能下雨"就等值于"今天不必然不下雨"。故答案是 A。

2. 从题干只能推出你可以随时愚弄"某些人",但是不能具体确定为张三和李四;题干只是表明有"随时愚弄人的可能",故不能推出"随时都想愚弄人"或"随时都在愚弄人",题干既已断定是"可能随时愚弄人",故④断定的"只能在某些时候愚弄人"与题干不符。故答案是 A。
3. "不可能 SAP"等值于"必然 SOP",故答案是 C。
4. 题干中"最高明的骗子……不可能在所有时刻欺骗所有的人",等值于断定了"骗子必然在有些时刻不能欺骗有些人",故选项 A 可能正确,不一定是假的;题干中"最高明的骗子,可能在某个时刻欺骗所有的人",由于骗子也是人,因此他也可能受骗,选项 B 是能从题干中推出的;选项 C 等值于断定了"所有时刻有人可能受骗",这可从题干"最高明的骗子……也可能在所有的时刻欺骗某些人"中推出;而选项 D 等值于断定了"在所有时刻所有人必然受骗",这与题干中"最高明的骗子,不可能在所有时刻欺骗所有的人"不符。故答案是 D。

七、综合题

(1) 盗窃者特征为:长发、小个子;杀人者特征为:短发、中等个。
(2) 警察 b 推测正确。
(3) 居民 B 说对了。

第八章　归纳推理

一、判断题

1. ×　从推理的思维进程方向来讲有四种分类,一种是一般到个别,一种是个别到一般,一种是个别到个别,一种是一般到一般。而归纳推理是从个别前提出发到一般结论的推理思维进程,因此,这种断定是错误的。
2. √
3. ×　同题 1。
4. ×　同题 1。
5. ×　论据虚假是在论证中所出现的逻辑错误。
6. ×　机械类比是类比推理出现的逻辑错误。
7. √
8. √
9. ×　大项扩大是三段论推理中出现的逻辑错误。
10. √
11. ×　简单枚举归纳推理,属不完全归纳推理。不完全归纳推理由于没有完全考察一类事物的全部对象,因此,结论的性质不是必然的,而是或然的。

12. × 因不能考察一类对象的全部,因此,不能由完全归纳推理得出。
13. × 同上。
14. √
15. × 这是求异法的特点
16. × 这是求同法的特点
17. × 求同求异并用法的特点是两次求同一次求异,而不是一次求同两次求异。

二、填空题

1. 不完全归纳
2. 一般;个别;个别;一般;个别;个别;一般;一般
3. 全部;超出;或然;没有超出;必然
4. 不完全归纳
5. 反例;轻率概括;以偏概全;因果;可靠
6. 求同法;求异法;求同求异并用法;共变法;剩余法
7. 求同法;契合法;异中求同
8. 差异法;同中求异
9. 契合差异并用法;两次求同一次求异
10. 共变法;同中求变
11. 不定
12. 求同求异并用法
13. 简单枚举
14. 完全归纳推理
15. 凡溺水而死者,其内脏都有硅藻反映;完全归纳
16. 不定;机械类比
17. 溯源推理;或然;一般知识;产生这一结果的原因
18. 相同相似;类比
19. 不蕴含;或然

三、单项选择题

1. ④
   根据求同求异并用法的定义,即根据在被研究现象出现的一组场合(即正面场合组)中,都有一个相同的相关情况;而在被研究现象不出现的另一组场合(即反面场合组)中,都没有这个相关情况,进而确定这个相关情况与被研究现象之间有因果联系。

2. ②
   根据简单枚举归纳推理的定义,即根据一类事物中的部分对象具有(或不具

有)某种属性,并且没有遇到相反事例,从而概括出该类事物的一般性结论。

3. ②

根据简单枚举归纳推理的定义,同上。

4. ③

符合共变法的定义。

5. ①

因完全归纳推理是考察了一类事物的全部对象,因此,前提与结论有蕴涵关系,所以选①。

6. ④

根据求同法的定义,即根据在被研究现象出现的若干场合中,只有一个先行的相关情况相同,其他情况都不相同,进而确定这个唯一相同的相关情况与被研究现象之间有因果联系。

7. ②

同上。

8. ②

完全归纳推理是必然性的推理。

9. ③

根据求同求异并用法的定义,同第1题。

10. ②

前提与结论不具有蕴涵关系。

四、双向选择题

1. ③④

根据求同法的定义,即根据在被研究现象出现的若干场合中,只有一个先行的相关情况相同,其他情况都不相同,进而确定这个唯一相同的相关情况与被研究现象之间有因果联系。

2. ②④

根据简单枚举归纳推理的性质。

3. ①②

根据求同法推理的性质。

4. ①③

根据完全归纳推理的定义。

5. ②⑤

根据科学归纳推理和简单枚举归纳推理的定义。

6. ①④

同上。

7. ①④

   根据完全归纳推理的思维进程方向和结论的性质。
8. ③④
9. ②④
10. ④⑤
11. ①⑤
12. ②④

五、分析题

1. 这是应用了完全归纳推理,考察了所有人类社会的形态。

   完全归纳推理,其逻辑形式:

   S_1 是(或不是)P,

   S_2 是(或不是)P,

   ……

   S_N 是(或不是)P,

   S_1、S_2…S_N 是 S 类的全部个别对象。

   所以,所有 S 都是(或不是)P。

2. 这里考察了一类事物的部分对象而得出的一般性结论,是简单枚举归纳推理。

   简单枚举归纳推理,其逻辑形式为:

   S_1 是(或不是)P,

   S_2 是(或不是)P,

   ……

   S_N 是(或不是)P,

   S_1、S_2…S_N 是 S 类的部分对象,并且没有遇到相反事例。

   所以,所有 S 都是(或不是)P。

3、4、5、6、7、8 均是简单枚举归纳推理,参阅第 2 题答案。

六、指出下列各题运用了哪种探求因果联系的逻辑方法,并写出其逻辑公式

1. 求同求异并用法,其逻辑形式:

	场合	相关情况	被研究现象
正面场合组	(1)	A、B、C	a
	(2)	A、D、E	a
	(3)	A、F、G	a
	……	……	……

$$\text{反面场合组}\begin{cases}(1) & B、H & a \\ (2) & D、M & a \\ (3) & F、N & a \\ \cdots\cdots & \cdots\cdots & \cdots\cdots\end{cases}$$

所以,A 与 a 之间有因果联系。

2. 共变法,其逻辑形式:

场合	相关情况	被研究现象
(1)	A_1、B、C、D	a_1
(2)	A_2、B、C、D	a_2
(3)	A_3、B、C、D	a_3
……	……	……

所以,A 与 a 之间有因果联系。

3. 剩余法,其逻辑形式:

A、B、C、D 与 a、b、c、d 有因果联系,

B 与 b 有因果联系,

C 与 c 有因果联系,

D 与 d 因果联系。

所以,A 与 a 之间有因果联系。

4. 求异法,其逻辑形式:

场合	相关情况	被研究现象
正面场合	A、B、C、D	a
反面场合	B、C、D	无 a

所以,A 与 a 之间有因果联系。

5. 求异法,同上。

6. 求同求异并用法,同第 1 题。

7. 求同法,其逻辑形式:

场合	相关情况	被研究现象
(1)	A、B、C	a
(2)	A、D、E	a
(3)	A、F、G	a
……	……	……

所以,A 与 a 之间有因果联系。

8. 求同法,同上。

9. 求同法,同上。

10. 求异法,同第 4 题。

第九章 类比推理

一、判断题

1. × 因类比推理是或然性推理,所以它的前提是不蕴涵结论的。
2. √
3. √
4. × 以偏概全和轻率概括的逻辑错误是运用归纳推理时所犯的逻辑错误,在运用类比推理中应避免的逻辑错误是机械类比。
5. × 同上。
6. √
7. √
8. × 从思维进程来讲,从一般到个别是演绎推理的思维进程方向。
9. × 从思维进程来讲,从个别到一般是归纳推理的思维进程方向。

二、填空

1. 类比推理
3. 同类事物的共同本质属性;或然的
4. 演绎推理;归纳推理
5. 一种波动
6. 类比推理
7. 比喻
8. 比较
9. 越多
10. 机械类比

三、单项选择

1. ①
   因类比推理的思维方向进程是由个别到个别或由一般到一般。
2. ①
   同类事物的共同本质属性。
3. ①
   这是推理的思维方向进程是由个别到个别或由一般到一般的性质决定的。
4. ④
5. ②

从结论的性质进行分类的,类比推理是一种或然性推理。

6. ④

机械类比是进行类比推理中所要避免的逻辑错误。

7. ①

只有注意相比属性的本质性,才能提高类比的可靠程度。

8. ③

9. ③

10. ③

11. ③

根据类比推理的定义,即类比推理就是根据两个或两类对象在某些属性上相同或相似,从而推出它们在另一属性上也相同或相似的推理。

12. ③

根据类比推理的定义,同上。

13. ③

两者的观点都有偏颇,只有将其结合考虑才能对问题有全面的认识。

14. ①

因两者都是前提不蕴含结论的推理。

15. ④

根据类比推理的定义,参阅 12。

16. ③

因这两种推理都是或然性推理。

17. ①

根据对象之间某些表面的、偶然的相同或相似属性,或者拿两个完全不同的事物进行类比,便得出牵强附会的结论,这就是"机械类比"的逻辑错误。

18. ③

根据类比推理的定义。

19. ②

因类比推理的结论是或然性的。

20. ①

因类比推理的逻辑依据是两事物之间的属性与属性之间的联系。

四、多项选择

1. ②④

因类比是思维的过程。

2. ②④

类比推理是由两个以上前提推出结论,且结论的性质是或然的。

3. ①②③④
4. ①②③
5. ②③④
6. ①②③④

五、分析题

（一）分析下面类比推理结论的可靠性

1. 推理结论有一定的可靠性。
2. 推理结论不可靠。
3. 可以这样得出结论,但实践证明不可靠。
4. 推理结论有一定的可靠性。

（二）根据下面的材料谈谈类比推理的作用

1. 类比推理在科学发现中的作用。
2. 类比推理在生产实践中的作用。
3. 类比推理在司法断案中的作用。

六、应用题

死者可能是某某矿保卫处干事韩某。

第十章 假　　说

一、判断题

1. ×　假说是人们根据已有事实材料和科学原理对某一未知事物或其规律作出的推测性说明。提出假说的根据必须是已有事实材料或科学原理,而这些都是真实命题。

2. √

3. √

4. ×　为了验证假说,必须从假说的基本观点出发,引出关于事实的结论。这是个逻辑推理过程,需要运用必然性推理。

5. ×　证实假说的过程是极其复杂的。因为,证实假说所运用的推理形式是:

$$\frac{(H \wedge W) \rightarrow E}{\quad E \quad}$$
$$H \wedge W$$

显然,该式不是必然性推理的有效式,而是或然性推理中溯源推理的形式,因而其推理结论不具有必然性而仅具有或然性。因此,当实践表明推论 E 真时,还不能由此必然确定假说 H 真,在这种情况下,只能说假说得到某种程度的确证。

6. √
7. √
8. √

二、填空题

1. 已有事实材料;科学原理
2. 解释性假说;预测性假说
3. 事实;事实材料
4. 已有事实;新结论
5. 关于案件个别情节的;关于案件基本情节的
6. $\dfrac{(H \wedge W) \to E \quad E}{H \wedge W}$; $\dfrac{(H \wedge W) \to E \quad \neg E}{\neg (H \wedge W)}$

三、单项选择题

1. ④
2. ①
3. ③
4. ②
5. ③
6. ④

四、分析题

(一) 分析下列假说属于何种假说,并指出它是运用什么推理提出的

1. 解释性假说;运用类比推理提出假说。
2. 预测性假说;运用归纳推理提出假说。
3. 解释性假说;运用归纳推理和类比推理提出假说。
4. 解释性假说;运用归纳推理提出假说。

(二) 分析下列材料各研究了什么问题? 提出了什么假说? 研究者是怎样提出和验证假说的? 其中运用了哪些推理?

1. 本题研究了蝙蝠能在黑夜中作快速飞行而不撞上障碍物的原因。

   初步提出的假说是:蝙蝠有特别强的视力。经实践检验,该假说被推翻。于是又提出新假说:蝙蝠能听到自己发出的超声波遇到障碍物的回声。经过实践验证,该假说被证实。

   提出和验证假说的全过程如下:

   第一步,提出假设:蝙蝠有特别强的视力。

第二步,形成推论:如果把蝙蝠的眼睛蒙上,它就会撞到障碍物上。

第三步,用实验验证从假说引出的推论。实验结果推翻了上述推论,这里运用了充分条件假言推理的否定后件式。推论被推翻说明原先的假设不能成立,必须另立新假说。

第四步,提出新假设:蝙蝠能听到自己发出的超声波遇到障碍物后的回声。

第五步,形成新推论:如果把蝙蝠的耳朵塞住,它就会撞到障碍物上。

第六步,用实验验证从新假说引出的推论。实验结果证明新假说是正确的。这里所运用的是求异法推理,即根据实验结果证实蝙蝠撞上障碍物的原因。

2. 本题研究了鸽子能从上千公里外准确无误地飞回自己家的原因。

最初提出的假说是:鸽子靠好眼神和惊人记忆力从遥远之处飞回家。经实践检验,该假说被推翻。于是又提出新假说:鸽子身上有一个相当精密的导航系统,它能利用地磁场进行导航。经过实践验证,该假说被证实。

提出和验证假说的过程及所用推理略。

3. 本题研究了褐飞虱以什么方式过冬,从而揭开了褐飞虱过冬的秘密。

初步提出的假说是:褐飞虱可能是成虫或幼虫过冬。经实践检验,该假说被推翻。于是又提出新假说:褐飞虱是卵过冬。经过实践验证,该假说被证实。

其余略。

4. 本题研究了鸟类不会感染炭疽热而死的原因。

提出的假说是:鸟类之所以不会感染炭疽热,可能是由于它们的体温高,并且鸟类自身的抵抗力能使它们的体温升高到44℃。经过实践验证,该假说被证实。

其余略。

5. 本题研究了在地球北半球水的漩涡总是向左旋即逆时针方向流下去的原因。

初步提出的假说是:水的漩涡总是向左旋这种现象是由于他所用浴缸的特殊构造所产生的。经实践检验,该假说被推翻。于是又提出新假说:这种现象与地球自转有关。假使地球停止自转,拔掉浴缸或其他容器的塞子,水就不会产生漩涡。经过实践验证,该假说被证实。

其余略。

五、综合应用题

试根据下面提供的材料,分别就案件性质和罪犯情况提出侦查假设,并写明提出假设的依据和所运用的推理。

1. 根据本案所掌握的事实材料,可提出如下侦查假设:

(1)关于案件性质的假设:这是一起凶杀案,作案动机是劫财。

(2)关于罪犯情况的假设:作案人与被害人非常熟悉,且为女性。

推理过程:

只有与被害人熟悉的人,被害人才会在深夜开门让其进屋。被害人深夜开门让其进屋,所以,作案人是与被害人熟悉的人。

如果作案人是身强力壮的男性,那么就不需要击打被害人头部近百次才能打死被害人。作案人造成被害人 180 多处伤而致命伤不超过 5 处,所以,作案人不是身强力壮的男性。

如果作案目的在于劫财,那么被害人就要丢失大量财物。被害人丢失大量财物,所以,作案人的作案目的在于劫财。

2. 侦查人员根据侦查破案常识、法医鉴定和其他侦查材料,对本案提出如下侦查假设:
(1) 关于案件性质的假设:这是一起凶杀案,作案动机是强奸杀人。
(2) 关于罪犯情况的假设:凶手是具有独立活动场所的男青年,居住在附近,可能与被害人相识。
(3) 关于作案时间的假设:凶手是在被害人午饭后六七小时作的案。

由此可提出关于本案基本案情的假设:死者是被那位推自行车的男青年强奸后杀害的。

所用推理略。

3. 根据现场勘察和技术鉴定报告,可提出如下假设:
(1) 关于案件性质的假设:这是一起凶杀案,作案动机或是财杀(谋财害命)、或是情杀(包括奸杀)、或是仇杀。死者既然曾被强奸,肯定属于奸杀。但由于三种作案动机是相容的,故也不能排除财杀与仇杀的可能性。因为从逻辑上说,若以相容选言命题作为前提进行选言推理,是不能通过肯定其中一肢而在结论中否定其余各肢的。这一假设是运用溯源推理提出的。
(2) 关于罪犯情况的假设:罪犯是个司机,他作案时拥有汽车。

从作案手段看,被害者头部有 39 处伤,而凶器又是直径约 2.5 厘米的圆形铁锤,且行凶者又可能是身高一米七的中年男人,这就令人产生疑问:为什么一个中年男人行凶竟要用铁锤打击 39 下,才能使受害者死亡?由此可以推测:罪犯行凶时受到环境限制,铁锤举不高,使不上劲。这是运用溯源推理得出的,其推理过程如下:

罪犯需要用铁锤多次打击方能使受害者死亡;如果罪犯行凶时受到环境限制,铁锤举不高,使不上劲,就需要用铁锤多次打击方能使受害者死亡,所以,罪犯行凶时受到环境限制,铁锤举不高,使不上劲。

从上面介绍的案情看,死尸所在地并非作案现场,因为受害者生前曾同罪犯搏斗过,而这里并无搏斗痕迹。此外,在离死尸现场 10 里远的地方又发现了死者遗物。那么,尸体是如何从作案现场运到此地的呢?罪犯又为什么能如此快地转移死者遗物呢？据此可作出另一推测：罪犯作案时拥有汽车，而作案现场是在汽车里。这也是运用溯源推理得到的，其推理过程为：

罪犯能很快转移死者遗物。如果罪犯作案时拥有汽车，就能很快转移死者遗物，所以，罪犯作案时拥有汽车。

罪犯作案时受到环境限制，铁锤举不高。如果罪犯在小卧车或卡车驾驶室里作案，那么罪犯作案时就会受到环境限制，铁锤举不高，所以，罪犯是在小卧车或卡车驾驶室里作案。

根据以上情况即可推测：罪犯是司机。这也是运用溯源推理得出的，其推理过程为：

罪犯作案时拥有汽车。如果罪犯是司机，作案时就会拥有汽车，所以，罪犯是司机。

破案结果证实上述假说是正确的。

第三部分　MBA 入学考试、GCT 和 AAT 试题及答案选编

试　题

1. 有时为了医治一些危重病人,医院允许使用海洛因作为止痛药。其实,这样做是应当禁止的。因为,毒品贩子会通过这种渠道获取海洛因,对社会造成严重危害。

   以下哪项为真,最能削弱以上的论证(　　)
   ① 有些止痛药可以起到和海洛因一样的止痛效果
   ② 贩毒是严重犯罪的行为,已经受到法律的严惩
   ③ 用于止痛的海洛因在数量上与用做非法交易的比起来是微不足道的
   ④ 海洛因如果用量过大就会致死

2. 粮食可以在收割前在期货市场进行交易,如果预测水稻产量不足,水稻期货价格就会上升,如果预测水稻丰收,水稻期货价格就会下降。假设今天早上,气象学家们预测从明天开始水稻产区会有适量降雨。由于充分的潮湿对目前水稻的生长非常重要,所以今天的水稻期货价格会大幅下降。

   下面哪项如果正确,会最严重地削弱以上的推论(　　)
   ① 农业专家们今天宣布,一种水稻病菌正在传播
   ② 本季度水稻期货价格的波动比上季度要更加剧烈
   ③ 气象学家们预测的明天的降雨估计很可能会延伸到谷物产区以外
   ④ 在关键的授粉阶段没有接受足够潮湿的谷物不会取得丰收

3. 航天局认为优秀宇航员应具备三个条件:第一,丰富的知识;第二,熟练的技术;第三,坚强的意志。现有至少符合条件之一的甲、乙、丙、丁四位优秀飞行员报名参选,已知:
   ① 甲、乙意志坚强程度相同

② 乙、丙知识水平相当
③ 丙、丁并非都是知识丰富
④ 四人中三人知识丰富、两人意志坚强、一人技术熟练

航天局经过考察,发现其中只有一人完全符合优秀宇航员的全部条件。他是(　　)

① 甲　　　　　② 乙　　　　　③ 丙　　　　　④ 丁

4. 洛杉矶市市长任命了一名黄种人当教育厅厅长,许多白种人和黑种人指责这一任命是为了显示种族平等的政治姿态。后来市长又任命了一名黑人商人担任市财政总监,许多白种人和黄种人又作出了同样的指责。的确,在很大程度上,市长作上述任命时是出于政治考虑,但这又有什么错呢?作出上述任命,完全是在该城市宪章赋予市长的权力范围之内。以下哪项为真,最能加强上述论证(　　)

① 在作出上述任命以后,市长又紧急任命了一名白种人担任警事总监
② 上述任命的教育厅长和财政总监对于他们的职位完全能够胜任
③ 种族平等是一项业已受到宪法和公众确认的普遍原则
④ 洛杉矶市市长已经连任两届,其以往的政绩受到了普遍的赞许

5. 以前有几项研究表明,食用巧克力会增加食用者患心脏病的可能性。而一项最新的、更为可靠的研究得出的结论为:食用巧克力与心脏病发病率无关。估计这项研究成果公布之后,巧克力的消费量会大大增加。

上述推论基于以下哪项假设(　　)

① 大量食用巧克力的人中,并没有有很高的比例患心脏病
② 尽管有些人知道食用巧克力会增加患心脏病的可能性,却照样大吃特吃
③ 现在许多人吃巧克力完全是因为他们没听说过巧克力会导致心脏病的说法
④ 现在许多人不吃巧克力完全是因为他们相信巧克力会诱发心脏病

6. 毫无疑问,未成年人吸烟应该加以禁止。但是,我们不能为了防止给未成年人吸烟以可乘之机,明令禁止自动售烟机的使用。这种禁令就如同为了禁止无证驾车在道路上设立路障,这路障自然禁止了无证驾车,但同时也阻挡了99%以上有证驾驶者。

为了对上述论证作出评价,回答以下哪个问题最为重要(　　)

① 未成年人吸烟者在整个吸烟者中所占的比例是否超过1%
② 禁止使用自动售烟机带给成年购烟的不便究竟有多大
③ 无证驾车者在整个驾车者中所占的比例是否真的不超过1%
④ 从自动售烟机中是否能买到任何一种品牌的香烟

7. 桌上放着红桃、黑桃和梅花三种牌,共20张,

a. 桌上至少有一种花色的牌少于 6 张

b. 桌上至少有一种花色的牌多于 6 张

c. 桌上任意两种牌的总数将不超过 19 张

上述论述中正确的是(　　)。

① a、b　　　　　　　　　　② a、c

③ b、c　　　　　　　　　　④ a、b 和 c

8. 一桩投毒谋杀案,作案者要么是甲,要么是乙,二者必有其一,所用毒药或者是毒鼠强,或者是乐果,二者至少有其一。如果上述断定为真,则以下哪项推断一定成立(　　)

a. 该投毒案不是甲投毒鼠强所为

b. 在该案侦破中,发现甲投了毒鼠强。因此,案中的毒药不可能是乐果

c. 该投毒案的作案者不是甲,并且所投的毒药也不是毒鼠强。因此,一定是乙投乐果所为

① 只有 a　　② 只有 b　　③ 只有 c　　④ 只有 a 和 c

9. 烟草业仍然是有利可图的。在中国,尽管今年吸烟者中成人的人数减少,但烟草生产商销售的烟草总量还是增加了。

以下哪项不能用来解释烟草销售量的增长和吸烟者中成人人数的减少这一现象(　　)

① 今年中,开始吸烟的妇女数量多于戒烟的男子数量

② 今年中,开始吸烟的少年数量多于同期戒烟的成人数量

③ 今年,非吸烟者中咀嚼烟草及嗅鼻烟的人多于戒烟者

④ 今年中国生产的香烟中用于出口的数量高于往年

10. 一般病菌多在室温环境生长繁殖,低温环境停止生长,仅能维持生命,而耶尔森氏菌却恰恰相反,不但不怕低温寒冷,而且只有在 0℃ 左右才大量繁殖。冰箱里存储的食物,使耶尔森氏菌处于最佳生长状态。由此可推出(　　)

① 耶尔森氏菌在室温环境无法生存

② 一般病菌生长的环境也适合耶尔森氏菌生长

③ 耶尔森氏菌的最佳生长温度不适合一般病菌

④ 0℃ 环境下,冰箱里仅存在耶尔森氏菌

11. 6 个连续编号为 1—6 号杯子,倒立着排成一排,每个杯子下面都藏着一个不同颜色的球,6 个球的颜色分别为绿、洋红、橙、紫、红和黄色。球必须按照下列条件藏进杯子里面:

a. 紫色球必须藏在比橙色球号数小的杯子里面

b. 红色球和洋红色球必须分别藏在两个连续号码的杯子里

c. 绿色球必须藏在 5 号杯子里面

问:如果洋红球在1号杯里,那么肯定相邻的球的颜色是(　　)
① 绿和橙　　　② 绿和黄　　　③ 紫和黄　　　④ 红和黄

12. 小王到商店买衬衫,售货员问她想要哪种颜色的,小王幽默地说:"我不像讨厌黄色那样讨厌红色,我不像讨厌白色那样讨厌蓝色,我不像喜欢粉色那样喜欢红色,我对蓝色不如对黄色那样喜欢。"小王最后会选择的颜色是(　　)
① 黄色　　　② 蓝色　　　③ 红色　　　④ 粉色

13. 旅行社刚刚为三位旅客预定了飞机票。这三位旅客是荷兰人比尔、加拿大人伯托和英国人丹皮。他们三人一个去荷兰、一个去加拿大、一个去英国。据悉比尔不打算去荷兰,丹皮不打算去英国,伯托既不去加拿大,也不去英国。所以(　　)
① 伯托去荷兰,丹皮去英国,比尔去加拿大
② 伯托去荷兰,丹皮去加拿大,比尔去英国
③ 伯托去英国,丹皮去荷兰,比尔去加拿大
④ 伯托去加拿大,丹皮去英国,比尔去荷兰

14. 交通部科研所最近研制了一种自动照相机,凭借其对速度的敏锐反应,当且仅当违规超速的汽车经过镜头时,它会自动按下快门。在某条单向行驶的公路上,在一个小时中,这样的一架照相机共摄下了50辆超速的汽车的照片。从这架照相机出发,在这条公路前方的1公里处,一批交通警察于隐蔽处在进行目测超速汽车能力的测试。在上述同一个小时中,某个警察测定,共有25辆汽车超速通过。由于经过自动照相机的汽车一定经过目测处,因此,可以推定,这个警察的目测超速汽车的准确率不高于50%。
要使题干的推断成立,以下哪项是必须假设的(　　)
① 在该警察测定为超速的汽车中,包括在照相机处不超速而到目测处超速的汽车
② 在该警察测定为超速的汽车中,包括在照相机处超速而到目测处不超速的汽车
③ 在上述一个小时中,在照相机前不超速的汽车,到目测处不会超速
④ 在上述一个小时中,在照相机前超速的汽车,都一定超速通过目测处

15. 全国运动会举行女子5000米比赛,辽宁、山东、河北各派了三名运动员参加。比赛前,四名体育爱好者在一起预测比赛结果。甲说:"辽宁队训练就是有一套,这次的前三名非他们莫属。"乙说:"今年与去年可不同了,金银铜牌辽宁队顶多拿一个。"丙说:"据我估计,山东队或者河北队会拿牌的。"丁说:"第一名如果不是辽宁队的,就该是山东队的了。"比赛结束后,发现以上四人只有一人言中。

以下哪项最可能是该项比赛的结果（   ）
① 第一名辽宁队,第二名辽宁队,第三名辽宁队
② 第一名辽宁队,第二名河北队,第三名山东队
③ 第一名山东队,第二名辽宁队,第三名河北队
④ 第一名河北队,第二名辽宁队,第三名辽宁队

16. 一座塑料大棚中有 6 块大小相同的长方形菜池子,按照从左到右的次序依次排列为:1、2、3、4、5 和 6。同时,1 号和 6 号不相邻。大棚中恰好需要种 6 种蔬菜:Q、L、H、X、S 和 Y。每块菜池子只能种植其中的一种。种植安排必须符合以下条件:

    Q 在 H 左侧的某一块菜池子中种植;

    X 在 1 或 6 号菜池子;

    3 号菜池子种植 Y 或 S;

    L 紧挨着 S 的右侧种植。

    (1) 以下哪项列出的可能是符合条件的种植安排（   ）
    ① 1 种植 Y、2 种植 Q、3 种植 S、4 种植 L、5 种植 H、6 种植 X
    ② 1 种植 X、2 种植 Y、3 种植 Q、4 种植 S、5 种植 L、6 种植 H
    ③ 1 种植 H、2 种植 Q、3 种植 Y、4 种植 S、5 种植 L、6 种植 X
    ④ 1 种植 L、2 种植 S、3 种植 Y、4 种植 Q、5 种植 H、6 种植 X

    (2) 如果 S 种在偶数号的菜池子中,以下哪项陈述必然为真（   ）
    ① L 紧挨着 S 左侧种植
    ② H 紧挨着 S 左侧种植
    ③ Y 紧挨着 S 左侧种植
    ④ X 紧挨着 S 左侧种植

17. 一养鸟者有 10 只鸟:

种类	雄性	雌性
G	H	J、K
L	M	N
P	Q、R、S	T、W

    该养鸟者展示数对鸟,每对鸟由同一种类的一雄一雌构成。每次最多只能展示两对鸟,剩余的鸟必须被分置在两个鸟笼中。该养鸟者受以下条件限制:

    每个鸟笼中的鸟不能超过 4 只;

    同一种类相同性别的两种鸟不能放在同一个笼子中;

    J 或 W 被展示时,S 不能被展示。

    (1) 下面哪一种对鸟的分配是可以接受的（   ）

	第一笼	第二笼	展示
①	H、M、N	J、K、S	Q、R、T、W
②	K、M、Q	N、R、S	H、J、S、T
③	K、Q、S	Q、T、W	H、J、M、N
④	H、J、M、R	K、N、S、W	Q、T

（2）下面哪一项列出了该养鸟者可以同时展出的两对鸟（　　）

① H和J；M和N　　　　　　② H和J；S和T

③ H和K；M和N　　　　　　④ H和K；R和W

18. 类比推理

先给出一对相关的词，要求在备选答案中找出一对与之在逻辑关系上最为贴近或相似的词。

例题：　　义工/职员

① 球迷/球员

② 学生/老师

③ 初学者/生手

④ 志愿者/雇员

答案：④

（1）安居乐业/颠沛流离

① 吸收/放弃

② 简单/杂乱

③ 雪中送炭/雪上加霜

④ 巧夺天工/鬼斧神工

（2）争议/仲裁/听证

① 诉讼/审判/旁听

② 通货膨胀/宏观调控/货币政策

③ 突发事故/现场抢救/善后处理

④ 交通安全/交通法规/交通警察

（3）蛹/蝶

① 丑小鸭/白天鹅　　　　　　② 胚胎/婴儿

③ 种子/花朵　　　　　　　　④ 蝌蚪/青蛙

（4）（　　）对于行动相当于（　　）对于航行

① 目标/灯塔　　　　　　　　② 信心/风帆

③ 激情/桅杆　　　　　　　　④ 毅力/水手

（5）寡对于（　　）相当于利对于（　　）

① 孤/弊　　　　　　　　　　② 众/钝

③ 多/益   ④ 少/害

19. 定义判断,每道题先给一个概念的定义,然后分别列出四种行为,要求严格依据定义,从中选出一个最符合或最不符合该定义的答案。注意:假设这个定义是正确的、不容置疑的。

(1) 农业,是人们利用生物的技能,通过自己的劳动去强化或控制生物生命的过程,以取得符合社会需要的产品的生产部分。

下列不属于农业生产的是(　　)
① 小李租赁村里的荒山种玉米
② 龙南县种植水稻一万亩
③ 乡炼铁厂生产农田铁铲一千把
④ 县里布置明年的春耕播种工作

(2) 回避制度,是指与刑事案件有某种利害关系或其他特殊关系的司法工作人员(包括侦察人员、检察人员、审判人员、书记员、鉴定人、翻译人员等),不能参加该案件处理工作的一项诉讼制度。在某一案件中,下列人员可以不回避的是(　　)
① 当事人的妈妈,法院法医鉴定员
② 当事人的哥哥,负责法院同声翻译
③ 当事人的同学,住在法院隔壁
④ 当事人的父亲,该县检察院副检察长、党组宣传委员

(3) 直觉思维,是人脑对于突然出现的新问题、新事物和新现象,能迅速理解并作出判断的思维方式。下列不属于直觉思维的一项是(　　)
① 古希腊学者阿基米德在浴缸中洗澡时发现了浮力定律
② 以某个问题为中心,从不同的方向和不同的角度,将思维指向这个中心
③ 人类从昆虫的眼睛构成中得到启示,研制了许多先进的夜视武器
④ 达尔文在阅读马尔萨斯人口论著作时悟出"自然选择"理论

参 考 答 案

1. ③
2. ①
3. ③
4. ②

5. ④
6. ②
7. ③
8. ③
9. ①
10. ③
11. ①
12. ④
13. ②
14. ④
15. ④
16. (1) ①
    (2) ③
17. (1) ④
    (2) ④
18. (1) ③
    (2) ①
    (3) ④
    (4) ①
    (5) ②
19. (1) ④
    (2) ③
    (3) ②

第四部分　案例的逻辑分析

一、杜培武"杀人"案的逻辑分析

[**案情简介**]

1998年4月20日晚,昆明市公安局民警王晓湘(女)与昆明市石林县公安局民警王俊波(男)双双被人枪杀,而后王晓湘及王俊波(以下称"二王")两人的尸体(死者皆身着便装),被弃置于昆明市圆通北路40号思远科技有限公司门前人行道上王俊波当天所驾驶的牌号为"云 OA0455"的警车内。

案发后,警方以昆明市公安局戒毒所民警、王晓湘丈夫杜培武因对"二王"有不正当两性关系怀恨在心,涉嫌骗取王俊波佩带的手枪(枪号1605825,七七式),将"二王"杀害为由,将杜拘押。1998年7月2日,杜培武被刑事拘留,同年8月3日被批准逮捕。1999年2月5日,昆明市中级法院以〔1998〕昆刑初字第394号《刑事判决书》宣判"被告人杜培武犯故意杀人罪,判处死刑,剥夺政治权利终身"。

一审宣判后,杜培武及其辩护律师刘胡乐、杨松以"事实不清,证据不足,定性不准,适用法律不当,诉讼程序严重违法,以及办案人员有刑讯逼供行为"为由,向云南省高级法院提出上诉,要求改判杜培武无罪。云南省高级法院以"根据本案的具体情节和辩护人所提其他辩护意见有采纳之处"为由,于1999年10月20日以〔1999〕云高刑终字第295号《刑事判决书》改判杜培武"犯故意杀人罪,判处死刑,缓期2年执行,剥夺政治权利终身"。

随后,杜培武被投入云南省第一监狱服刑。

从昆明市中级法院1999年2月5日一审判处杜培武死刑,到同年10月20日云南省高级法院改判其死缓的8个月间,杜培武一听到看守所铁门声响,就吓得心惊肉跳——他以为每一次铁门响时,都可能是押他上刑场的最后时刻。

"二王"被杀一案在当地影响极大。此案件引起了云南省、昆明市党政领导及公、检、法的高度重视。如此恶性特大杀人案受到方方面面的关注,办案人员在侦破"杜培武杀人案"中,警方动用了许多先进的刑侦科技手段,包括警犬气味鉴别、CPS心理测试(俗称"测谎仪"测试)、"拉曼测试"(射击火药残留物检测)、泥土矿物质含量微量化学元素测定分析等。至于传统的、常规的侦破手段就更不用说了,甚至有人使用了刑讯逼供手段(这从杜培武手腕上的凹陷形伤痕和被打烂的衣服及其《刑讯逼供控告书》中可见)。在无法承受的强大的心理、生理压力之下,杜培武只好承认自己杀人犯罪,并"供述"了一整套骗枪杀人的"情节",交代了杀人凶器——王俊波佩枪被他丢弃于昆明银河酒家(距抛尸现场约1公里左右)门前垃圾桶内(据律师调查,银河酒家在案发当时根本没有垃圾桶),但直到杜培武被二审法院判处死刑,公安部门也没有找到这支杀人手枪。

昆明市中级法院〔1998〕昆刑初字第394号《刑事判决书》表明,公诉机关就杜培武故意杀害"二王"这一事实,向法庭出示了《公安机关刑事科学技术鉴定结论》:

(1)对云OA0455号昌河牌微型面包车内现场勘查,对被害人王俊波、王晓湘尸体检验及死亡时间推断,对车内血痕与二被害人血型鉴定、枪弹痕迹鉴定,证实被害人王俊波、王晓湘于1998年4月20日晚8时许,在云OA0455号昌河牌微型面包车内,被他人持被害人王俊波生前配发的枪号为"1605825"的七七式手枪近距离击中左胸部,致开放性血气胸合并心、肺脏器破裂当场死亡,后两人尸体连同该车被抛弃在本市圆通北路40号思远科技有限公司门前人行道上的事实;

(2)云OA0455号昌河牌微型面包车驾驶室离合器、油门踏板上遗留的足迹泥土气味及杜培武所穿袜子气味,经警犬气味鉴别(多只多次)均为同一,证实杜培武曾经驾驶过该车;

(3)对云OA0455号昌河牌微型面包车驾驶室刹车踏板上、踏板下胶皮垫上提取泥土与杜培武所穿警式衬衣衣领左端、右上衣袋粘附泥土痕迹,在其所穿警式外衣口袋内提取一张面额百元人民币上粘附的泥土痕迹,以及在本市北郊云南省公安学校射击场上提取的泥土,经鉴定均为同一类泥土,证实杜培武曾将云南省公安学校射击场泥土带入云OA0455号昌河牌微型面包车内,并粘附在自己的衣服及人民币上的事实;

(4)在被告人杜培武所穿警式衬衣右手袖口处检出军用枪支射击后附着的火药残留物质,证实被告人杜培武曾经穿着此衬衣使用军用枪支射击的事实。

针对上述结论,辩护人刘胡乐、杨松律师于1998年12月17日——作了辩驳:

首先,指控杜培武犯故意杀人罪的取证程序严重违法。

(1) 刑讯逼供后果严重

杜培武在一开庭就向法庭陈述了在侦查过程中遭受刑讯逼供的情况,并将手上、腿上及脚上的伤痕事实让合议庭法官及诉讼参与人过目验证,足以证实其惨遭刑讯逼供的客观存在,杜本人也向辩护人及驻监检察官提供了《刑讯逼供控告书》。刘胡乐律师依据有关法律,请求法庭确认杜所作的供述无效。

(2) 虚构现场"刹车踏板"、"油门踏板"上有足迹附着的泥土的证据,误导侦查视线

刘胡乐律师根据公安机关现场勘查笔录及现场照片并没有"刹车踏板"和"油门踏板"附着有足迹遗留泥土的记载或显示,认为在案发几个月后才作出的补充现场勘查笔录,严重违反取证的法律程序,违背了客观公正原则,认为所谓"刹车踏板"、"油门踏板"上的足迹附着泥土系虚构的证据,不足采信。

其次,本案没有证据证明被告人杜培武具备故意杀人的主观动机。

刘胡乐律师通过一些人证证实杜培武与王晓湘关系尚好,并不知道"二王"之间有何关系,认为杜培武"预谋杀人"的可能性极小。由此,从犯罪构成要件的角度分析本案,指控杜培武犯有故意杀人罪缺乏主观要件,不能成立。

最后,从时间、案发地、气味鉴定、作案工具、射击残留物等方面看,在客观方面没有证据能够证明杜培武实施了故意杀人的行为。

对于律师的辩护意见,一审法院认为是"纯系主观、片面认识的推论,无充分证据予以支持",明确表示"本院不予采纳"。对公诉机关的指控,法院则认为是"证据内容客观真实,证据充分,采证程序合法有效,其指控事实清楚,罪名成立,本院予以确认",并认为"被告人杜培武当庭'未实施杀人行为'的表述,纯属狡辩,应予驳斥"。1999年2月5日,法庭以故意杀人罪判处杜培武死刑,剥夺政治权利终身。

一审判决宣布后,刘胡乐律师不顾来自各种背景的可怕压力,坚持为杜培武向云南省高级法院上诉,坚持为杜培武作无罪辩护。他再次指出,一审以故意杀人罪判处杜培武死刑纯属事实不清,证据不足,定性不准,适用法律不当,诉讼程序严重违法。

围绕上述上诉理由,刘胡乐律师再次并进一步辩驳所谓"气味"、"火药残留物"、"戒毒所人证"等等问题,坚定地认为"一审法院没有任何证据证明被告人杜培武具备杀人主观动机","一审法院在客观方面没有任何证据能够证明被告人杜培武实施了故意杀人的行为"。

面对律师有理有据合乎逻辑的辩驳,1999年10月20日,云南省高级法院作出终审判决。判决书一方面认定"本案基本犯罪事实清楚,证据确实合法有效,应予以确认";另一方面却又说:"但根据本案的具体情节和辩护人所提其他辩护意见有采纳之处,本院在量刑时应予注意"。由于这37个字,杜培武由死

刑(立即执行)改为死缓刑,头颅保住了,但他仍被定为故意杀人重刑罪犯。从1998年4月底至2000年7月初,杜培武度过了整整26个月的非人时光。

2000年6月,昆明警方破获了一个杀人劫车特大犯罪团伙。该团伙"自1997年以来,抢劫盗窃杀人作案23起,共盗抢车辆20辆,杀死19人,杀伤1人"。这些犯罪嫌疑人供称杀害"二王"系他们所为,并交代了杀人的经过。据知情人称,8名犯罪嫌疑人中,有一名主犯居然是铁路公安系统的民警。他们丧心病狂,不仅杀人劫车,而且为毁尸灭迹,竟将多名受害人尸体肢解煮熟喂狗,其杀人之众、手段之残暴为建国50年来云南所未有,在全国也极其罕见。

这伙犯罪嫌疑人供认,是他们在昆明市海埂某地对"二王"实施了抢劫,并用劫得的王俊波的手枪将"二王"枪杀,然后将尸体连同王俊波所驾的车辆云OA0455号移动到圆通北路40号思远科技有限公司门前人行道上的。

当时参加"杜培武杀人案"侦破的一些警察刚好参与此案侦破工作,在得到这些犯罪嫌疑人抢劫杀害"二王"的供述后,连忙向上级报告,于是戏剧性的场面出现了。2000年7月10日,云南省公安厅以"通告"形式向社会公布了破获这个特大杀人抢劫犯罪团伙的情况。7月11日,云南省政法委又以"通告"形式向社会宣布:杜培武故意杀人案,因有"新的证据"证实"非杜培武所为,杜培武显系无辜",由省高级法院以〔2000〕云高刑再字第9号《刑事判决书》宣告杜培武无罪,当庭释放。①

走出监狱铁门的杜培武,一见到前来接他出狱的辩护律师刘胡乐,就紧抱住他嚎哭不止,刘胡乐也泪眼涟涟。这位律师说这是他一生中最伤感的时刻。

杜培武出狱了。他是一个不幸者,也是一个幸运者。说他不幸,是因为他在一夜之间失去了妻子,也险些因此而失去自己的性命;说他幸运,是因为另一伙杀人真凶终于显露,使他的冤案大白于天下,否则……

由民警到死囚,又由死囚到民警。这样的事情究竟是怎样发生的?由什么原因造成的?在目前司法体制下是否能够避免?又该如何避免?本文主要从法律思维及审判逻辑的角度分析这一案例。

[逻辑分析]

一、警方侦查推理存在严重偏差,侦查人员戴着有色眼镜收集证据,侦查结果怎能不出差错?

侦查人员接到报案,应立即赶赴现场收集痕迹物证,然后进行侦查推理,确定侦查方向。

在刑事现场物证收集及进行侦查推理方面,著名的美籍华裔刑事鉴识大师

---

① 参见刘斌主编:《20世纪末平反冤假错案案例纪实》,珠海出版社2001年版,第59—65页。

李昌钰博士有着非常丰富的临场经验。他在多本自传体著作中对此作了详细的描述：

物证除了经过化验对比可以确定涉案凶嫌外，还可以作为破案的线索，刑事侦查人员常常以剖绘推理方法来缩小凶嫌范围。

剖绘推理的前身叫做现场重演法，20世纪40年代，刑事侦查人员十分注重研究犯罪的行凶手法，认为每一个犯人在作案时都有一定的习惯性行为。破案后将嫌犯带回现场，重演犯罪过程，这样，侦查人员可以学习到更多有关犯罪手法的知识。

这种注重犯罪手法的侦查方法在农业社会很有用，但是随着工业社会的发展，人口流动性的增高，作案手法层出不穷，手法不同的犯罪活动也日益增加。此外，人权意识提高，越来越多的律师都建议被告拒绝现场重演，因为现场重演无形中就是认罪。因此，在20世纪60年代末70年代初，现场重演的侦查方法不再使用，取而代之的是犯罪剖绘方法。

犯罪剖绘方法利用统计资料和心理学来协助确定侦查方向。以强奸案为例，根据犯罪统计的资料，强暴犯一般在16岁到39岁之间的男性，通常住在被害者住宅25英里之内的地区。从强奸的方法及言语，还可以推断出强暴犯的个人资料。但是法庭并不将犯罪剖绘的资料视为法庭上的证据，因为这种方法不算正式的科学，其中涉及了太多主观的猜测和推断。

20世纪80年代出现了一种新式的侦查推理方法，被称为现场分析，主要着重于现场的痕迹证据，譬如，作案人如何进入现场，如何离开，并推测其作案手法。从脚印的长度及深度，我们可以判断嫌犯走路的速度，是否残障，有没有背负重物，及其身高、体重、比例等。此外，我们也可以从手印推断案犯的工作性质和习性癖好。

到了20世纪90年代，现场分析法进一步地改良为"现场重建法"。利用现场采集的科学证据、犯罪心理剖绘以及痕迹证据，综合推断整个案发过程及凶嫌的犯案特征。同时还利用反物证方法来举证可疑对象不涉案的可能性，从而排除涉案对象；厘清各项假设成立的或然率，从而找出侦查的方向。[①]

据资料显示，在"杜培武杀人案"的侦查过程中，有人对杜培武与"二王"被害一案的关系作如此推断：

杜培武知道"二王"有不正当的两性关系→杜培武怀恨在心→杜培武要杀害并且伺机杀害了"二王"

这个推理从表面看来，似乎很有道理。为什么这么说呢？

---

① 〔美〕李昌钰、夏珍：《神探李昌钰破案实录①》，〔美〕邓洪整理，广西师范大学出版社2005年版，第157—158页。

从现场看,死者一男一女,开着警车,但身着便装,很像普通偷情者(因为现有资料并没有告诉读者,二人确实有不正当男女关系,姑且作这样的假定。恐怕并非只是笔者作如此假设,现场办案者想必也是这样假定的吧)。一对偷情者被杀,谁对偷情者有仇恨呢?不是男士的妻子,就是女士的丈夫,其他人会管闲事吗?不会。可能男士的妻子无法抢到枪并当场用这支枪连续射杀二人,那就一定是女士的丈夫设计骗取偷情者的枪,再用此枪打死这对偷情者。

这样的侦查推理听上去相当合情合理,可是,这样的推理,同昆曲《十五贯》中凭"想当然"办案的县官过于执的推理,又有何不同呢?

过于执在认定熊友兰与苏戌娟通奸,并且合谋杀害了苏父尤葫芦的时候,也运用了"推理"。他根据苏戌娟"艳如桃李",推断她"焉能无人勾引";根据她"年正青春",推断她"岂能冷若冰霜";又在此基础上进一步推断"熊、苏二人必然勾搭成奸"。此外,他还根据"尤葫芦丢失的钱是十五贯",据此认定"熊友兰身上的钱就是尤葫芦丢失的钱",如此等等。显然,在这一系列推论过程中,不能说过于执一点根据都没有。问题在于,他在推论时,所采用的推理根据并不是客观事物间的必然联系,而且在推理时,又不顾推理的逻辑要求,而这样得出的结论却被他当做事实,岂不差之毫厘而谬以千里?

遗憾的是,负责"二王"被害案侦破工作的警方就是依照这个逻辑,将杜培武确定为"二王"被杀案中的嫌疑人的(很可能被确定为该案唯一的嫌疑人)。虽然这种推理与怀疑不能说完全没有道理,但这个推理逻辑疏漏处甚多。

首先,假如"二王"关系真有异于常人之处,那么这显系隐情,具有较大隐秘性,杜培武是否知道实情值得怀疑。若对"二王"之情浑然不觉,如何会"怀恨在心"?而根据杜本人的一再辩解、申诉,他事实上的确不知"二王"的隐情。

其次,就算知道"二王"的隐情,是否就一定"怀恨"?若恨,是两人都恨,还是只恨其中一方?

再次,就算"怀恨在心",而且对二人恨之入骨,是否必然会采取杀人的办法来解决问题?因为恨的结局并不必然是仇杀。

最后,就算要用杀人的方式解决问题,杜培武身为民警,难道不知道二人死后他由于与王晓湘的特殊关系而嫌疑最大的道理?难道不知道用军用枪支杀害两名民警会导致警方穷追不舍的侦破?从警近十年的杜培武竟然一点反侦破的常识和能力也没有,岂不奇怪?

但是,这些明显的疏漏都被忽略了,于是一起大冤案发生了。

侦查推理应该是建立在客观、仔细收集案发现场痕迹物证及其他资讯基础之上的。就本案而言,侦查人员勘查现场,首先要弄清停放在昆明市圆通北路40号思远科技有限公司门前人行道上的微型警车,是杀人后移动至此,还是二人被枪杀时就停在这里。有资料显示,警方认为,是行凶者杀人后将警车开到这里。既然这里不是第一现场,那么杀人的第一现场在哪里?只有了解了第一现场所处的地理环境,才能进而判断出案件的性质。我们可以假设,如果枪杀现场不是在市区,而是在远离市区的远郊或者其他偏僻处,死者丈夫是否可能知道该偏僻处,有无条件事先赶到此地,并做好行凶准备?从现场死者的着装是便装和遇害时间是周一晚8时可知,这一对男女确实不是执行公务,而是下班后偷情幽会。谁都可以想象得出,对于这样隐秘的幽会,即使该女士的丈夫是神探,恐怕也不可能事先打听到他们二人即将幽会的僻静之处。所以该案就这一假设分析,不大可能是丈夫因奸情而报复杀人(除非雇凶始终跟踪这辆警车)。再假设枪杀现场是在市区或者就在停车的地方,死者丈夫涉嫌的可能性就相当高(因为市区范围小,彼此撞到的可能性相对就高得多)。但这时又出现新的问题。市区人员相对集中,行凶者用警察佩带的手枪(显然不是无声手枪),至少开过两枪,难道就没有一个人发现吗?此时正是盛夏,晚上8时还是街上行人较多的时候,怎么会没有被人发现呢?何况还要从他们手中先抢得手枪。(但警方认为是从王俊波手里骗枪。这真是奇谈怪论:男女偷情之时,女的丈夫能够当场从偷情之男的手中骗得手枪?谁有这样的本领?)

"二王"(皆处于青壮年时期)同时被杀,且要先抢得被害人佩带在身上的手枪,再用这把手枪打死两名被害人,这样的事仅凭一个人能做得到吗?可以推测,行凶者至少为两人甚至更多人。然而,办案人员此时正戴着有色眼镜搜集证据。他们的眼里只有死者丈夫报复杀人这一条线索,其他任何可疑线索全被他们过滤掉了。从错误的侦查推理出发,戴着有色眼镜取证,如此办案怎能不搞错方向,铸成错案?

针对该案侦破中的严重偏差,不妨请已经是或者即将成为侦查办案的民警们时刻牢记李昌钰博士的一段谆谆教诲:

来到犯罪现场,刑事侦查人员必须持科学家的态度,对任何可能的物证,包括犯罪现场周遭的环境、人文、气候,都要一一记录下来。而对犯罪现场的维护、证物的采集,必须秉持科学家的精神,谨慎而客观。"谨慎"的道理很容易理解。对任何可能的物证,小心地处理、保存、化验,找出关联之处,作为案件的科学证据。"客观"怎么说?刑事侦查工作,最怕的是存着既定的想法,认定一个方向,一头就栽进去,完全不顾别的浮现出来的证据,只是主观地朝着既定的方向发展,不考虑别的可能性。这种办案的态度称为"管见",英文是"像隧道般的眼光"(tunnel vision)。你们想想,如果一个人的眼光、注意力像隧道一样,只有直通通的一条,那看出去的地方也只有一小块,旁边的东西全都看不到。"管见"是刑事侦查人员常犯的错误之一。这种错误甚至常常出现在饶富经验的刑事侦查人员身上,因为他们的经验限制了他们的想象力及客观的态度。①

"管见",不但是在刑事侦查工作中常见到的错误,而且在许多人的日常工作及生涯中,也常犯有这种"见树不见林"的毛病。也许有人认为,专注是一种美德,但诚如李昌钰所说:"缺乏客观的观察及科学家的态度,往往会搞错方向,白花一大堆力气。"杜培武冤案的造成,正是"管见"留给办案人员的血的教训。

二、测谎仪的误判对办案人员的"管见"及随后"高强度"审讯起了推波助澜的作用

资料显示,办案人员采用了不少现代高科技侦测手段,如 CPS 心理测试,即通常所称的"测谎仪"。据说,本案之所以采用 CPS 心理测试,是因为对杜培武"审查 10 天以后,案情没有多大进展",杜培武作为杀人嫌疑"有诸多疑点,且无直接证据"。于是,1998 年 6 月 30 日上午,几个办案人员将杜培武从戒毒所带到昆明市中级法院进行 CPS 心理测试。市中级法院的一男一女两名工作人员对杜培武进行了测试。他们出了若干组题目要杜培武回答,内容和案件有密切联系,如问:"4 月 20 日晚你有没有离开戒毒所?""是不是你上车开枪把他们杀死的?""是不是你用王俊波的枪把他俩杀死的?"杜培武据实做了回答,但结论却是"说谎"。这一男一女对杜培武不厌其烦地测了一整天。最后的综合结论是:杜培武在说谎。换句话说,杜培武将被当做杀害"二王"的重大嫌疑犯。因为测谎仪在一些问题上认为杜培武所说的"均为谎言"。据此,办案人员信心倍增,以为胜券在握,到了该让杜培武痛快交代"罪行"的时候了。于是从 6 月 30 日晚到 7 月 19 日,办案人员对杜培武实施了"高强度"审讯。

据杜培武自己陈述,他遭到了办案者十分野蛮、十分残酷的刑讯,超出人的生理、心理忍耐极限。

从测谎的当天晚上开始,办案人员给杜培武戴上了脚镣,喝令他交代杀害"二王"的犯罪过程。他们用手铐将杜的双手呈"大"字形悬空吊在铁门上。吊了一段时间后,再在脚下塞进一个凳子,以换取杜的"老实交代"。杜不断地声称冤枉,这又被认为是"负隅顽抗"。审讯人员便又猛地抽掉凳子,让杜突然悬空,如此循环反复……

但这仍然不能令杜培武屈服。审讯人员又用高压电警棍逐一电击他的脚趾和手指。②

那些审讯人员有的跟杜培武熟悉,他们在用刑的时候,冷冷地对杜培武说:"对不起了!"

---

① 〔美〕李昌钰、夏珍:《神探李昌钰破案实录①》,〔美〕邓洪整理,广西师范大学出版社 2005 年版,第 197—198 页。
② 参见《杜培武:从民警到死囚,从死囚到民警》,http://www.wudanhong.com/Article/ShowArticle.asp? ArticleID=80,2005 年 8 月 28 日访问。

1998年盛夏发生在杜培武身上的那一幕幕惨剧,其发生的场所既不是远离现代文明的某个偏僻场所,也不是某个惊险故事片的电影摄影棚,而是在昆明市公安局大院。杜培武早已变了调的、令人毛骨悚然的惨叫声,使得许多正直的警察不寒而栗。他们中的一些人后来挺身而出,成为指控秦伯联等人刑讯逼供的证人。

酷刑下,杜培武被迫低下了不屈的头,开始"供述杀人的罪行"。在杜培武当时的"遗书"中可以读到杜的如下记述:"为了不挨打,我不仅要按照审讯者的要求说,而且尽可能地揣摩他们的意图。"杜培武按要求编好了"杀人现场",可"杀人枪支"的下落却苦了杜培武。每当他"交代"了一个地方,刑警们马上就押着他去找,找不到就吊起来一顿毒打。杜培武绞尽脑汁想了"一招"——"枪被拆散,沿途扔了,扔到滇池里去了……"从6月30日到7月19日整整20天,杜培武基本上没有睡过觉,他说:"跪在地上回答问题就是最好的休息,也只有这个时候我才能缓一缓,补充一下体力。"

这个时候,身为警察的杜培武已经不像样子了:目光呆滞,步履蹒跚,两个手腕和双脚踝均被手铐、脚镣吊烂、化脓,手背乌黑,肿得像戴着拳击手套似的。

几天后,杜培武慢慢缓了过来,他写好了《刑讯逼供控告书》,交给驻所检察官范显忠,这位检察官当着上百名在押疑犯和管教干部的面,为杜拍下4张伤情照片。这4张珍贵的照片对杜培武平反后追究刑讯者的法律责任起了很大作用。1998年12月17日开庭时杜培武当庭展示了他身上清晰可见的伤情,并强烈要求公诉人出示驻所检察官拍摄的照片,以证明刑讯逼供事实的存在。但公诉人说,当时没有拍过照片。1999年1月15日,昆明市中级法院第二次开庭时,杜培武再次要求公诉人出示照片,这一次,公诉人说,照片找不到了。

回顾"杜培武冤案"的形成过程,不难看出:刑讯逼供在制造这起冤案方面起了很大的作用。但是,刑讯逼供仅仅是表面上看得见的原因,隐藏在刑讯逼供背后的更深层次的原因又是什么呢?或者说,当事实证明杜培武案的确错了的时候,当时的办案人或其他有关人员是否真的知道这件案子真正错在何处呢?我们不妨看一看相关的报道。

在事后谈到这一案件时,有关部门及当时督办此案的人并未公开对"杜培武冤案"有什么说法,只是据说昆明市公安局有关领导曾亲自向杜培武道歉,承认"我们错了"。云南律师王达人认为,"杜培武冤案"不存在谁故意整人的问题,问题在于公安部门罗织编造证据去推断。[1]

笔者认为,王律师的说法有一定的道理,但并未讲到点子上。既然"不存在故意整人"的问题,那为什么公安部门还要"罗织编造证据去推断"呢?其实,不

---

[1] 参见刘斌主编:《20世纪末平反冤假错案案例纪实》,珠海出版社2001年版,第65页。

把这个问题弄清楚,类似的悲剧就无法避免,很可能还会换种形式重演。

从认识论上讲,人在观察事物时,头脑并不像英国哲学家洛克所说的是一块"白板"。人在观察过程中总是带有某种观念(包括偏见)。例如,在查看犯罪现场时,侦查人员必然带着某种"经验"或"预感"去观察,然后才能理解这一被观察的事物。但是这种最初的观念往往是不确定的或者靠不住的。即使在日常生活中,人们通常也不都将这种最初的观念认作定论,而至多当做有参考价值的猜测,是否符合实际,还需要小心谨慎地求证或验证。对于人命关天的杀人命案,侦查人员更不能将最初的观念(实际上是凭经验所作的一种猜测)当做"事实真相",误以为自己已经掌握了"事实真相",因此就不对这种其实仅是假设的"事实真相"求证或验证。

办案人员或许会觉得冤枉:谁说我们当时没有验证?我们不是带杜培武去测谎了吗?可是这能叫对假设的验证吗?

杜培武案的办案人员的确将"测谎"当做了对"杜培武杀人"这一"事实真相"的验证。这从测谎前后,审讯人员对杜培武审讯强度的明显差异中可以看出来。

资料显示,1998年4月22日14时许,昆明市公安局戒毒所民警杜培武被抓到昆明市公安局。在专案组,杜培武经历了连续10天10夜的审讯,审讯的主要手段是疲劳战:不准睡觉。审讯一无所获。5月2日,杜培武被送往他自己的单位戒毒所,由专人看管起来,直到6月30日被带去进行测谎。

若没有所谓"测谎仪"的测试结果"证实杜在撒谎",相信杜后面不会遭到如此"高强度"的非人的刑讯逼供。

这就给所有人留下了深刻的教训。

测谎仪的测试本身并没有错,办案人员对杜培武进行该项测试同样也没有错,那么,这一事件究竟错在何处?错在对测试时相关技术力量及条件水平的错误估计(过高估计),错在对测试结果的(不当)解释和(错误)评价。

测谎技术最早在20世纪初出现在美国,刚开始只是一些测谎专家提供的测谎服务。直到1921年,加州的伯克莱市警局率先使用测谎技术协助办案,其他执法部门陆续跟进,测谎学校也应运而生。但是当时技术还不完善,测谎结果大多取决于测谎人员的主观认定,因此司法界一直持保留态度,一般大众也不将其视做科学的调查方法。

到了20世纪中期,科技发展带动了测谎技术。一方面,人们对测谎的科学原理有了更深刻的认识;另一方面,测谎仪器的精确度也大幅度提高。越来越多的人认同测谎技术并不是骗人的把戏,而是利用科学来拆穿骗徒心理反应的方法。

测谎仪器主要记录受测者回答问题时的心理连接生理反应。许多科学研究表明,人们在撒谎时需要较多的大脑活动,因而产生异常的心理压力。这些大脑活动和心理压力会引发某些生理反应,如呼吸速度与深度、心跳频率、血压,以及因出汗而改变的皮肤电阻等。这些都是自主神经系统的作用,无法以意志力量来控制。

测谎器并不能测定说话内容的真伪,但能测量受测者的生理变化。这些生理变化非常细微,往往要用先进的电子技术才能侦测出来,再用曲线图或数字的方式记录下来。

常用的测谎器有两种:一种为多线测谎仪,检测并记录受测者呼吸、心跳、血压和皮肤电阻等生理变化;另一种为声析型测谎仪,检验并记录受测者说话时声带肌肉颤动的次声波变化。

测谎仪就像医疗诊断仪器一样,训练有素而且经验丰富的专业人员才能有效运用,测谎结果的可信度大半取决于测谎人员的专业水平。①

武伯欣,这位在过去几十年里一直从事"测谎"技术研究的中国人民公安大学犯罪心理学教授和犯罪心理测试技术专业硕士研究生导师,1995 年,总结出在实案中应用犯罪心理测试技术的六大阶段技术,该技术已被广泛应用于刑事案件的侦破和民事案件的审理中。在谈到测谎技术的应用时,武教授指出:"根据最原始的现场而不是口供出题,这是必须遵守的。"这就要求测试员必须把案情吃透,分析案件的因果关系,特别是要弄明白作案人从哪里进到犯罪现场、用什么作案、从哪里离开犯罪现场,在头脑里再现犯罪过程,绝不能有主观猜测。在拟订每道题时,先要考虑心理效应会是怎样:有的是唤起心理痕迹(这正是要测试的);有的唤起的是对立情绪等(这是应排斥的)。为了检验所出题目的客观性,一般先测办案民警,再测嫌疑人。因为办案民警对案中情节都已熟知,所以在测试中对涉及的目标题都会无任何反应,以保证排除无辜而不会出错。此外,武教授强调,一次测试不要超过 30 分钟。每道题约 25 秒钟,即使 50 多道题,测试一次也不会超过 30 分钟。心理学实验证明,人的注意力、记忆、认知等活动能保持 30 分钟,超过 30 分钟则会逐渐疲劳。②

可是,我们从前面的描述中可以看到,在杜培武案中并不是严格按照 CPS 心理测试要求进行测试的。

从主持 CPS 心理测试的这一男一女两名工作人员忙活了一整天这样的语句中可以想象,这样的疲劳战所检测到的测试结果的可靠性能有多高?假如有专家在场指导,或许就不会发生这样的测试及对整个测试结果的误判;或者如果

---

① 〔美〕李昌钰、夏珍:《神探李昌钰破案实录①》,〔美〕邓洪整理,广西师范大学出版社 2005 年版,第 114—115 页。
② 参见洪雪:《专家:测谎准确率高达九成八,进行测谎条件苛刻》,载《法制晚报》2004 年 11 月 12 日。

能有专家对该测试结果进行一下科学评估,那么就不至于对这样粗糙的所谓"高科技"产生迷信。

可见,测谎技术应用的准确性取决于诸多条件,操作人员的专业水平、职业素质及环境条件等诸多因素,都会对测试结果产生较大影响。这就表明,不管在什么条件下,测谎的结果都不可能是必然准确的,因此,测谎的结果只能是供参考,绝不能当做定论,更不能看做对警方最初假设的验证。对假设进行验证,必须寻找客观事实证据,绝不能以这种靠不住的心理痕迹作为验证客观事实存在与否的标准。这是"杜培武冤案"的深刻教训。

就是在国外,测谎仪的结果也不能作为提交法庭的证据使用。这是因为,测谎仪的测试结果本来就是或然的,并不十分可靠。经过强化训练者即使满嘴谎言,测谎仪也发现不了;而有些说实话者即使实话实说,测谎仪也可能给出此人在撒谎的结果。现代科技发明了测谎仪,其测试结果如果只供人参考,而不被当做定论,在刑事侦查中使用也没有什么不对。但在杜培武案中,办案者却将测谎仪并不可靠的测试结论当做杜培武行凶杀人的铁证,这就不是测谎仪的错了。

从侦查思维的角度分析,警方从"二王"被害现场得出奸情报复杀人的假设,据此将女民警的丈夫杜培武列为重大作案嫌疑人。进一步的侦查结果是,杜培武作为杀人嫌疑犯"有诸多疑点,且无直接证据"。照理说,侦查假设到达这里,应该被否定,警方需要重新作出新的侦查假设。也就是说,应该尽快调整侦查方向,寻找新的破案线索。然而,警方却借用高科技产品——测谎仪对杜培武进行测谎,这本无可厚非,错就错在警方将测谎结果认定为杜培武行凶杀人的证据。因为找不到别的证据(其实只是没有认真去找证据,没有像李昌钰那样"一寸一寸找证据",别的不说,排除杜培武作案的证据就有很多,警方却视而不见),警方最终运用"高强度"审讯手段强行获得杜培武杀人的口供(因为在我国"被告人供述"也是合法证据),最终造成冤案。

媒体和社会舆论认为,造成这一冤案的罪魁祸首是刑讯逼供。但这一归因方法显然是皮毛之见,未能深入事情的本质。

固然,表面看来,的确是刑讯逼供导致了杜培武这起冤案的发生。可隐藏在刑讯逼供背后的又是什么呢?如果只是警方采用非法的刑讯逼供手段取证,那么这一错误仅仅在于警方,并不必然造成冤案。只要检察机关和审判机关按照法律规定把好诉讼程序的第二道、第三道"关",认真审查警方提交的证据,认真对待杜培武提交的《刑讯逼供控告书》,那么警方刑讯逼供、伪造证据等一系列严重违反国家法律的行为,就不至于那么容易蒙混过关,并最终酿成重大冤案。因此,面对警方的违法犯罪行为,我们不得不追问:我们的法律监督机关和审判机关究竟在干什么?检察官和法官是如何履行自己的职责的?

三、检察机关违法办案,放弃法律监督职责甚至包庇公安机关违法取证行为是酿成冤案的重要原因

众所周知,我国各级人民检察院在刑事诉讼中,承担着双重职责:一是对公安机关侦查终结移送起诉的案件进行审查,决定是否提起公诉,若决定起诉,则由人民检察院向具有管辖权的人民法院提起公诉;二是依法对刑事诉讼实行法律监督。

以下材料充分证明,不但公安机关会违法办案,而且有法律监督职责的检察机关也会严重失职,甚至还对办案人员的这些违法犯罪行为加以隐瞒和包庇。

首先从杜培武一天的日程说起。1998年4月20日,杜培武于上午7时20分乘戒毒所的车去戒毒所上班,戒毒所距杜培武居住的市公安局宿舍约二十多公里。8时30分,杜培武到达戒毒所。当时杜正准备报考中央党校法律本科,所以全天都在办公室复习。下午下班后,他到食堂吃饭,当时有本单位的同事在。饭后还和同事高玉才在办公楼下的石凳上聊天。晚上7时许,他又到办公室复习,因当晚办公室所在地要放录像,杜培武怕噪音大影响复习,就从办公室拿了学习资料回宿舍复习,他出办公室所在地强戒部的门口时(约7时40分)还碰见另一名同事李颖。回到宿舍约8时,一直在宿舍呆到了9时多才从宿舍出来拿着杯子到食堂取牛奶,又碰到同事黄建忠。他和黄在一块儿又聊了一会儿,之后到戒毒所大门口打电话回家,问保姆其妻王晓湘回家没有,保姆说没有。杜又打了两个传呼找王,也没有回音。此后杜培武回到宿舍,又用手机打了几个传呼给王晓湘,但仍无回音。打传呼不回的现象是两人恋爱、结婚近六年从未有过的,杜培武感到很诧异。

21日上午上班后,杜培武又打电话到王晓湘单位(昆明市公安局通讯处)问王晓湘的下落。她单位领导说没有看见王上班,杜又问其妻是否请过假,领导说没请过假。这种现象也是从未发生过的。杜培武担心妻子出什么事,便开始寻找,同时把情况向戒毒所领导作了汇报。当时他担心妻子出车祸或者碰到什么意外事故,为此打电话到所有交警队查询有无交通事故,还通过市局情报资料处查询全市是否出现过不明尸体的情况。但王晓湘仍杳无音信,杜培武焦虑不安。当天下午通讯处王晓湘的领导、戒毒所杜培武的领导都来到杜家,帮助他寻找,但依然没有消息。这时杜培武感到妻子一定出什么事了,不能再这么等下去,于是向"110"报了案。

到22日上午,王晓湘仍无音信。杜培武认为最大的可能是王晓湘出什么事了。22日下午2时左右,戒毒所一位领导来到杜家,问杜培武吃饭没有,说没有吃就到下面吃。杜培武便和他一块下楼上了一辆车,车开到云南省交通警察培训中心大门口时停下了,突然从汽车两侧上来几个人将杜培武按住,全身上下搜他的身,杜培武因妻子失踪早已吓得六神无主,见此情景更是受惊不小。他大声

问:"你们是什么人?你们干什么?"没有任何一个人说话,他又问邀他下楼吃饭的领导:"他们是不是抢人的?"还是一阵沉默。这时车又重新上路,一直开到昆明市公安局刑事侦查支队,几个搜他身的人把他带到支队四楼的一间大办公室,让他坐在那里,一直到下午5时,才把他交给专案组。

在专案组,杜培武被反复讯问4月20日的活动情况,接着3天3夜不让他睡觉以交代问题。从4月22日下午到5月2日连续10天被留置讯问。其间,身为警察的杜培武多次向办案民警索要留置他的法律手续,但对方只给了他一张《传唤证》。杜说:一张传唤证最多只能留置我12个小时,你们却关我10个昼夜,又拿不出其他法律手续,凭什么还要扣押我?办案人员竟然说:"想扣你,就扣你,要什么法律手续?"

在被扣押审查期间,杜培武终于从办案警察口里知道了王晓湘和石林县公安局副局长王俊波被人枪杀的事,知道自己被怀疑为杀人凶手。他一方面为妻子的不幸而伤心;一方面又为自己被定为杀人嫌疑而难过。

审查10天以后,因为案情没有多大进展,办案人员只好将杜培武送到其单位昆明市强制戒毒所变相关押。6月30日上午,杜培武又从戒毒所被带到昆明市中级人民法院进行CPS心理测试。测谎仪在一些问题上认为杜培武所说的均为谎言,据此办案人员为了让杜培武交代"罪行",从6月30日晚到7月19日,对杜培武进行了"高强度"审讯。杜培武遭到了办案者十分野蛮、十分残酷的刑讯,超出人的生理、心理的忍耐极限。杜培武在酷刑下被迫承认自己实施犯罪:怎样对"二王"关系怀恨在心,怎样骗枪杀人,怎样抛尸,怎样选择第一现场……7月2日,杜培武正式被刑事拘留,7月3日被逮捕。7月19日,杜培武被送到昆明市第一看守所关押。在向在押犯了解看守所民警不会打人的情况后,杜培武于7月28日分别向驻所检察官和市检察院提出《刑讯逼供控告书》,并向驻所检察官展示他手上、脚上、膝盖上受刑被打后留下的伤情,次日即7月29日,该检察官当着两名管教干部及上百名在押犯的面为杜培武验伤、拍照。

1998年10月20日,昆明市人民检察院向昆明市中级人民法院提起公诉,指控杜培武构成"故意杀人罪"。起诉书称:被告人杜培武因怀疑其妻王晓湘与王俊波有不正当两性关系,对二人怀恨在心。1998年4月20日晚8时许,被告人杜培武与王晓湘、王俊波相约见面后,杜培武骗得王俊波随身携带的"七七"式手枪,用此枪先后将王俊波、王晓湘枪杀于王俊波从路南(现为石林彝族自治县)驾驶到昆明的云OA0455昌河微型车中排座位上。作案后,杜培武将微型车及两被害人尸体抛置于本市园通北路40号一公司门外人行道上,并将作案时使用的手枪及二人随身携带的移动电话、传呼机等物品丢弃。以上犯罪事实,有现场勘验笔录、尸检报告、枪弹痕迹检验鉴定书、查获的杜培武所穿长袖警服衬衣、衬衣手袖射击残留物和附着泥土、作案车上泥土的鉴定和分析报告、有关的技术鉴定结论和证人证言等证据为证,被告人亦有供述在卷。

1998年11月18日,杜培武接到《起诉书》。12月12日,即向昆明市中级人民法院提交《陈述书》。在《陈述书》中,杜培武指出"公安人员违法办案",对他进行刑讯逼供,公诉书"指控证据不足",并着重就所谓"射击残留物"及"附着泥土"谈自己的理由。他说衣袖上的"射击残留物"是他年前参加打靶时留下的,而他又有不洗衣服的习惯。如果真是他作案,并且如起诉书所说作案后将"手枪及二人随身携带的移动电话、传呼机等物品丢弃",为何不把留下射击残留物的衣服丢弃呢?至于"附着泥土",杜培武认为他衣服上的泥土与本案没有内在联系,只有表面近似的联系,不能充分肯定本案中的泥土就是他衣服上的泥土,如果泥土只是"类同",就不能作为作案的证据。

1998年12月17日,昆明市中级人民法院开庭审理"杜培武故意杀人案"。开庭不久,杜培武就向法庭展示他手腕、膝盖及脚上因办案人员打他而留下的伤痕,当庭控告办案人员对其进行刑讯逼供,并要求公诉人出示驻所检察官7月29日在看守所为他拍下的可证明他遭受刑讯逼供的伤情照片,但未得到理睬。

1999年1月15日,本案再次开庭审理。

为了引起法官的注意,这回杜培武悄悄地将他在遭受刑讯逼供时被打烂的一套衣服藏在腰部,利用冬季穿衣较多的有利条件,外罩一件风衣,将这一有力证据带进法庭。开庭不久,他再次提出刑讯逼供问题,要求公诉人出示照片。杜培武还使出了最后一招:当着法官、公诉人、律师及几百名旁听者的面扯出被打烂的衣服证明他曾经遭到刑讯逼供,证明他过去的有罪供述均是被迫的,因而依据法律是无效的,但他所做的这一切却被法庭漠视。①

读到这里,任何一个有良知的公民都会感到不寒而栗。我们有理由追问,对公安机关违法办案这一情况,杜培武多次向检察官反映,甚至在庄严的法庭上(当着旁听者的面)多次向检察官和法官出示遭受刑讯逼供的直接证据,为什么负有法律监督职责的检察官视而不见?他们不是假装不知,就是干脆置之不理。是不是因为我国法律对检察人员这种严重失职或渎职行为缺乏明确的法律规定,才使得某些人敢于公然藐视被告人的正当权利、敢于公开庇护公安人员的严重违法行为呢?这个问题值得我们深刻反思。

从法律制度上看,我国法律对检察机关在刑事诉讼中的法律监督职权方面的规定并不完整,仅有几条。不妨笔录于此,谨供参考。

我国《刑事诉讼法》中涉及检察机关法律监督职权的有下列条款:

第5条:人民检察院依照法律规定独立行使检察权,不受行政机关、社会团

---

① 参见《杜培武:从民警到死囚,从死囚到民警》,http://www.wudanhong.com/Article/ShowArticle.asp?ArticleID=80,2005年8月28日访问。

体和个人的干涉。

第7条:人民法院、人民检察院和公安机关进行刑事诉讼,应当分工负责,互相配合,互相制约,以保证准确有效地执行法律。

第8条:人民检察院依法对刑事诉讼实行法律监督。

第43条:审判人员、检察人员、侦查人员必须依照法律程序,收集能够证实犯罪嫌疑人、被告人有罪或者无罪、犯罪情节轻重的各种证据。严禁刑讯逼供和以威胁、引诱、欺骗以及其他非法的方法收集证据。

第59条:逮捕犯罪嫌疑人、被告人,必须经过人民检察院批准或者人民法院决定,由公安机关执行。

第66条:公安机关要求逮捕犯罪嫌疑人的时候,应当写出提请批准逮捕书,连同案卷材料、证据,一同移送同级人民检察院审查批准。必要的时候,人民检察院可以派人参加公安机关对于重大案件的讨论。

第76条:人民检察院在审查批准逮捕工作中,如果发现公安机关的侦查活动有违法情况,应当通知公安机关予以纠正,公安机关应当将纠正情况通知人民检察院。

第169条:人民检察院发现人民法院审理案件违反法律规定的诉讼程序,有权向人民法院提出纠正意见。

另外,我国《刑法》也只是将司法人员刑讯逼供违法取证的行为规定为犯罪并予以刑罚。《刑法》第247条规定:司法工作人员对犯罪嫌疑人、被告人实行刑讯逼供或者使用暴力逼取证人证言的,处3年以下有期徒刑或者拘役。致人伤残、死亡的,依照本法第234条、第232条的规定定罪从重处罚。

但是,对于检察机关在法律监督上的严重失职行为和渎职行为,法律并没有作出相应的定罪和处罚规定,因而存在着较大的法律漏洞。可能正是由于存在这一漏洞,使得检察机关的办案人员觉得,公安机关采取刑讯逼供方法违法取证或者罗织编造证据去证明被告人有罪,错误和责任都仅在公安机关自身,即使真的铸成错案冤案,能被追究刑事责任的也只有公安机关的办案人员。

除了这一根本原因外,检察人员对公安机关的违法行为视而不见、置之不理,还有以下方面的原因:

一是检察机关本身承受的社会压力很大。"二王"被杀一案,在当地影响极大。因为,第一,被杀者是两名公安民警;第二,凶器系王俊波佩枪;第三,连杀两人;第四,弃尸于警用车中。因此,案件引起了云南省、昆明市党政领导及公、检、法的高度重视,也因而给办案人员带来巨大的社会压力。若不将杜培武绳之以法,仿佛就是在纵容包庇犯罪。这种社会压力在公、检、法三机关的具体办案人员身上都有不同程度的表现。

据杜培武的辩护律师刘胡乐说,在为杜培武辩护时,由于被杀者是警察,旁听席上坐满了警察,现场一片杀声。他们对刘胡乐为公认的"杀人犯"辩护甚为不解,休庭时公开指责他、侮辱他。第一次庭审后,刘胡乐刚回到办公室,就有人打来匿名电话:"刘胡乐你很厉害呀,本来今天要杀杜培武的,被你搅停了,过几天你也快进去了!"二审时,又有人把电话打到律师事务所:你小心点。杜培武死定了,你也死定了。

两名警察被杀后,在当地影响极大。在"命案必破"的压力下,就有了公安部门编造证据刑讯逼供,司法机关"相互配合",律师意见受到压制,对现行法律程序有法不依、执法不严、违法不究的问题。这个问题若不很好地解决,就无法杜绝类似杜培武案这样的冤案再次重演。

二是检察机关既要担任公诉人,将公安机关移送过来的嫌疑人罪证材料作为控告的证据,向法院提起公诉,并说服法庭接受其指控,判被告人有罪,同时又要监督整个刑事诉讼,对公安机关和审判机关的行为是否违法加以监督,也包括对检察官自己的行为加以监督。这样的职责实际上互相冲突,很难执行。

三是检察机关自己监督自己的行为,不符合互相监督的原则。如果没有外界的监督,只是自己监督自己,这样的监督只能徒有虚名,等于没有监督。

杜培武冤案的形成,明显地暴露了检察机关在整个刑事诉讼过程中法律监督的缺位。而没有监督的权力是可怕的。

四、庭审法官漠视律师辩护,仅听公诉人一面之词,甚至枉法裁判,对冤案形成难逃其咎

在"杜培武杀人案"中,庭审法官仅听公诉人一面之词,不仅漠视被告人的正当权利和无罪辩解,而且也将辩护律师的辩护一概斥责为"无稽之谈"。在这样的司法环境下,辩护律师在省高院"二审"时顶住巨大压力进行了证据充分、逻辑严谨的辩护,使杜培武保住了性命。从这个意义上说,杜培武的辩护人刘胡乐、杨松的辩护是成功的。

这里,我们先看"一审"和"二审"法官对律师的庭审辩护的"评语",再回过头来读一读两位律师精彩、严谨的辩护词。

昆明市中级法院的法官认为律师的辩护是"纯属主观、片面认识的推论,无充分证据予以支持,该辩护意见本院不予采纳"。对杜培武在法庭上没有杀人的申辩,则认为是"纯属狡辩,应予驳斥"。

1999年10月20日,云南省高级法院作出终审判决。在判决中,法院指出:"……辩解和辩护是不能成立的,本案基本犯罪事实清楚,证据确实合法有效,应予确认……上诉意见和辩护请求本院不予采纳",同时"根据本案的具体情节和辩护人所提其他辩护意见有采纳之处,本院认为在量刑时应予注意"。因此,改判杜培武为死缓刑,剥夺政治权利终身。

在本案的"二审"辩护中,辩护人刘胡乐、杨松两位律师的辩护到底如何呢?

在"二审"辩护中,两位律师仍为杜培武作了无罪辩护:

一、首先简单驳斥一审对证据的错误采信和认定

1. 对一审采信的公安机关刑事科学技术鉴定结论的驳斥

(1) 现场勘验笔录仅仅记载"离合器片踏板上附有红色泥土……",而以后所有鉴定的提取泥土均来自"油门踏板"、"刹车踏板",这与勘验笔录的记载背道而驰。

(2) 云OA0455号昌河牌微型车驾驶室"离合器"、"油门踏板"遗留泥土气味及被告杜培武袜子气味,经警犬气味鉴别(多次多犬)均为同一,以证实杜培武曾经驾驶过该车。请二审法院注意的是:

第一,车内死者之一王晓湘是杜的妻子,互相有同一气味毫不奇怪。

第二,4月20日发案,至6月4日后再作鉴定能长期保存气味吗?

第三,"南京市公安局"作的警犬鉴定是"一头有反应,一头无反应",这等于无法鉴定。

(3) 对云OA0455号昌河牌微型车驾驶室刹车踏板上提取泥土与杜培武衬衣、涉案人民币鉴定……请二审法院注意的是:鉴定参照物是"刹车踏板上的泥土",而本案中没有任何文件、证据证明,警方在"刹车踏板上发现过泥土",不知鉴定人和鉴定单位从哪里取得这一参照鉴定物?是虚构?是捏造?如此证据如何能定罪、定死罪?

(4) "被告人杜培武警式衬衣袖口上,检出军用枪支射击后的附着火药残留物质证实:杜曾穿此衬衣使用军用枪支射击的事实"。请二审法庭注意的是,至少有十份证据证明杜培武在单位有过射击训练的事实。

2. 对一审采信的证人证言的驳斥

(1) "戒毒所干警、职工赵坤生、黄建忠"均证实了被告人杜培武在单位,这怎么能作为被告人有作案时间的证据?

(2) "王晓湘之兄王晓军证实杜培武有反常表现",(A) 什么是反常表现,谁能证实王晓军的孤证?(B) 王晓军在本案中既是利害关系人又是公诉机关干部,其证言有什么依据可以证实可靠、真实?

3. 杜培武的亲笔供词,已被其公诉前的《刑讯逼供控告书》、《刑讯伤情照片》、伤痕、破裂的衣物全部否认

如果杜培武的口供是真实的,为什么按其口供找不出凶器?甚至连口供所述,抛弃凶器的现场都不能证实?

综上所述:一审使用的以上七种(份)证据根本没有任何排他性,完全是一些不能关联、捕风捉影的间接线索,如此"证据"怎么能定罪并量其死刑?

本案实质性证据:奸情杀人动机的证据何在?杀人凶器的去向何在?

辩护人充分理解涉及本案公、检、法有关人士的心情,但我国司法的原则是

重证据、重调查研究,绝对不能受意气影响。审判长在一审法庭上几次叫"被告人杜培武出示没有杀人的证据"。此类问话不仅失去了公正裁判的意义,也使审判明显流于形式,这是辩护人所不能理解和容忍的。

二、仍然坚持一审辩护观点:侦查过程中取证程序违法,一审事实不清、证据不足、定性不准、适用法律不当

1. 一审法院判处上诉人杜培武犯有故意杀人罪并处以死刑,对侦查过程中的取证程序严重违法却视而不见

(1) 刑讯逼供后果严重,一审法院视而不见。

本案一开庭,被告人杜培武就向法庭陈述了在侦查过程中遭受刑讯逼供的情况,并将手上、腿上及脚上的伤痕让合议庭及诉讼参与人过目验证,以证实其所述惨遭刑讯逼供事实的客观存在,当庭一审合议庭人员是亲眼所见、历历在目的。而且被告人杜培武在与辩护人第一次会见时当即就提交了《控告书》给辩护人,同时告知辩护人:其被刑讯逼供的伤情已由驻监检察官验证并拍了照片,驻监检察官还收取了《控告书》。公诉机关用某个审讯的录像片断来否定全案的审讯情况,企图排除刑讯逼供,但这种断章取义的视听资料根本不能证明其主张,显属此地无银三百两。据此,辩护人提请法庭注意,根据《最高人民法院关于执行〈中华人民共和国刑事诉讼法〉若干问题的解释》第58条规定:"……凡经查证确实属于采用刑讯逼供或者威胁、引诱、欺骗等非法的方法取得的证人证言、被害人陈述、被告人供述不能作为定案的根据。"请求法庭依照这一规定确认被告人杜培武所作的供述无效!请求法庭向昆明市第一看守所驻监检察官提取相关照片和资料(附被告人在审判前的有关控告书)!一审法院对此重要的程序问题也是仅仅表面慎重,休庭后再次质证,仍轻信了公诉人所称"看守所检察官拍的照片(上诉人被刑讯之伤情照片)未找到"之说法而判定,并认定:一审辩护人"未能举证",仅仅是对证据评说和推论。而事实上辩护人当庭二次口头、事后二次书面申请法庭前往看守所提取"伤情照片"。但法庭却为何不提?这不是被告人的权利?这不是辩护人的举证?一审法庭当庭的伤情验证不是证据吗?怎么审完之后又忘了呢?

(2) 虚构"刹车踏板"、"油门踏板"上有足迹附着泥土的证据,误导侦查视线,后果严重。而这一重要情况,公然被一审法院以警方的"补充勘验"或仅仅是"某一证据记录的疏漏"而忽略不计,使上诉人杜培武被判处死刑。

一审法院毫无选择地完全采信了公诉机关所使用的鉴定源来路不清、纯属主观推断的鉴定结果。在根本没有"刹车踏板"、"油门踏板"附有足迹泥土的任何依据的情况下,判决被告人有罪而且处以死刑的关键性鉴定结果,是虚构了来源还是工作失误?一审法院的判决和公诉人当庭的解释是不符合事实并违背有关法律规定的。由此,可以看出本案对被告人杜培武有罪指控的证据,在取证上

存在着与《刑事诉讼法》第106条、第121条等条款相违背的严重违法行为。不知一审法院为何充耳不闻？视而不见？判处一个公民死刑岂能如此草率？

2. 一审法院没有任何证据证明被告人杜培武具备故意杀人的主观动机

一审判定：被告人杜培武因怀疑其妻王晓湘与王俊波有不正当两性关系，而对二人怀恨在心，继而将王晓湘、王俊波两人枪杀。对此判决，从庭审质证的情况可以看出，所谓怀疑之说，仅仅是被告人杜培武一人在刑讯逼供的情况下所作的孤证，没有其他证据印证。然而，其一，辩护人当庭出具的带领王晓湘做手术的徐屹立医生的证明证实，当时杜培武并没有任何不高兴的迹象，而且杜培武还尽心尽力地照顾了王晓湘，在王晓湘疼痛发火之时，杜培武所表现的只是"伸了下舌头"表示怕她或让她。由此可以肯定，所谓通过人工流产怀疑王晓湘有外遇之说不能成立。其二，被告人杜培武周围的朋友、家人均证实杜培武与王晓湘在案发前夫妻关系一直非常良好，根本没有任何口角和不愉快的情况发生。其三，被告人杜培武家里的电话是通过总机转接的分机，不可能查到是什么地方打来的电话或电话费的多少。故通过电话及电话费得知王晓湘与王俊波联系密切或有不正当的两性关系之说也是不能成立的。

3. 一审法院在客观方面没有任何证据能够证明被告人杜培武实施了故意杀人的行为

一审判定被告人杜培武故意杀死了王晓湘、王俊波的时间、空间、地点、手段、凶器等方面的证据均存在着严重不足，而且所有证据相互严重矛盾，根本不能认定是被告人杜培武所为，更何况处以极刑。

综上所述，一审法院先入为主，毫无理由地照抄照录，轻易采信公诉方漏洞百出的举证，全案事实不清，证据不足，而且自相矛盾，一审法院以目前的证据和情况认定被告人杜培武杀死"二王"，并判处上诉人杜培武死刑纯属草率从事，仅凭现有的证据，不仅不能证明其有罪，反而只能证明被告人杜培武不构成犯罪。①

从律师的二审辩护中完全可以得出杜培武无罪的结论，而那些违法取证者以及为了"证明"杜培武"有罪"而想方设法捏造和伪造证据者才真正有罪。但是，现行法律对公诉机关在法庭上提供伪证时怎样处置目前还无法可依，对法院违反《刑事诉讼法》作出错误判决该承担什么责任也没有规定。除了根据《国家赔偿法》对受害人进行赔偿外，公诉机关、审判机关办了错案冤案，则无法追究责任人相应的法律责任。因此，正是由于法律上具有诸多漏洞，一些人才无所顾忌地滥用自己的权力，造成了震惊全国的杜培武冤案。

---

① 参见《杜培武故意杀人案二审辩护词》，http：//www.xsbh.org/laycode/view.aspx？ID＝5421，2007年12月27日访问。

杜培武最终出狱了。他是一个不幸者,也是一个幸运者。说他不幸是因为他遭受了非人的折磨,并险些丢了性命;说他幸运,是因为有如此尽职的、敢于顶住压力讲真话的律师为其作了证据充分、逻辑严密的辩护,使他保住了性命,还因为另一伙杀人真凶终于显露,使他的冤案终于大白于天下。

二、辛普森杀妻案的逻辑分析

[案情简介]

1994年6月12日深夜11点50分,在洛杉矶市西区邦迪街,一对夫妇在遛狗时发现邻居家的一条名贵的纯种日本狼狗狂吠不已,爪子上沾满血迹,便心生疑惑,跟随这条狼狗,来到一座西班牙式高级公寓楼前,结果发现了两具鲜血淋漓的尸体。

洛杉矶市警署接警后赶到现场,经初步调查,证实被害的白人女子35岁,名叫尼可,是黑人橄榄球明星辛普森的前妻;被害的白人男子25岁,名叫戈德曼,是附近一家意大利餐馆的侍者。两人皆因利刃割喉致死。尼克的脖子几乎被割断,戈德曼身中三十余刀,死于颈部静脉断裂和胸腹腔大出血。凶杀现场血腥弥漫,惨不忍睹。

尼可家的财产没有损失,辛普森与尼可的两个孩子尚在二楼熟睡,没有目睹这可怕的场面。为了照顾他们俩,警署决定从第一犯罪现场直接调派警官前往相距约4公里的辛普森住宅,通告噩耗并让辛普森把两个受惊的孩子带回家。刑警中有一名叫福尔曼的白人自称熟悉路线,因为几年前他曾上门处理过辛普森殴打尼可的家庭暴力案,知道辛普森住宅的准确地址。于是,主持调查凶杀案的瓦纳特警长便率领福尔曼等四名警探驱车前往辛普森住宅。

6月13日清晨5点,四位白人刑警来到建有围墙的辛普森住宅。他们在前门按了很久的电铃,但一直无人应门。这时,福尔曼独自一人,沿围墙搜索了一圈,发现围墙后门的路上停着一辆白色福特野马型越野车。经细心观察后,在驾驶员位置的车门把手上发现了血迹。刑警担心住宅内的人有生命危险,便决定进入住宅,进行紧急搜查。

福尔曼自告奋勇,抢先翻越围墙,从里面打开前门,四位警官便直奔豪宅。可是,按了很久的电铃,仍然无人应门。于是,他们绕行到住宅后边,去三间独立客房敲门。在第一间客房,有一位睡眼惺忪的白人出来应门,他自称是辛普森的哥们儿,名叫卡伦。他告诉警察,辛普森和第一任黑人太太生的大女儿住在隔壁第二间客房。当刑警们把辛普森女儿从梦中敲醒后,瓦纳特焦急难耐地向她询问辛普森的去向。她回答说,父亲已于昨夜赶搭飞机到芝加哥,参加一场赫兹公司很早就已经安排好的高尔夫球商业比赛。警官当即打长途电话给辛普森,告知他前妻遇害的噩耗。辛普森闻讯大惊,表示将迅速赶回洛杉矶。

当瓦纳特等人询问辛普森女儿和打电话时,福尔曼在隔壁单独盘问卡伦,打听昨晚有无异常情况。卡伦称,大约在晚上10时45分左右,他听到客房背后一声巨响,墙壁上的挂画都被震动得摇晃起来,他当时以为是轻微地震,没放在心上。福尔曼疑心大起,立即拔出手枪,独自一人、单枪匹马地到客房后搜查。大约18分钟后,福尔曼高声叫来其他刑警,说在屋后悬挂式空调机下的走道上,发现了一只沾有血迹的右手黑色皮手套,这只手套与在凶杀案现场发现的另一只手套相配。但是,在血手套现场没发现其他血迹以及可疑的脚印和痕迹。福尔曼解释说,估计在半夜三更、黑灯瞎火之时,凶犯潜逃在屋后,一不留神撞在了空调上,在惊慌失措中遗落了手套。

发现血手套后,刑警们又找到了更多线索。他们发现,在围墙前门车道,以及从前门通往住宅大门的小道都有血滴的痕迹。这样,警方认为已有足够理由怀疑辛普森是凶杀嫌疑,便宣布辛普森住宅为凶杀案第二犯罪现场,正式向法官申请搜查许可证。在后来的搜查中,福尔曼在二楼卧室的地毯上发现了一双沾有血迹的袜子,它成为指控辛普森涉嫌杀人的重要证据之一。

6月13日中午12点,当辛普森从芝加哥匆忙赶回洛杉矶时,警方已封锁了他的住宅。主持调查的瓦纳特和兰吉警官让他到警署总部来一趟,澄清一些疑点,辛普森当即随口答应。

这时,辛普森的私人律师要求随同前往,但辛普森坚持说,自己与凶杀案绝对无关,用不着律师。在盘问开始之前,瓦纳特向辛普森宣读了"米兰达告诫",提醒他有权保持沉默,有权请律师在盘问时在场。但辛普森同意放弃沉默权,独自一人与两位刑警谈了半个多小时,希望能给警方提供一些破案线索。

在审问过程中,瓦纳特告诉辛普森,警方已在他的住宅内发现了一些可疑血迹。辛普森当即表示,愿意提供自己的血液样品,以便澄清真相。于是,警署的护士便从辛普森身上抽取了血液样品。按常规,为了防止血样凝固和变质,警方在辛普森的血样中添加了防腐剂(EDTA)。这时,瓦纳特注意到,辛普森左手用绷带扎住,且有肿胀迹象。辛普森解释说,手指不知咋整的弄破了。对于弄破的具体时间,他解释得含含糊糊,前后矛盾。征得辛普森同意后,瓦纳特指挥摄影师将伤口拍摄下来。

警署审问和抽取血样之后,辛普森得知自己已沦为头号嫌疑罪犯,开始筹组"梦幻律师队"。由大名鼎鼎的犹太裔律师萨皮罗担任领队。还有著名黑人律师柯克伦、著名刑事律师李贝利、应用DNA证据的头号权威舍克律师、解剖和法医专家贝登博士、哈佛大学法学院教授德肖维奇、康涅狄格州警政厅刑事化验室主任李昌钰博士。

世纪大案开场后,面对辩方的豪华阵容,检方派出了最具实力的检察官出场应战。主持起诉的是"常胜女将"副检察长克拉克。她主持起诉过二十多宗杀人重罪案,从未输过一场。洛杉矶市检察长亲自坐镇,在幕后协调指挥。他先后调集了五十余名久经沙场、经验丰富的检察官和刑事律师参加案情分析和起诉准备。联邦调查局以及洛杉矶和芝加哥警方调遣了数百名刑警和刑事检验专家参与破案和现场勘查。据专家估算,检方为了与"梦幻律师队"过招,至少破费了纳税人八百多万美元巨款。①

[逻辑分析]

在法庭上,检方指控辛普森是杀人凶手,并主要从三方面陈述指控的理由:

1. 辛普森有作案时间

法医鉴定表明,被害人死亡时间大约在晚上10点到10点15分之间。

检方指控:6月12日10时15分左右,辛普森驾驶他的白色野马越野车到南班迪街875号尼可的住宅杀死了尼可和戈德曼,而后赶回自己的住宅。在9时35至11时之间的1小时30分钟里,他有足够的作案时间和消除罪行痕迹的时间。

检方让辛普森的食客朋友卡伦来作证。他作证时表示,在案发当天辛普森情绪很低落,他们曾一起去麦当劳买汉堡。但是在晚上9时30分到11时之间,他并不知道辛普森的去向,他感觉辛普森并不在家。

送辛普森去洛杉矶机场的轿车司机阿伦·帕克证实,他10时25分到达辛普森住宅时,没有看见辛普森的野马越野车停在某个地方。除了一直按铃,10时56分到10时57分,帕克还看到屋内有一名白人持着手电筒走动,同时他还注意到一个体重在两百磅左右的黑人,穿着黑色衣服,背对着他从车道进入屋子里。司机再按电铃时,辛普森则在另一端应话了。帕克说,辛普森上车时,情绪焦躁,满脸是汗。

辛普森的邻居则作证称,在9时45分散步经过时并没有看到辛普森的白色越野车。

辛普森不愿透露他当天晚上10时到11时之间的行踪,声称当晚9点30到10点50分之间,他在家中独自睡觉,无法提供证人。他还坚持说在司机按电铃时他可能在洗澡,没有听到电铃,再加上以前他有殴打尼可的纪录,以及他手上的伤口,刑警便锁定辛普森是唯一的嫌犯。

---

① 有关本案例的详情可参见陈伟:《经典案例参考:前世纪审判——辛普森杀妻案》,http://www.xici.net/b3486/d31014644.htm;〔美〕李昌钰口述、〔美〕邓洪撰写:《神探李昌钰》,海天出版社2000年版。

2. 辛普森有作案动机

黑人检察官克里斯托福·达登在陈述中指出:辛普森是个两面派,公开的面孔总带着迷人的微笑,私下的面孔却是一个虐待狂、殴妻狂和嫉妒狂,他杀死尼可和戈德曼的动机是,他不能占有尼可,别人也别想占有她。

辛普森的一位朋友作证说,辛普森与尼可离婚之后,二人还经常接触,辛普森有意复婚,遭到尼可的断然拒绝。

辛普森的另一个朋友作证说,辛普森极度地嫉恨尼可的新恋情,他说:"我梦见我杀死了尼可。"

3. 辛普森作案"铁证如山"

在法庭上,检方陆续提供一百多件所谓铁证。从这些证据看,没有任何目击证人或任何直接证据,他们所掌握的一百多件所谓铁证全都是间接证据。换言之,这是一个典型的"旁证案件"。

根据美国联邦和加州的证据法,刑事案中的证据一般可分为直接证据和间接证据两种。直接证据是一些能够以直接的方式而非推理方式来证明案件事实的证据,如某证人说他亲眼看见被告开枪打死了受害者;间接证据是指一些不能以直接的方式而必须以推论的方式来证明案件事实的证据,如某证人说他看见被告走进了被害人的房间,听见里面传出一声枪响,被害人即遭开枪打死,这类间接证据又被称为旁证。

在辛普森案中,检方证据全都是间接证据,其中最主要的是:

(1) 血证

凶杀现场两处发现辛普森的血迹;现场提取的毛发与辛普森的头发相同;警方在现场和辛普森住宅发现的血手套是同一副,两只手套上都有被害人和被告的血迹;在辛普森住宅门前小道、二楼卧室的袜子和白色野马车中,都发现了辛普森和被害人的血迹。这样,检方证据堪称"血证如山"。

(2) 皮手套

在案发现场,被害人戈德曼脚下有一只左手皮手套;在辛普森住宅,警察又发现了一只右手皮手套,两只手套是配对的,手套上有被害人和被告的血迹、尼可和戈德曼的头发、戈德曼衬衫的纤维。

检方指出两只皮手套是同一品牌,左右配对,与辛普森所戴的手套品牌相同,系尼可离婚前为辛普森购买,有尼可的信用卡购物记录为证。

(3) 鞋印

在案发现场,警方收集到可疑的鞋印,据联邦调查局的鞋印专家作证称,该鞋印的鞋应当为意大利出产的布鲁诺·马格利名牌鞋,规格为 12 号,辛普森确有一双鞋号相同的布鲁诺·马格利名牌鞋。同时,该品牌 12 号规格的鞋在全世界只有 299 双。

(4) 袜子

在辛普森卧室的地毯上,警方搜查到一双带有血迹的袜子。根据现场血迹化验和DNA测试结果,与被害人血型相符。

正如主控官克拉克女士所述:所有的数学、物理以及其他的科学的证据都指向辛普森。

在美国的司法体制中,仅仅依赖间接证据就把被告定罪判刑,绝非易事。这是因为,仅凭个别的间接证据,通常不能准确无误地推断被告人有罪。必须要有一系列间接证据相互证明,构成严密的逻辑体系,排除被告不可能涉嫌犯罪的一切可能,才能准确地证实案情。此外,间接证据的收集以及间接证据和案情事实之间的关系应当合情合理、协调一致。如果出现矛盾或漏洞,则表明间接证据不够可靠,不能作为定罪的确凿根据。

辩方的辩护策略是:采用"合理怀疑"规则,攻击检方证据中的薄弱环节,让检方呈庭的证据破绽百出,难以自圆其说。然后,以比较充分的证据向陪审团证明,辛普森未必就是杀人凶手。

因此,律师对这些"间接证据"进行严格鉴别和审核,找出证据链中的"臭虫"。美国法律中有一条著名的证据规则,即"面条里只能有一只臭虫"。这是一个形象的比喻:只要发现面碗里有一只臭虫,人们不会再去找第二只,而是径直把整碗面条倒掉。由此比喻在整个相互印证的逻辑证据链中,只要有一个链接被否定,控方的有罪推论就会面临土崩瓦解的境地。这就是辛普森杀妻案中极为重要的一环。

辛普森的"梦之队"律师团中,有个大名鼎鼎的刑法专家——哈佛大学法学院教授德肖维奇。他曾经说过,在法庭论辩中"进攻永远是最好的武器"。因此,"梦之队"主要在以下几个方面发起"进攻":

1. 证据中有"臭虫"

(1) 警方有多张辛普森卧室的照片,案发之日下午4点13分拍照的现场照片上,没有这只血袜子。可是,4点35分拍照的照片,却出现了血袜子。那么,血袜子究竟是原来就在地毯上,还是后来被警方移放到地毯上?对此问题,警方的答复颠三倒四,前后矛盾。而这些照片的顺序也有出入,究竟这只血袜子是后来才有的还是原本就有的,一直都没有合理的解释。

袜子上的血迹非常奇怪。辩方专家指出,这只袜子两边的血迹竟然完全相同。根据常识,假如袜子当时被穿在脚上,那么袜子左边外侧的血迹,绝不可能先浸透到左边内侧,然后再穿过脚踝浸透到右边内侧。只有当血迹从袜子左边直接浸透到右边时,两边的血迹才会一模一样。换言之,袜子当时并未被穿在脚上,血迹很有可能是涂抹上去的。在庭审时,检方出示了几张发现血袜子的现场照片。可是,照片上的时间顺序却自相矛盾。另外,辩方专家在检验袜子上的血迹时,发现其中含有浓度很高的防腐剂(EDTA)。辩方律师提醒陪审团,案发之日,警方在抽取辛普森的血样之后,在血样中添加了这种防腐剂。

(2) 警方从辛普森身上抽走了8CC血液作为检验样本,根据检验记录,检方用了3CC的血液样本,这样试管里还应当存留5CC血样,但是实际上现在试管中只有3.5CC血样,那么还有1.5CC跑到哪里去了?联想到血袜子上的血迹中含有浓度很高的防腐剂(EDTA),很耐人寻味。

(3) 在案发现场和被告家中搜查到的一副皮手套,有被害人和被告的血迹、尼可和戈德曼的头发、戈德曼衬衫的纤维。为了证实辛普森是凶手,检方决定在陪审员面前让辛普森试戴那只沾有血迹的皮手套。但是辛普森折腾了许久,都无法将皮手套戴上。辩护律师马上指出手套太小,根本不是辛普森的。后来检方再请来手套专家,证实皮手套在沾到血迹后,可能会收缩一些。但是在许多陪审员眼中,这一只血手套确实是太小了。

2. 警察的品格有问题

《美国联邦证据法》第608条规定:"(a) 证人的可信性得以意见或名声证据予以攻击或支持,但受以下限制:(1) 证据只能针对倾向于真实性或不真实性的品性。(2) 关于真实品性的证据,只在证人的倾向于真实性的品行遭到意见或名声证据或其他方式的攻击之后,才可以采纳。"由此可见,质疑证人的品格被认为是与证言的真实性相关的。抨击证人人格的可信性,实质上是在攻击证据的真实性。例如,证人玛丽·安妮·格查斯声称在案发时见到4名男子从现场离开,其中没有黑人。但她却被揭露因欠债、开空头支票、诈骗吃过34次官司,案底累累,因此她的人格可信性令人怀疑,当然,她的证言也就没有什么意义。

在法庭宣誓之后,如果一位证人在一部分证词中故意撒谎,那么,陪审团可以将这位证人的其他证词也视为谎言。

"梦之队"把主要的抨击火力集中在刑警福尔曼身上。

白人刑警福尔曼是控方的重要证人,也是最早到达现场的刑警之一,由于他对辛普森住宅情况很熟悉,在案发后,福尔曼曾主动带其他警员前往辛普森家。据检方的证词,福尔曼曾走到停在后门的越野车旁,发现车上有血迹,然后爬墙开门进入辛普森住宅的前院。后来,他又发现了一只血手套,并找到血袜子等重要证据。这些凑巧都被他一人单独发现?他究竟是一个神通广大的超级警探,还是一个劣迹累累的警方败类?

福尔曼自己也自吹自擂:"我是世纪大案的关键证人,如果我不帮助检方撑住,他们就会输掉这个大案。血手套决定一切,如果没有手套,拜拜别玩了。"

根据福尔曼的证词,当他发现血手套时,其外表的血迹是湿的。辩方专家认为,这是绝对不可能的。凶案大约发生在6月12日深夜10点半左右,而福尔曼发现手套的时间是 6 月 13 日早晨 6 点 10 分,时间跨度在 7 个小时以上。辩方用模拟实验向陪审团演示,在案发之夜那种晴转多云和室外温度为摄氏 20 度的气象条件下,事隔 7 小时后,手套上沾染的血迹肯定已经干了。那么,福尔曼为何一口咬定是湿的呢?辩方提供的解释是,只有一种可能性,那就是福尔曼来到凶杀案现场后,悄悄地把血迹未干的手套放入了随身携带的警用证据保护袋之中。然后,他千方百计寻找机会进入辛普森住宅,趁人不备伪造证据。这样,尽管时间跨度很长,但血迹仍然是湿的。

辩方律师所聘请的私家侦探发现福尔曼一年多前曾与一位作家合作出书,在 14 个小时的采访录音中,他 41 次使用"黑鬼"这种歧视性的字眼来称呼所有黑人。他还在不同的场合讲出了许多仇恨黑人的话。除歧视黑人外,福尔曼也严重歧视犹太人和妇女。他曾在不同的场合以歧视的口气骂过洛杉矶警察局内部的女性同事,其中包括法官伊藤的太太(有色人种妇女)。

下面是辩方律师李贝利把福尔曼送上"绞架"的法庭质询:

李贝利:在过去 10 年之中,你曾使用过"黑鬼"一词吗?

福尔曼:就我所记得,没用过。

李贝利:你的意思是说,如果你叫过某人黑鬼,你也早就忘了?

福尔曼:我不确定我是否能回答你用这种方式提出的问题。

李贝利:我换句话说吧,我想让你承认,自 1985 或 1986 年以来,或许你曾在某一时刻称呼某位黑人是黑鬼,可能你自己已经忘了吧?

福尔曼:不,不可能。

李贝利:你是否就此宣誓?

福尔曼:那正是我的意思。

李贝利:如果任何一个证人出庭作证,说你曾用黑鬼一词形容黑人,这个人就是在撒谎。

福尔曼:没错,他们是在撒谎。

接着,辩方以大量的证词、录音,揭穿了福尔曼的谎言,迫使福尔曼不得不承认他还是下列谬论的炮制者:

"你他妈的就是搞不懂,干警察这一行用不着规矩,全是凭感觉。去他妈的规则吧,我们到时候瞎掰就足够了。"

"我曾拘留了不属于这一地区的闲杂之人,如果一定要我讲出理由,我就愣说此人有盗窃嫌疑……警察不是好惹的,我们就是杀了人,在法庭上也知道该怎么说。"

辩方以无可辩驳的证据,证明福尔曼不仅是一个劣迹斑斑的种族主义者,而且在法庭作证时也一再说谎。辩方律师乌尔曼声色俱厉,重炮猛轰福尔曼:

乌尔曼:你在预审时的证词是否完全真实?

福尔曼：我希望维护我的《宪法》第五条修正案特权。
乌尔曼：你是否捏造警方的刑事勘查报告？
福尔曼：我希望维护我的《宪法》第五条修正案特权。
乌尔曼：你在此案中是否栽赃和伪造证据？
福尔曼：我希望维护我的《宪法》第五条修正案特权。

在辩方的猛烈抨击下，福尔曼不得不援引《宪法》第五修正案的权利，保持沉默。

辩方攻击福尔曼的目的在于：证明福尔曼作为证人可信性极差，作为警察劣迹斑斑。由于他是个狂热的种族主义者，有栽赃陷害的前科，暗示辛普森也可能被种族主义者栽赃陷害。

这种欲擒故纵的策略，多见于法庭质询，最著名的是小阿姆斯特朗杀人案。美国前总统林肯早年曾是律师，他朋友的儿子小阿姆斯特朗被人诬告杀人，陷害者收买证人，出庭作证，发誓说亲眼看见小阿姆斯特朗杀人。林肯受朋友之托出庭辩护。

林肯：你发誓说认清了小阿姆斯特朗？
证人：是的。
林肯：你在草堆后，小阿姆斯特朗在大树下，两处相距二三十米，能认清吗？
证人：看得很清楚。
林肯：你肯定不是从衣着方面认清的吗？
证人：不是的，我肯定认清了他的脸蛋，因为月光正照在他的脸上。
林肯：你肯定时间在十一点一刻吗？
证人：肯定，因为我回屋看了时钟，那时正是十一点一刻。
林肯：证人是个彻头彻尾的大骗子，证人说案发时，尽管是深夜十一点一刻左右，而且两人相距二三十米，但因为月光很亮，他看清了小阿姆斯特朗的脸。其实，案发当晚是上弦月，十一点一刻左右月亮已经下山，不可能"月光很亮"；即使有月光，即使月亮还在西天，因为证人所处的位置（草堆后）在东面，而小阿姆斯特朗所处的位置（大树下）在西面。因此，月光只能照在小阿姆斯特朗的后脑勺，而不可能"月光正照在他脸上"。而且两处相距二三十米，在这种光线下，证人不可能"认清了他的脸蛋"。

辛普森的辩护律师也承继这样的策略：首先诱导证人当众一再重复谎言，断绝他的退路，然后猛击一掌，揭穿他的谎言。

3. 警察的信誉有问题

检方呈庭的重要证据之一，是血迹化验和DNA检验结果。刑事专家一致同意，血迹化验和DNA检验的结果不会撒谎。但是，如果血迹受到污染、不当处理、草率采集或有人故意栽赃，那么它的可信度则大打折扣。在辛普森案中，这些问题都存在。

警察是收集这些证据的主要执行者,在勘查、收集、保存和检验过程中,有严格的程序和规定,而洛杉矶警方违反操作规程,漏洞百出,引起普遍的谴责。

(1)警官丹尼斯·冯是现场勘查的主要负责人,据勘查录像显示,他的助手安德丽·玛祖拉女士在将现场的物证手套和帽子放入纸袋时没有更换手套。

(2)据勘查录像显示,在6月13日上午7点半,尼可的尸体用毛毯盖着。警方说是为了防止窥淫癖偷看。可是,此时验尸官和罪证专家都没有到场,如果控方要使用大量微量物证的话,这确实如冯警官所承认的是"一个致命的错误"。

(3)辩方在照片中发现,覆盖尼可的毛毯边缘有一块棕色物质,他们认为是曾经在尸体旁边的手套,也就是说手套不知为什么爬到了毛毯的顶端,那么手套上的毛发、纤维还能证明什么呢?

(4)对第二现场的辛普森的野马车,没有采取任何保护措施。不仅如此,该车在扣留两天之后被人移走,拖到警方的一块空地,那么当局日后取出的一切证据不是一塌糊涂吗?

(5)警探把从辛普森住宅发现的手套违规地带到了杀人现场。

(6)预审作证时,福尔曼警官说辛普森汽车的车门台阶处发现了四滴血迹,他曾经嘱咐冯警官注意这些痕迹,冯警官也承认他至少看见了一两滴血迹,而冯警官的勘查笔记上却没有这些情况的记载。

(7)案发现场有戈德曼的随身物品,如一个信封、一堆钥匙、一张撕破的纸片以及一个呼叫器,散落在不同的地方,李昌钰博士从照片里的纸片上看到一些血痕,这些痕迹虽不明显,但经过放大可以隐约看出一串鞋印,如果收集到这张纸片,就可以找出清楚的纹路,也许还可以在纸片正面及背面找到指纹。那么这张纸片哪里去了呢?检方和警方却不知道其下落,纸片不翼而飞了。

(8)戈德曼尸体的照片显示出附近的沙土上有一些杂乱的可疑脚印,这些脚印在几个星期后李昌钰到达现场时,已经不可能找到了。而警方没有收集这些脚印。

(9)李昌钰展示出另一张警方所拍摄的照片,照片上显示出戈德曼的呼叫器面板上沾满了血,可以推论这些血如果不是戈德曼的,一定是凶手的。而警方没有化验这些血迹。

(10)李昌钰展示了尼可尸体的照片,尼可身穿黑色的无袖短洋装,肩膀露在外面,现场尸体照片上显示出肩膀上有七点血滴。从这些血滴的形状及方向看,这些血滴是在尼可倒地后,有人流着血从她尸体旁走过滴落的,因此李昌钰向陪审员推论说,上面的血滴肯定不是戈德曼的就是凶手的,这样重要的证据,警方没有收集,尼可尸体解剖时已经被清洗掉了。

（11）李昌钰发现辛普森的手指有三处刀伤，可是警方的发现却是一处刀伤，这本来对辛普森是不利的，但是也令人怀疑警方的工作质量问题。

（12）有些警员还私藏一些血迹检体，甚至有些警员还将证据放在自己的车上开回家，忘了送到化验室去。

DNA 鉴定血迹的可靠性虽然普遍得到法庭及社会大众的接受，但是检验结果是否可靠，仍要取决于检体是否遭到污染。在刑事侦查的现实中，由于收集到的证据有限，血迹 DNA 的检验机会往往只有一次，如果待验检体被污染，整个结果都没有意义。

由于警方没有按照正常程序和规范的操作处理物证，致使许多证据都自相矛盾，因而辩方认为在如此严重的信誉危机下，如果警察内部还有可怕的黑幕，不能保证警察工作的混乱不为别人利用来伪造证据，用栽赃手法来嫁祸辛普森。因此，警察提供的证据很难做到"客观公正"。

辛普森案结束后，主控官克拉克女士辞去公职，成了小有名气的电视节目主持人。经她多次邀请，"梦幻律师队"的证人李昌钰博士以嘉宾身份出席了她主持的一次谈话节目。节目一开始，她咄咄逼人地问道："既然您承认在案发现场的血迹经 DNA 检验是辛普森的，但是您为何仍然帮助辛普森作证？"李昌钰回答："我今天坐在这里接受访问，假设在访问中，您那美丽的头发不知何故沾到我的裤子上，回家后，我太太发现了我裤子上有头发，拿到化验室去鉴定 DNA，结果证实是您的头发。然后他就查问我今天跟您做了什么见不得人的事情，责问您的头发为何会跑到我的裤子上来。啊哈，我就有大麻烦了！但是，天知、地知、您知、我知，我们没做任何不轨的事情。因此，即使 DNA 检验结果证明了某根毛发或某些血迹是某人的，也不能直接证明这个人就做了这些坏事。"

由李昌钰的比喻，可以知道：为什么"血证如山"，仍然不能给辛普森定罪。

在整个审判过程中，根据律师的建议，辛普森依法要求保持沉默，拒绝出庭作证。

4. 合理的怀疑和推论

（1）被害人尼可和戈德曼是两个身强力壮的年轻人，身中几十刀，辩方请来的法医专家波顿博士根据死者的解剖资料认为，他们经历过长时间的反抗，时间可能有 15 分钟，凶手一定会受伤，有很多伤痕。可是，辛普森除了手指处的三处小伤外（警察竟然只看出一处），身体经专家检验没有任何其他伤痕或者淤痕。如果辛普森杀人，这种情况怎么设想呢？

（2）辛普森给人留下的印象是——最愚蠢的谋杀犯，事情看起来非常不合逻辑：他丢掉了血衣，隐藏了凶器，但是他却把一只手套留在现场，把另一只手套留到自己的院子里；他扔了血鞋，可是带血的袜子却放在卧室里。这是杀人者正常的逻辑吗？

（3）在法庭上，辛普森为什么戴不进那双皮手套？他最后勉强戴进手套，但是手指没有办法屈伸，据检方的手套专家说是手套受血液浸湿造成了缩水，但是陪审团的人看了还是觉得太小。

（4）如果杀了两个人（几十处刀伤），杀手一定会满身都是血，被辛普森带到辛宅的手套，其周围应当有血迹，可是辛宅里除了手套，没有血迹；如果辛普森拿着血袜子到他的卧室，门外应有血滴，卧室内有血袜，卧室的白地毯也应当有血迹，然而从门外到卧室没有血迹。辛普森是怎么做到这一点呢（注意，辛普森作案的时间是非常有限的）？

（5）检方举出的证据证明，辛普森杀人是有预谋的：夏天戴着皮手套，还戴帽子，携利刃，有野马车作逃脱工具。可是，如果这样狡猾，辛普森为什么要给自己找一个见证人呢？他预约的司机10时25分就到他的住宅，这距9点35分之间只有50分钟，如果要杀人、更衣并毁灭证据，并且绝对不要有人证明自己可能在现场，那么他的安排还算合情理吗？

（6）袜子的两边血迹形状一样。脱了鞋，袜子是着地的，还是换了一双鞋？

由于检方呈庭证据破绽百出和福尔曼警官作伪证，辛普森无罪获释已成为可以预料的结局。在美国的司法制度中，刑事案采用的定罪标准是"超越合理怀疑"。什么是"超越合理怀疑"呢？美国证据法权威卫格莫教授认为，这个法律术语的含义"难以捉摸，不可定义"。但是，这个术语包含一个极为重要的原则：由于刑事案人命关天，所以陪审团在裁决无罪时，不一定非要确信被告清白无辜。只要检方呈庭证据破绽较多，没达到"超越合理怀疑"的严格标准，尽管有很多迹象表明被告涉嫌犯罪，但陪审团仍然可以判决被告无罪。具体而言，在法庭审判时，检方若要指控被告有罪，一定要提出确凿可信的证据来证明被告的罪行。毫无疑问，任何证据都会存在某种疑点，但陪审团只有在确信证据已达到"超越合理怀疑"的标准时，才能判决被告有罪。

10月2日，星期一，4个小时后，陪审团宣布已达成裁决。

第二天上午10时，法院正式宣布判决：辛普森无罪。

第五部分 模拟试卷

模拟试卷一

一、判断题(判断下列陈述,正确的在后面括号里写√,反之写×)
1. 直言命题就是陈述事物具有某种性质的命题。(　　)
2. 推理可划分为前提、结论和推出关系。(　　)
3. 概念"必然性推理"和"或然性推理"是矛盾关系。(　　)
4. 溯源推理的结论是或然性的。(　　)
5. 违反类比推理逻辑要求的错误是"轻率概括"。(　　)
6. 公式"I∨O"正确地表达了下反对关系性质。(　　)
7. "aRb"中的"R"是逻辑常项。(　　)
8. 概念"学校"和"学生"是属种关系。(　　)
9. 论证是由论题、论据和论证方法三部分组成的。(　　)
10. 逻辑学的性质是无阶级性和工具性。(　　)

二、填空题
1. 三段论的两个中项概念的外延是_____关系,如果不是这种关系,错误的名称是_____。
2. 若前提真,且结论真,则推理形式_____。若前提真,且推理形式有效,则结论_____。
3. 共变法的特点是_____;求同法的特点是_____。
4. _____关系是概括和限制的逻辑根据,_____关系的概念间才能进行概括与限制。
5. 命题的逻辑特征是_____;概念的逻辑特征是_____。

三、单项选择题
1. 某家庭有6个孩子,3个孩子是女孩。其中5个孩子有雀斑,4个孩子有卷发。这表明有可能(　　)

① 两个男孩有卷发但没有雀斑

② 三个有雀斑的女孩都没有卷发

③ 两个有雀斑的男孩都没有卷发

④ 三个有卷发的男孩只有一个有雀斑

2. 对于穿鞋来说,正合脚的鞋子比大一些的鞋子好。不过,在寒冷的天气,尺寸稍大点的毛衣与一件正合身的毛衣差别并不大。这意味着(　　)

① 不合脚的鞋不能在冷天穿

② 毛衣的大小只不过是式样的问题,与其功能无关

③ 不合身的衣物有时仍然有使用价值

④ 在买礼物时,尺寸不如用途那样重要

3. 四个小偷(每人各偷了一种东西)接受盘问。甲说:每人只偷了一块表;乙说:我只偷了一颗钻石;丙说:我没偷表;丁说:有些人没偷表。经过警察的进一步调查,发现这次审问中只有一人说了实话。下列判断,没有失误的是(　　)

① 所有人都偷了表　　　　　② 所有人都没偷表

③ 有些人没偷表　　　　　　④ 乙偷了一颗钻石

4. 劳动争议是指在劳动者和劳动力使用者之间因劳动权利与义务发生分歧而引起的争议。根据以上定义,下列行为属于劳动争议的是(　　)

① 职工甲因工伤未能获得保险赔偿而与工厂发生争执

② 甲企业与乙企业之间因借调某一职工而产生矛盾

③ 职工甲因工作调动而与当地的劳动部门发生争执

④ 某厂职工甲与乙因工作意见不一而产生矛盾

5. 赠与合同是合同一方当事人将自己的财产无偿给予另一当事人的合同。给予财产的一方当事人为赠与人,受领财产的一方为受赠人。根据以上定义,下列行为可能形成赠与合同的是(　　)

① 甲出国期间将自己的住所免费提供给乙使用

② 甲将自己的养鸡场送给承诺给自己养老的女婿

③ 甲邀请乙来经营自己的公司并给对方80%的股份

④ 某电脑商在校庆之际送给母校15台新电脑

6. 命题"上海人很精明"和"他是上海人"中的概念"上海人"(　　)

① 都是集合概念

② 前者是集合概念,后者不是集合概念

③ 都不是集合概念

④ 前者不是集合概念,后者是集合概念

7. 如命题"A∨B"为真,则下列违反逻辑基本规律的公式是(　　)

① A∧¬B　　　　② ¬A∧B　　　　③ ¬(¬A→B)　　　　④ ¬A∨¬B

8. 已知"作恶遭天谴"为真,不可推出( )
   ① 并非作恶不遭天谴　　　　② 作恶可遭天谴
   ③ 作恶未必不遭天谴　　　　④ 作恶必遭天谴

9. 与"如果甲不去,则乙去"相等值的命题是( )
   ① 甲、乙都不去　　　　② 甲、乙都去
   ③ 甲去或者乙去　　　　④ 甲不去或者乙不去

10. 以 SEP 为前提,不能必然推出( )
    ① SOP　　　　② POS　　　　③ PO$\overline{S}$　　　　④ SA$\overline{P}$

四、双项选择题

1. 若"p∨¬q"为真且"¬p∧q"为假时,下列公式必然为真的是( )
   ① q∨p←p　　　② q→p∨q　　　③ ¬p∨(¬q∧r)
   ④ ¬p∧(q∨r)　　⑤ p↔(¬p→q)

2. 已知前提(p↔¬q)∨̇(¬r↔s),若要必然推出¬p∧¬s,需再加前提( )
   ① q∧r　　　② ¬q∧¬r　　　③ ¬q∧r　　　④ ¬q∨¬r
   ⑤ q∧¬r

3. 下列推理形式中,无效的是( )
   ① q∧r←p,¬q ⊢ ¬p∨r　　　　② ¬POM,SOM ⊢ ¬SAP
   ③ ¬Mp ⊢ ¬p　　　　　　　　④ SeP ⊢ ¬SOP
   ⑤ p←q←s,p ⊢ q∨¬s

4. 下列推理形式中,有效的是( )
   ① aRb,bRc ⊢ aRc　　　　② p→¬q∨r ⊢ q∧r→¬p
   ③ ¬p ⊢ ¬Lp　　　　　　　④ p→q,q→r ⊢ ¬¬r→¬p
   ⑤ ¬MEP,¬SAM ⊢ ¬SAP

5. "A 命题与 B 命题是反对关系",其中的"反对关系"是( )
   ① 非对称或传递关系　　　　② 对称或非传递关系
   ③ 非对称或非传递关系　　　④ 反对称或传递关系
   ⑤ 反对称或反传递关系

6. 以命题"没有一个矛盾关系是相容关系"为前提,必然能推出( )
   ① 有的相容关系是矛盾关系　　　② 有的不相容关系是矛盾关系
   ③ 有的非矛盾关系是相容关系　　④ 有的非矛盾关系不是相容关系
   ⑤ 有的不相容关系不是矛盾关系

7. 与命题"只有坚持并且努力,才能过关"等值的命题是( )
   ① 只要坚持并且努力,就能过关
   ② 或者坚持并且努力,或者不能过关

③ 如果不坚持或者不努力,则不能过关
④ 假使坚持并且努力,就能过关
⑤ 虽然不坚持或者不努力,也能过关

五、图表题

已知:a、b、c 是概念,下列四命题中只有一假。

① 有 a 是 b(p);② 凡 b 是 a(q);③ 有 a 不是 b(r);④ c 与 a、b 不相容(s)。

甲、乙两人对 a、b、c 三个概念的外延关系作了如下陈述:

甲:只要有 a 不是 b,就有 b 不是 a;或者有 a 是 b,或者 c 与 a、b 不相容。

乙:除非凡 b 是 a,才有 a 是 b;虽然所有 a 是 b,但 c 与 a、b 不相容。

请用真值表方法解答:当甲、乙两人中一人说的全对,一人说的全错,①②③④中_____命题为假。同时,用欧拉图表示 a、b、c 三个概念的外延关系。

p q r s	

六、分析题(写出下列推理的形式,分析形式是否有效,结论是否正确,为什么?)

1. 如果两个概念是矛盾概念,且其中一个是负概念,那么另一个是正概念。已知 a、b 确是矛盾概念,且 a 是正概念,所以,b 是负概念。

2. 非正当防卫行为是违法的,而被告的行为是正当防卫行为,所以,被告的行为是合法的。

七、证明题

已知:两个同格的有效三段论,它们的大前提是反对关系,小前提是蕴涵关系,结论是矛盾关系。列出这两个三段论的所有形式(两个为一组),并写出推导过程。

八、综合题

请用形式证明的方法,证明下列推理的形式有效(不可使用简化真值表方法)。

¬p∨¬q, ¬r∨s, ¬t←¬r, ¬(¬t∧¬p) ⊢ q→s

1. ¬p∨¬q   前提
2. ¬r∨s   前提
3. ¬t←¬r   前提
4. ¬(¬t∧¬p)   前提

模拟试卷二

一、判断题(判断下列陈述,正确的在后面括号里写√,反之写×)

1. 概念的逻辑特性就是有真值(有真假)。( )
2. 推理就是从若干个命题推出另一个命题的思维形式。( )
3. 概念"简单命题"和"复合命题"是矛盾关系。( )
4. 归纳推理的结论是或然性的。( )
5. 违反溯源推理逻辑要求的错误是"轻率概括"。( )
6. 命题之间反对关系的性质是"可以同假,不可同真"。( )
7. "张三揭发李四"中的"李四"是逻辑变项。( )
8. 由概念"学校"到"学生"属于正确的逻辑限制。( )
9. 有效性是推理形式的性质,与内容无关。( )
10. 逻辑学研究的主要对象是推理。( )

二、填空题

1. 在命题形式"¬p∧q"与"SEP"中,逻辑常项是_____,逻辑变项是_____。
2. 若前提假,且结论真,则推理形式_____。若前提真,且推理形式无效,则结论_____。
3. 若 L→P 取值为真,则 M→P 取值为_____,MP 取值为_____。
4. 根据_____律,若"或者乘车,或者步行"为假,则联言命题"_____"为真。
5. 如果被定义项的外延真包含于定义项的外延,则犯了_____的错误,如果被定义项的外延诸子和定义项的外延是交叉关系,则犯了_____的错误。

三、单项选择题

1. 据世界卫生组织1995年的调查报告显示,70%的肺癌患者都有吸烟史。这说明,吸烟将极大增加患肺癌的危险。以下哪项,如果是真的,将严重削弱上述结论?(　　)
   ① 有吸烟史的人在1995年超过世界总人口的65%
   ② 1995年世界吸烟的人数比1994年增加了70%
   ③ 被动吸烟被发现同样有患肺癌的危险
   ④ 没有吸烟史的人数在1995年超过世界总人口的40%

2. 美国法律规定,不论是驾驶员还是乘客,坐在行驶的小汽车中必须系好安全带。持反对意见的理由是,每个人都有权冒自己愿意承担的风险,只要这种风险不会给别人带来损害。因此,系不系安全带,纯粹是个人的私事,正如有人愿意承担风险去炒股,有人愿意承担风险去攀岩纯属他个人的私事一样。以下哪项,如果为真,最能对上述反对意见提出质疑?(　　)
   ① 汽车保险费近年来连续上涨,原因之一,是由于不系安全带造成的伤亡使得汽车保险赔偿费连年上涨
   ② 在实施了强制要求系安全带的法律以后,美国的汽车交通事故死亡率明显下降
   ③ 法律的实施带有强制性,不管它的反对意见看来多么有理
   ④ 炒股或攀岩之类的风险是有价值的风险,不系安全带的风险是无谓的风险

3. 交通部科研所最近研制了一种自动照相机,凭借其对速度的敏锐反应,当且仅当违规超速的汽车经过镜头时,它会自动按下快门。在某条单向行驶的公路上,在一个小时中,这样的一架照相机共摄下了50辆超速的汽车的照片。从这架照相机出发,在这条公路前方的1公里处,一批交通警察于隐蔽处在进行目测超速汽车能力的测试。在上述同一个小时中,某个警察测定,共有25辆汽车超速通过。由于经过自动照相机的汽车一定经过目测处,因此,可以推定,这个警察的目测超速汽车的准确率不高于50%。(　　)
   要使题干的推断成立,以下哪项是必须假设的?
   ① 在该警察测定为超速的汽车中,包括在照相机处不超速而到目测处超速的汽车
   ② 在该警察测定为超速的汽车中,包括在照相机处超速而到目测处不超速的汽车
   ③ 在上述一个小时中,在照相机前不超速的汽车,到目测处不会超速
   ④ 在上述一个小时中,在照相机前超速的汽车,都一定超速通过目测处

4. 自1940年以来,全世界的离婚率不断上升。因此,目前世界上的单亲儿童,即只与生身父母中的某一位一起生活的儿童,在整个儿童中所占的比例,一定高于1940年。

以下哪项关于世界范围内相关情况的断定,如果为真,最能对上述推断提出质疑?(　　)

① 1940年以来,相对和平的环境和医疗技术的发展,使中青年已婚男女的死亡率极大地降低

② 1980年以来,离婚男女中的再婚率逐年提高,但其中的复婚率却极低

③ 目前全世界儿童的总数,是1940年的两倍以上

④ 1970年以来,初婚夫妇的平均年龄在逐年上升

5. 一个美国议员提出,必须对本州不断上升的监狱费用采取措施。他的理由是,现在,一个关在单人牢房里的犯人所需的费用,平均每天高达132美元。即使在世界上开销最昂贵的城市里,也不难在最好的饭店里找到每晚的租金低于125美元的房间。

以下哪项能构成对上述美国议员的观点及其论证的恰当驳斥?(　　)

Ⅰ. 据州司法部公布的数字,一个关在单人牢房里的犯人所需的费用,平均每天125美元

Ⅱ. 在世界上开销最昂贵的城市里,很难在最好的饭店里找到每晚的租金低于125美元的房间

Ⅲ. 监狱用于犯人的费用,和饭店用于客人的费用,几乎用于完全不同的开支项目

① 只有Ⅰ　　　　② 只有Ⅱ　　　　③ 只有Ⅲ　　　　④ Ⅰ、Ⅱ和Ⅲ

6. 命题"人贵有自知之明"和"人是由猿进化而来的"中的"人"(　　)

① 都是集合概念

② 前者是集合概念,后者不是集合概念

③ 都不是集合概念

④ 前者不是集合概念,后者是集合概念

7. 有的贪污罪是故意罪,所以(　　)

① 所有的故意罪是贪污罪　　　　② 有的贪污罪不是过失罪

③ 所有的贪污罪是故意罪　　　　④ 有的贪污罪不是故意罪

8. 已知"该被告必然有罪",可推出为假的是(　　)

① 该被告有罪　　　　　　　　　② 该被告可能有罪

③ 该被告不必然无罪　　　　　　④ 该被告不可能有罪

9. 要使"p(　　)q,¬q⊢¬p"这个推理形式有效,须在括号中填入(　　)

① ∧　　　　　② ∨　　　　　③ →　　　　　④ ←

10. 两个具有对当关系的直言命题的主谓项的周延情况都不同,则它们具有的关系是(　　)
    ① 可以同真,可以同假
    ② 不可同真,不可同假
    ③ 可以同真,不可同假
    ④ 不可同真,可以同假

四、双项选择题

1. 若"p→q"为真且"p∨q"为真时,下列公式不必然为真的是(　　)
    ① q∨p←p
    ② q→p∨q
    ③ ¬p∨(¬q∧r)
    ④ ¬p∧(q∨r)
    ⑤ p↔(¬p→q)

2. 若"¬A→B",则下列断定违反逻辑基本规律的公式是(　　)
    ① A∧¬B
    ② ¬A∧B
    ③ (A∨B)∧¬(A∧B)
    ④ ¬(A∨B)
    ⑤ ¬A∧¬B

3. 下列推理形式中,无效的是(　　)
    ① ¬(p∧q∧¬r) ⊢ ¬p∨¬q∧r
    ② p→¬q∨r ⊢ p∧q→r
    ③ SOM,PAM ⊢ SOP
    ④ SeP ⊢ ¬SOP
    ⑤ ¬SOP ⊢ POS

4. 下列推理形式中,有效的是(　　)
    ① (¬p∨q)∧¬(¬p∧q) ⊢⊣ p↔q
    ② ¬SIP ⊢⊣ PIS
    ③ Lp ⊢⊣ ¬M¬p
    ④ p↔q ⊢⊣ ¬q∧¬p
    ⑤ p→q,q→r ⊢⊣ p→r

5. "A命题与B命题是矛盾关系",其中的"矛盾关系"是(　　)
    ① 非对称或传递关系
    ② 对称或非传递关系
    ③ 非对称或非传递关系
    ④ 反对称或传递关系
    ⑤ 反对称或反传递关系

五、图表题

1. 已知:a、b、c是三个直言命题,它们都不是单称命题,b是否定命题,其中只有一假,且 a←b,a∨c。
    求:假命题是_____,并用欧拉图表示真命题的主谓项(S和P)的外延关系。

2. 教练员要在A、B、C、D四名球员中安排两人上场(A年龄最长,B次之,C再次,D最小),故征询了他们四人的意见。四人陈述如下:
    A. 我和C不能都上场(设:A上场为A,不上场为¬A,其余类推)。
    B. 如果D不上场,那么我上场。

C. 我和 B、D 三人中,只能一人上场。

D. 除非 A 上场,我才不上场。

教练员综合了四人的意见,在不违反他们意见的原则下,同时又考虑锻炼年轻的球员,那么他会派_____和_____上场。请用真值表解题。

六、分析题(写出下列推理的形式,分析形式是否有效,结论是否正确,为什么?)

1. 如果张某是自杀致死的,那么他或是有自杀的原因,或者身上不应有搏斗伤痕。经查他身上没有搏斗伤痕,但有自杀原因,所以,张某是自杀致死的。

2. 没有理由的话是胡扯,被告的话有理由,所以,被告的话不是胡扯。

七、证明题

已知:一有效的第四格三段论,其小前提与结论的主谓项周延情况都不同,列出该三段论的所有形式,并写出推导过程。

八、综合题

八位同学在一起讨论期末考试谁得第一。

甲:D 可能得第一。

乙:要么 B 得第一,要么 E 得第一。

丙:A、B 均得不到第一。

丁:只有 F 得第一,C 才得不到第一。

戊:或者 B、E 并列第一,或者 B、E 都得不到第一。

己:F 和 C 均得不到第一。

庚:B 得第一。

辛：D必定得不到第一。

事后发现，只有三人是对的。请判定究竟谁得第一，并写出推理过程（以A表示"A得第一"，¬A表示"A得不到第一"，余类推）。

模拟试卷三

一、判断题（判断下列陈述，正确的在后面括号里写√，反之写×）
1. 直言命题的主谓项是变项。（　　）
2. 逻辑学是无阶级性的。（　　）
3. 概念"必然性推理"和"或然性推理"是反对关系。（　　）
4. 溯源推理的结论是必然性的。（　　）
5. 违反溯源推理逻辑要求的错误是"轻率概括"。（　　）
6. 命题之间下反对关系的性质是"可以同假，不可同真"。（　　）
7. "子项不全"是指在划分中子项外延之和多于母项的外延。（　　）
8. 由概念"学校"到"大学"属于正确的逻辑限制。（　　）
9. 论证形式就是论证方法。（　　）
10. 关系命题中的常项是关系项。（　　）

二、填空题
1. 在命题形式"¬Mp"与"aRb"中，逻辑常项是_____，逻辑变项是_____。
2. 若前提和结论都假，则推理形式_____。若前提假，且推理形式无效，则结论_____。
3. 若LP取值为真，则¬MP取值为_____，MP取值为_____。
4. 根据_____律，若"要么乘车，要么步行"为真，则联言命题"_____"为假。
5. 如果被定义项的外延真包含定义项的外延，则犯了_____的错误；如果划分中母项的外延真包含于子项外延之和，则犯了_____的错误。

三、单项选择题
1. 过去的20年里，科幻类小说占全部小说的销售比例从1%提高到了10%。其间，对这种小说的评论也有明显的增加。一些书商认为，科幻小说销售量的上升主要得益于有促销作用的评论。

以下哪项如果为真,最能削弱题干中书商的看法?(　　)

① 科幻小说的评论,几乎没有读者

② 科幻小说评论文章的作者中,包括因鼓吹伪科学而臭了名声的作家

③ 科幻小说评论文章的作者中,包括著名的科学家

④ 科幻小说评论文章的读者,几乎都不购买科幻小说

2. 在司法审判中,所谓肯定性误判是指把无罪者判为有罪,否定性误判是指把有罪者判为无罪。肯定性误判就是所谓的错判,否定性误判就是所谓的错放。而司法公正的根本原则是"不放过一个坏人,不冤枉一个好人"。

某法学家认为,目前,衡量一个法院在办案中是否对司法公正的原则贯彻得足够的好,就看它的肯定性误判率是否足够低。以下哪项,如果为真,能最有力地支持上述法学家的观点?(　　)

① "宁可错判,不可错放",是"左"的思想在司法界的反映

② 各个法院的办案正确率普遍有明显的提高

③ 错放的损失大多是可弥补的,而错判造成的伤害是不可弥补的

④ 各个法院的否定性误判率基本相同

3. 一位海关检查员认为,他在特殊工作经历中培养了一种特殊的技能,即能够准确地判定一个人是否在欺骗他。他的根据是,在海关通道执行公务时,短短的几句对话就能使他确定对方是否可疑。而在他认为可疑的人身上,无一例外地都查出了违禁物品。以下哪项,如果为真,能削弱上述海关检查员的论证?(　　)

Ⅰ. 在他认为不可疑而未经检查的入关人员中,有人无意地携带了违禁物品

Ⅱ. 在他认为不可疑而未经检查的入关人员中,有人有意地携带了违禁物品

Ⅲ. 在他认为可疑并查出违禁物品的入关人员中,有人无意地携带了违禁物品

① 只有Ⅰ　　　② 只有Ⅱ　　　③ 只有Ⅲ　　　④ Ⅰ、Ⅱ和Ⅲ

4. 有一种观点认为,到21纪初,和发达国家相比,发展中国家将有更多的人死于艾滋病。其根据是:据统计,艾滋病毒感染者人数在发达国家趋于稳定或略有下降,在发展中国家却持续快速上升;到21世纪初,估计全球的艾滋病毒感染者将达到4000万至11000万人,其中,60%将集中在发展中国家。这一观点缺乏充分的说服力。因为,同样权威的统计数据表明,发达国家的艾滋病感染者从感染到发病的平均时间要大大短于发展中国家,而从发病到死亡的平均时间只有发展中国家的1/2。

以下哪项最为恰当地概括了上述反驳所使用的方法?(　　)

① 对"论敌"的立论动机提出质疑

② 指出"论敌"把两个相近的概念当做同一概念来使用
③ 对"论敌"的论据的真实性和准确性提出质疑
④ 提出一个反例来否定"论敌"的一般性结论

5. 赞扬一个历史学家对于具体历史事件阐述的准确性,就如同是在赞扬一个建筑师在完成一项宏伟建筑物时使用了合格的水泥、钢筋和砖瓦,而不是赞扬一个建筑材料供应商提供了合格的水泥、钢筋和砖瓦。
   以下哪项最为恰当地概括了题干所要表达的意思?( )
   ① 合格的建筑材料对于完成一项宏伟的建筑是不可缺少的
   ② 准确地把握具体的历史事件,对于科学地阐述历史发展的规律是不可缺少的
   ③ 建筑材料供应商和建筑师不同,他的任务仅是提供合格的建筑材料
   ④ 就如同一个建筑师一样,一个历史学家的成就,不可能脱离其他领域的研究成果

6. 命题"书是知识的海洋"和"我们要爱惜书"中的"书"( )
   ① 都是集合概念
   ② 前者是集合概念,后者不是集合概念
   ③ 都不是集合概念
   ④ 前者不是集合概念,后者是集合概念

7. 已知"正当防卫不是违法行为"为真,则下列为真的是( )
   ① 有的违法行为是正当防卫
   ② 有的违法行为不是非正当防卫
   ③ 有的非正当防卫是合法行为
   ④ 有的合法行为是正当防卫

8. "⌐SOP⊢SAP"这个推理有效的逻辑根据是( )
   ① 差等关系的性质   ② 反对关系的性质
   ③ 矛盾关系的性质   ④ 下反对关系的性质

9. 如果 AOO 式三段论为有效的三段论,则其应为( )
   ① 第一格   ② 第二格   ③ 第三格   ④ 第四格

10. 两个具有对当关系的直言命题的量不同,质相同,则它们具有的关系是( )
    ① 可以同真,可以同假   ② 不可同真,不可同假
    ③ 可以同真,不可同假   ④ 不可同真,可以同假

四、双项选择题

1. 若"p↔q"为真且"p∨q"为假时,下列公式不必然为真的是( )
   ① q∨p←p   ② q→p∨q   ③ ⌐p∨(⌐q∧r)

④ ¬p∧(q∨r)　　⑤ p↔(¬p→q)

2. 下列违反思维基本规律的断定是(　　)

① SAP∧SIP　　② SAP∧SOP　　③ L¬p∧M¬p

④ ¬SAP∧SEP　　⑤ SaP∧SEP

3. 下列推理形式中,无效的是(　　)

① ¬(p∧q∧¬r)⊢¬p∨¬q∨r　　② p→¬q⊢p∧q→r

③ SOP∧MAP⊢SOP　　④ p∨¬q∨r,¬r∧¬p⊢q

⑤ ¬SOP⊢PIS

4. 下列推理形式中,有效的是(　　)

① ¬(p∨q)⊢⊣(p∧¬q)∨(¬p∧q)　　② SEP⊢⊣POS

③ ¬L¬P⊢⊣M¬p　　④ p∧q→r⊢⊣¬r∧q→¬p

⑤ p→q,q→r⊢p→r

5. "A概念与B概念是相容关系",其中的"相容关系"不是(　　)

① 对称或传递关系　　② 非对称或非传递关系

③ 反对称或非传递关系　　④ 反对称或传递关系

⑤ 反对称或反传递关系

五、图表题

1. 已知:a、b、c是三个直言命题,b是肯定命题,其中只有一真,且a←b,a∨c。求:真命题是_____,并用欧拉图表示真命题的主谓项的外延关系。

2. 当下列两命题一真一假时,甲、乙二人谁值班? 当下列两命题都为假时,甲、乙二人谁值班?

（1）如果甲值班,那么乙不值班;

（2）要么甲值班,要么乙值班。

p	q	¬p	¬q	(1)	(2)
1	1				
1	0				
0	1				
0	0				

六、分析题（写出下列推理的形式,分析形式是否有效,结论是否正确,为什么?）

1. 非理性的话不足为据,所以,被告的话足以为据。

2. 指出下列论证的论题（用_____表示）、论据（用……表示）、论证方式和论证方法：
"为什么要实行人民民主专政？有什么理由这样做？大家很清楚,不这样做,革命就要失败,人们就要遭殃,国家就要灭亡。"

七、证明题

已知:一有效三段论,其小前提的主谓项周延情况不同,大前提的主谓项周延情况相同,结论与小前提的质相同。列出该三段论的所有形式,并写出推导过程。

八、综合题

请用形式证明的方法,证明下列推理的形式有效（不可使用简化真值表方法）。

$p \to (\neg q \to r), s \to \neg q \land \neg r, s \lor u \vdash p \to u$

1.
2.
3.
4.
5.

后 记

本书是人文素质教育教材系列《逻辑》（北京大学出版社2009年版）的配套习题集，它对所有致力于逻辑学学习与研究的读者均大有裨益。本书作者长期从事逻辑学的教学与科研工作。编写本书的意图是：使读者通过做大量的习题，把握逻辑学的基本概念和原理，提高逻辑思维能力。

本书在编写过程中，吸收了本教研室前几个版本的很多成果以及国内相关教材的优秀成果，特此说明并致谢。本书的第三部分还从近年来国内MBA、GCT和AAT的试卷中精选了部分试题，在此特向命题专家致谢。由于编写时间仓促，定会存在这样或那样的问题，恳请读者给以批评指正。

参加本书编写的作者有（按本书各部分的编写顺序）：张晓光：第一、二部分的第一、八、九章；缪四平：第一、二部分的第二、三、四、十章和第四部分的"杜培武'杀人案'的逻辑分析"；孔庆荣：第一、二部分的第五章，第四部分的"辛普森杀妻案的逻辑分析"，以及第五部分的模拟试题；王莘：第一、二部分的第六章和第三部分的试题选编。

编 者
2009年4月